会計監査本質論

百合野正博著

東京 森山書店 発行

目　次

序　章 …………………………………………………………………………… *1*

第 1 章　2015 年「不適切会計」と「第三者委員会」……………… *11*
　　第 1 節　問題点の所在 ………………………………………………… *11*
　　第 2 節　「不適切会計」という新聞報道 …………………………… *13*
　　第 3 節　「不適切会計」を覆す内部情報 …………………………… *19*
　　第 4 節　「第三者委員会」という隠れ蓑 …………………………… *22*
　　第 5 節　ま　と　め …………………………………………………… *29*

第 2 章　1925 年 明治・大正期の会計士運動と社会的背景 ………… *35*
　　第 1 節　問題点の所在 ………………………………………………… *35*
　　第 2 節　日本の国際化と非常に強大な「外圧」…………………… *36*
　　第 3 節　会計士運動下の会計専門誌と一般新聞記事 ……………… *44*
　　第 4 節　直接金融市場の特徴と市場参加者の思い ………………… *64*
　　第 5 節　明治政府の考え方の根底に流れる秘密主義 ……………… *72*
　　第 6 節　ま　と　め …………………………………………………… *78*

第 3 章　1950 年 GHQ のディスクロージャー制度設計 …………… *87*
　　第 1 節　問題点の所在 ………………………………………………… *87*
　　第 2 節　GHQ の目指したディスクロージャー制度 ……………… *88*
　　第 3 節　官僚の発言から推測する当時の日本政府の態度 ………… *101*
　　第 4 節　会計士監査制度創設への抵抗―戦前との同質性― ……… *114*
　　第 5 節　ま　と　め …………………………………………………… *123*

第4章 1970年 証券取引法会計学と公認会計士監査論の劣位性 … *129*

 第1節 問題点の所在 …………………………………………… *129*
 第2節 当時の会計学および監査論 …………………………… *130*
 第3節 劣位性の証拠としての「継続性の原則」……………… *148*
 第4節 ま と め ………………………………………………… *188*

第5章 企業不正事件に対する米国大統領の素早い対応 ………… *197*

 第1節 問題点の所在 …………………………………………… *197*
 第2節 エンロン,ワールドコム事件の経緯 ………………… *204*
 第3節 ブッシュ大統領の対応と新立法 ……………………… *212*
 第4節 日本との比較　希薄な当事者意識 …………………… *220*
 第5節 ま と め ………………………………………………… *225*

第6章 イギリス会計専門職の自立性と自律性 …………………… *233*

 第1節 問題点の所在 …………………………………………… *233*
 第2節 社会に向ける会計士の目 ……………………………… *236*
 第3節 三つのシナリオ ………………………………………… *243*
 第4節 ま と め ………………………………………………… *264*

第7章 会計監査の本質の再確認 …………………………………… *269*

 第1節 問題点の所在 …………………………………………… *269*
 第2節 会計史の文献が古代にも紙幅を割いている意味 …… *272*
 第3節 有効な第三者委員会の事例
    ―アカウンタビリティとその監査の重要性が認識されたケース― …… *286*
 第4節 ま と め ………………………………………………… *297*

終　章 ……………………………………………………………………… *301*

索　引 ……………………………………………………………………… *309*

序　　章

　　わが国における監査論という学問の研究・教育の領域が，現在，金融商品取引法に基づく財務諸表の監査を主要な対象としていることは改めて言うまでもない。この公認会計士による財務諸表監査こそが，法定監査としてすでに半世紀以上の長きにわたって制度化されるとともに，日本社会に幅広く受け入れられて定着している職業的専門家による外部監査の典型に他ならないからである。金融商品市場の円滑な運営にとって，会計士監査は欠くことのできない構成要素であり，同法の第1条に「企業内容等の開示の制度を整備する（中略）こと等により（中略）国民経済の健全な発展及び投資者の保護に資することを目的とする」と明記されているように，わが国の経済社会を支える重要な役割を担っているのである。

　　このような厳然たる事実があるにも拘らず，私は，このところずっと，「研究上，何か重要な問題を見落としているのではないか」という思いを禁じ得ないのである。

　　その一つは，金融商品の取引それ自体に関するものである。1980-90年代に各国政府が金融商品の保有を普及させようとしたのは，株式市場に一般市民の資本が豊富に流入することがイノベーションを生み，そのことが自国の国際競争力の増強につながると信じられていたとの指摘[1]がある一方，わが国においては，いわゆるバブル崩壊以降のデフレ期間において株式市場の低調さが一貫して目立っており，現在では東京証券取引所での株式売買額の70%は外国人によると言われる[2]ほど外国人投資家の比率が高まっているという現実があ

る。言い換えれば，日本人個人投資家の比率の低いわが国の直接金融市場だけを学問の領域としていて良いのだろうか，という疑問が拭いきれないのである。公認会計士は，直接金融市場以外の領域で会計監査と関わりをもってもいいのではないだろうか，そう思えてならないのである。

　もう一つは，公認会計士という専門的職業そのものに関するものである。私は1990年から2年間の在外研究期間をイギリスで過ごした。イギリスはアカウンタビリティの考え方が社会の隅々まで浸透している国であった。単身そのような国の大学の学寮に住むという「24時間まるまるイギリス生活」という実体験[3]によって，「会計士監査はイギリス社会を支える重要なビルトイン・システムであるが，決して直接金融市場における上場会社の法定監査だけをそのテリトリーとしているのではない」という現実を目の当たりにしたのである。この経験が日本の公認会計士の業務との対比でしばしば頭をもたげるのである。

　本書は，この二つの論点を軸にして書かれている。

　そして，一つ目の論点から派生する疑問として，証券取引法を金融商品取引法に名称を変えたことに問題はなかったのか，という疑問がある。先に引用した金融商品取引法の第1条の他の部分で「(前略)金融商品取引業を行う者に関し必要な事項を定め，金融商品取引所の適切な運営を確保すること等により，有価証券の発行及び金融商品等の取引等を公正にし，有価証券の流通を円滑にするほか，資本市場の機能の十全な発揮による金融商品等の公正な価格形成等を図り(以下略)」と規定されているように，ディスクロージャーに関する部分はその一部分にすぎないのである。さらに，金融商品取引所は第2章で触れる江戸時代の米会所に先祖返りしているのではないだろうか，という疑念も私の中で芽生え育っている。

　また，二つ目の論点から派生する疑問として，日本の公認会計士は金融商品取引法監査と会社法監査を中核にした法定監査の領域に業務を限定されてしまっているのではないかという疑問がある。イギリスの会計士は，直接金融市

場での法定監査の業務に加えて，イギリス社会において実に多方面にわたる様々な業務やポストで目覚ましい活躍を見せているのである。もしも法定監査という狭い職務領域にとどまっているならば，日本の公認会計士は計理士に先祖返りしているのではないだろうか，という疑念が私の中で芽生え育っている。

本書は，会計監査の本質の探究を目指して，これらの疑問を軸にして問題点に接近する。

第1章から第4章までは，日本の会計監査制度を巡る論点を，私なりの時代区分で論じている。第5章と第6章は，日本の財務諸表監査制度のお手本であるアメリカの証券取引法監査と，会計専門職の原点とも言うべきイギリスの会計士監査のそれぞれの扇の要を考察する。そのうえで，日本の会計監査の本質に迫る視点について第7章で掘り起こす。

第1章においては，2015年から現在まで継続してきているT社の「不適切会計」事件と，最近このT社の事件を含めて様々なケースで当然のごとく設置される第三者委員会に焦点を当てて考察する。その考察をとおして，今日の日本で会計監査の本質が非常に曖昧にされている実態を見て，本書の考察の入り口に立つ。

T社の事件は，私がこれまでの40年間に研究してきた監査の一般常識からはかけ離れた出来事である。この事例が「粉飾」や「不正」ではなくて「不適切会計」だとすると，これまでわれわれが用いてきた「粉飾」や「不正」の定義を見直さなければならない。この事件は，わが国のディスクロージャー・システムおよび公認会計士監査制度の根幹に関わる重大な問題を内抱しているのである。

さらに，T社の会計処理が粉飾ではないという環境づくりに重要な役割を果たしたと思われるT社の設置した第三者委員会の役割も見過すことはできない。独立の職業的専門家として会計監査を行っている公認会計士に代る調査主体として第三者委員会を設置して問題点を検討させてその報告を受け取ること

は，今日のわが国の企業社会において日常的に見られる現象である。しかし，第三者委員会は，はたして公認会計士の監査と同等の権威と，その権威が保障する社会的役割を担う仕組みだと認めることはできるのであろうか。

この疑念を増幅させているのが，例えば舛添前東京都知事の政治資金を巡る疑念に代表される企業不祥事以外のケースで設置される第三者委員会の報告の正当性を巡る出来事である。数多くの第三者委員会が様々なケースで設置されている現状は公認会計士の監査の社会的評価・認識とは無関係ではないのではないだろうか。

第2章においては，明治時代末に『公許会計士制度調査書』が広く配布されたにも拘らず，その後この調査書を有効に利用しなかった歴史的事実の社会的背景を考察する。駐日英国大使の強大な外圧は調査書の起草に加えて法科大学すなわち今日の東京大学に商業学科を設置することにも一役買った。そして，同時に始まった日本の会計士運動は，学者の研究と帝国議会での議論に限定されたものではなかった。啓蒙的な論説を含めて会計士運動を報道し続けた新聞の果たした重要な役割を再評価することにより，当時の日本社会の世論を巻き込んだ規模の大きな動きであったことを明らかにする。

しかし，会計士監査がその役割を果たすべき場所であった株式取引所は，その当時は江戸時代からの伝統で投機的色彩が強く残っており，投機的投資行動を選好する日本人株主は会計監査を特段必要としなかった。他方，会計監査を受ける立場の株式会社は会計監査とディスクロージャーを強く忌避していたのである。制度化が成らなかったのは当然かもしれない。

さらに，政府の会計士監査に対する否定的姿勢の裏側に，実は，このことと密接な関係を有する政策があったことについても考察する。すなわち，明治維新以降の近代国家の建設プロセスにおいて，公会計の領域でも複式簿記がアカウンタビリティの検証に極めて適した仕組みであるということに気づかれていたのである。

結果的には，会計士による監査制度が法的根拠をもつことはなかったが，この一連の日本社会の動きの底辺に流れていたものを見ることにより，第3章に

おいて検討する戦後の公認会計士監査制度が宿命的に孕む問題点の伏線を考察する。

　第3章においては，日本の公認会計士監査が，第二次世界大戦後の日本を占領した連合国軍最高司令官総司令部（GHQ）が，アメリカのディスクロージャー・システムをお手本にして整備したことに始まるために，わが国のディスクロージャー・システムはアメリカのシステムと同じ社会的機能を担うとともに同じ社会的責任を果たすものと看做されてきている点を再検討する。

　その点に関連して見逃すことのできないひとつの出来事がある。それは，GHQがディスクロージャー・システムを構築した当初には紛れもなく存在し，システムの構築に重要な先導的役割を担うはずであったわが国の証券取引委員会が1952（昭和27）年の講和条約の発効に伴って行政改革の名のもとに廃止されてしまったことである。しかし，この廃止は，占領政策に対する反動ではなく，日本政府自身が戦争の遂行のための国家体制を構築したいわゆる1940年体制の延長線上の既定路線だったとも考えられるのである。

　すなわち，戦後のディスクロージャー・システムの構築は，GHQのお膳立てによってアメリカの制度とよく似た制度として構築されたように見えるものの，実際には極めて日本的な，大蔵省の手のひらのうえに構築された制度であり，独立に伴って純日本的公認会計士監査制度に大きく舵を切ることとなった背景には必然性があったという事実も考察する。

　第4章においては，1970年当時の会計学・監査論を振り返る。1970年は，わが国の財務諸表監査のスタート時点からわずか20年しか経過しておらず，終戦からでも25年しか経過していない時点である。この時期に会計学と監査論の勉強を始めた私は，終戦直後の会計学・監査論の議論を承継すると同時に，視線は遥か先の高みに焦点を当てていたことを記憶している。しかしながら，現実には日本国内固有のしがらみを引きずっているという現実と理想の乖離が次第に明瞭になりつつあった時代でもあった。

　そのしがらみの典型例として，「継続性の原則」を取り上げる。わが国の証券取引法会計学と公認会計士監査論は，証券取引法という法律の裏付けがあっ

たにも拘らず，実際には，商法という別の法律側からは，とりわけ法務省の官僚の考える商法会計からは見下されていることに気づき，そのことと戦わなければならなかったのである。このようなことにエネルギーを使わなければならなかったわが国の証券取引法会計学と公認会計士監査論の立ち位置は，われわれが一種の憧れを抱いて勉強した主流を形成する学問領域ではなく，傍流とも言うべき立ち位置であることに次第に気づいたことを考察する。

戦後のディスクロージャー・システムの構築が，GHQ のお膳立てによってアメリカの制度とよく似た制度として構築されたように見えるものの，実際には極めて日本的な，大蔵省の手のひらのうえに構築された制度だったと第3章で論じたが，それに加えて，法務省からはまま子扱いされていたのである。

第5章においては，拙著『日本の会計士監査』（森山書店，1999年）のひとつの結論であった「アメリカの会計士監査は経営者不正に寛容な制度である」という指摘が現実となったエンロン事件やワールドコム事件に代表される一連の企業不正事件を受けてブッシュ政権が見せた素早い対応について考察する。アメリカ人の多くが自分自身の財産を増やそうとして関わっている証券市場をリフォームしなければならないというブッシュ大統領の強い信念は，1930年代初頭のアメリカで，バブルの崩壊および大恐慌からの脱却を果たすためにニューヨーク証券取引所をリフォームしなければならないという強い信念で証券二法を制定し，証券取引委員会を設置し，公認会計士による法定監査制度を構築したルーズベルト大統領の強い思いと共通するものがあった。

エンロン・ワールドコム事件後のアメリカの会計・監査システムを巡る大混乱は，その後，日本でも同様の大混乱を引き起こした。アメリカでは，大規模国際監査事務所の一つが消滅し，企業改革法とも呼ばれるサーベンス・オクスリー法（SOX法）が制定され，内部統制の重要性がクローズアップされることとなったが，日本でも，大規模監査法人の一つが消滅し，日本版SOX法が制定され，内部統制の重要性がクローズアップされている。

しかしながら，アメリカのこのような動きの背景には，多くのアメリカ国民が証券投資に深く関わっているという現実のあることを見落とすことはできな

い。すなわち，投資家保護のための会計・監査という考え方は，アメリカという国を構成しているアメリカ人が証券取引を投資ポートフォリオの一環として重要視しているというコンテクストのもとに成立しているのである。「一般投資家保護」という考え方は「アメリカ人投資大衆保護」と同義であり，財務諸表監査はまさに公益に資する制度なのである。ブッシュ大統領の行動はそのことを如実に物語っている。

　第6章においては，1990-92年にイギリスで在外研究期間を過ごした私が，イギリス社会における会計士という専門職の自立性と自律性を痛感した重要な経験の一つであるイギリスの会計士が自分たちの将来をイギリス固有の問題と関連付けて見通すために行った活動成果を振り返る。イングランド・ウェールズ勅許会計士協会が1985年1月に始めた「環境の変化を理解するための研究会（The Understanding a Changing Environment Group；UCEG）」と名付けられたこのプロジェクトは，職業会計士の発展に関して，経済的，技術的，社会的変化がどのような意味をもっているかを研究するための幅広い討論の場を提供することを目的としていた。

　翻って，わが国においては，例えば1995年当時の新聞の社説やコラムに繰り返し，アカウンタビリティという言葉の説明とこれが民主主義社会の基本的理念であると同時に国際社会の基本理念であること，そしてそれを果たすためには公認会計士などの専門家による外部監査制度の導入が多方面で必要とされているということが報道されるようになっていた。それは，その当時の住専の不良債権の処理に代表される不透明な金融システムに対する不信の目が注がれたことや，官官接待に代表される不透明な税金の使われ方に対して厳しい批判的風潮が巻き起こったからであったが，それから20年が経過した現在でも，第1章で述べるように，公認会計士監査に強大なパワーが備わった状況には至っているとは考えられない。その理由について，日本の公認会計士は自分たち自身の問題として自立的・自律的に真剣に向き合っているであろうかという疑問にヒントを提供するものと考える。

　第7章においては，まず，古代社会における監査に関する記述の中に，時代

や国家の枠を超える普遍性をもった監査に関する考え方を見出す。そして，会計史の文献が古代社会にまで遡って記述しているのは，古代社会の時代にまで遡ることそのものに極めて重要な意味が内包されていることを明らかにする。会計監査のルーツは，産業革命やビッグビジネスの発展にあるのではなく，人類の歴史に深く根ざしているのである。

　一方，日本人および日本人の集合体としての日本は西欧社会のこの考え方を共有していないが，ディスクロージャーと会計監査の重要性を後天的に学ぶことは可能であるし，学んだことを実行することも可能である，ということを示唆してくれる実際の一事例を考察する。それは，第1章で考察するように最近様々なケースにおいて設置されている「第三者委員会」が実際に有効に機能したひとつの実例である。1993年2月5日に設置された「尼崎市議会議員行政視察等実態調査委員会」が市議会議員のカラ出張問題に切り込み，正真正銘の第三者委員会として活動した構図を検討する。

　いくら市民が監視をしようと思っても情報が入手できなければそれは不可能だし，たとえ情報が公開されても独立の第三者によるチェックがなければ真偽のほどは明らかにはならない。尼崎のこのケースでは，能動的かつ積極的な市民の監視と，途絶えることなく行われ続けたマスコミによる情報の公開と，専門家集団ではなかったけれども第三者的立場に立った組織によるチェック，の三点セットが見事に揃ったのである。

　本書は，まだ議論の材料がすべて出尽くしているわけではないが，今の時点で，私の問題意識にこれまでの私の経験を加味すれば抽出することのできる私なりの考え方をまとめたものである。では，このような本書の研究をとおして私が日本人およびその集合体としての日本社会に貢献しようと考えていることは何であろうか。それは，日本人が豊かな人生を送ることのできる社会システムを日本に整備するためのヒントを提供することである。

　実は，私は，少し以前から，江戸時代の日本人の暮らしの方が今の日本人の暮らしよりも豊かだったのではないかと思うようになっている[4]。明治維新と

いう政権交代によって庶民は生活習慣の変更を余儀なくされたが，それを近代化と呼んではいけないのではないか。敗戦によって日本社会は民主化されたと言われているが，実際には，それを民主化と呼んではいけないのではないか。今日の日本の政治経済システムは戦後スタートしたのではなく，戦争のための国家総動員体勢を作り上げたいわゆる1940年体制にルーツがあるのではないか[5]。このようにも考えるようになっている。

「およそ学問というものは日常生活の役に立つのがその真髄なのである」[6]という貝原益軒の言葉は監査論にもあてはまる。つまり，「財務諸表監査研究は，基本的には，財務諸表監査の質を高めるための示唆を会計プロフェッションと会計プロフェッショナル―ここでは監査法人に限定する―に提供するものでなければならない」[7]ことに加えて，それによって日本国民が豊かになることに役立たねばならない，と私は考えている。

2004年[8]や2009年以降[9]のマスコミによる公認会計士試験合格者の監査法人就職難報道以来，公認会計士試験受験者数の減少や会計大学院の定員割れおよび募集停止という現実問題に晒されている監査論という学問領域においては，悠長に構えている時間の余裕はあるのだろうかと，私はしばしば動悸の早まりを感じている。

まだ私がずいぶん若かった頃，次のように書いた。

「周知のように，わが国においては，独立の職業的専門家による法定強制監査制度もその監査を担当する公認会計士制度も，ともに第二次世界大戦後アメリカから移植された。すなわち，独立の職業的専門家による外部監査を法律で強制することに対する，わが国固有の社会的ないしは経済的な強い要請があったわけではなかったのである。」[10]しかしながら，本来，需要がなければ供給は生まれない。

本書は，縦の糸としての歴史的連続性と横の糸としての社会的機能の拡張が織りなす布によって会計監査の本質を考察している。

注

[1] ロナルド・ドーア著『金融が乗っ取る世界経済』中公新書，2011年，53-54頁。
[2] 朝日新聞，2012年6月15日，朝刊。
[3] 拙稿「黄昏ではなく曇天のイギリスから 1～3」『會計』1991年8月号-10月号。英国での生活で見聞きする会計や監査に関連した様々な事象についてのエッセーである。
[4] 例えば，渡辺京二『逝きし世の面影』平凡社ライブラリー，2005年，を参照。江戸東京博物館でも，驚きの展示物に出会うことができる。
[5] 例えば，野口悠紀雄『1940年体制 さらば戦時経済』(増補版) 東洋経済新報社，2010年，および，伊藤建彦「コーポレート・ガバナンスと社外取締役の虚像と実像」(中谷巌編著『コーポレート・ガバナンス改革』東洋経済新報社，2003年，所収) を参照。
[6] 加藤秀俊『メディアの展開』中央公論新社，2015年，68頁。
[7] 鳥羽至英「財務諸表監査上の懐疑—新しい研究機会を求めて—」『會計』第187巻第2号，2015年，57頁。
[8] 例えば，日本経済新聞，2004年10月21日朝刊。「TAC純利益62%減—9月中間，会計士の就職難響く」
[9] 例えば，朝日新聞，2009年10月26日朝刊。「就職難 会計士まで 合格者増…大手監査法人は採用減」
[10] 拙稿「監査の本質と中小会社監査」『會計』第132巻第5号，1987年，69頁。

第1章 2015年「不適切会計」と「第三者委員会」

第1節 問題点の所在

　2015年は，われわれ日本の会計学および監査論の研究者にとって，自分の研究スタンスを改めて見つめ直さなければならない重要な出来事が連鎖的に起った年として記憶されるであろう。

　2015年12月12日に開催された日本会計研究学会第65回関西部会においても，「最近の不正会計事件から学ぶべきもの」が統一論題のテーマとして掲げられていた。このテーマを取り上げた理由として，徳賀芳弘座長は次のように述べておられる。すなわち，

　「新聞や経済ジャーナルの話題を集めた（現在も取り上げられている）T社の会計不正事件について，学会も会計関係者として自らの責任を認識した上で，当該事件の原因を分析して何らかの対処案を提示すべきとの視点から取り上げられたものである。」[1]

　そして，徳賀座長は，そのアプローチとして学会に求められているのは，会計不正を行った企業およびその経営者等とそれを見落とした監査法人および会計監査担当者を批判することではなく，「T社に特殊な外部環境条件と社内環境条件の中で引き起こされたというT社固有の問題性と，類似の環境条件が整えば類似の問題が発生する可能性が高いという普遍的な問題性の両側面」[2]があることを認識したうえで，T社事件の「原因を分析し，制度的・実務的な

解決策（それが困難な場合には緩和策）を提示すること」[3]が議論の姿勢として求められているとされた。

その成果として徳賀座長がまとめておられるのは以下の論点である。
1) 会計不正の発生しやすい社内外の環境諸条件
2) 判断の余地の大きい会計基準
3) 重要性基準の金額に関する期待ギャップ
4) 利益マネジメントに対する関係者間の意識の差
5) 制裁・規制当局の事後的検証・内部統制の強化
6) 会計数値と経営者の便益の結びつき

これらの会計不正を巡る具体的な論点についての議論の内容は4報告者の論文を参照していただくとして[4]、本章においては、4氏のアプローチとは異なる私なりのアプローチでT社事件が示唆する監査論上の重大な問題点について検討し、会計監査の本質に関する考察の入り口とする。

もとより私のアプローチもこの学会でのアプローチと同様にT社およびその経営者等とT社の監査を担当した監査法人および監査担当者等を指弾することを目的とするものではない。しかしながら、1年以上の長きにわたってT社を巡る一連の報道に接してきたプロセスで、私は、わが国の公認会計士監査制度を見直す必要性に駆られるようになったのである。その意味では、T社およびその経営者等とT社の監査を担当した監査法人および監査担当者等の個別具体的な関係が本書を執筆する直接的な契機となっていることは事実である。

本章では、「不適切会計」と「第三者委員会」をキーワードとしている。

「第三者委員会」という用語が多用されているのとは対照的に、「不適切会計」という用語は聞き慣れない言葉である。この「不適切会計」に関連して、徳賀座長は先の論文の冒頭の脚注[5]において、「不正会計」という用語がこれまであまり使われなかったのではないかという中居文治氏からの指摘があったことを紹介するとともに、具体的な数字を次のように挙げておられる。それによれば、日経テレコンの日経新聞朝刊のデータによると、「不正会計」という用語の使用は、2002年1月1日～2016年3月13日には1274件ヒットするが

1975 年 1 月 1 日〜2001 年 12 月 31 日には 17 件しかヒットせず，中居氏の指摘どおりであったと述べられた後，「不適切会計」については 1975 年 1 月 1 日〜2016 年 3 月 13 日に 302 件がヒットしたと触れておられるものの，それ以上の分析はしておられない。

　しかしながら，その中身を見てみると興味深いことが明らかになる。1975 年 1 月 1 日〜2001 年 4 月 9 日には一件もヒットしないのである。ようやく 2001 年 4 月 10 日にオーストラリア大使館での公金流用疑惑に関連して大使館員の積立金が一時無断流用されていたことを「豪州大使館の不適切会計」という見出しで報じられたのが最初である。実は，それ以降の 301 件のうち 261 件が T 社に関連した見出しであり，40 件が T 社以外の見出しなのである。つまり，「不適切会計」という用語は「不正会計」とは比較にならないほど使われてこなかった用語であったが，T 社に関連して当初から一貫して用いられるようになったのである。

　この「不適切会計」という聞き慣れない用語が多用された意味がどこにあるのかについて考察した後に，「第三者委員会」という聞き慣れた用語が要所で用いられた意味について考察する。

第 2 節　「不適切会計」という新聞報道

　そもそもの発端は「不適切会計」[6]という聞き慣れない用語を用いてマスコミが報道した T 社の会計上の問題であった[7]。その後，連日のように新聞紙上をにぎわせた「不適切会計」問題は，これまで長年にわたって監査論の研究に携わってきた私の前にいくつもの疑問点を提示したのである。

　実は，T 社は早くも 2003（平成 15）年 6 月に当時の委員会等設置会社に移行していたことから，コーポレートガバナンスに関して模範的企業と看做されていた。この委員会等設置会社は，その前年の商法特例法改正によって認められたばかりの新たな株式会社の形態であった。監査役を設置している日本の伝統的な株式会社の仕組みと比較して，委員会等設置会社はコーポレートガバナ

ンスを強化するとともに経営の透明性を高める相対的に好ましい会社形態だと考えられていたので，いち早くその形態に移行した同社はコーポレートガバナンスに前向きな企業だという好印象を世間に与えていたのである[8]。それ以降も，同社はコーポレートガバナンスの強化に積極的であり，例えば最長5年で交替するほぼ4名の社外取締役を選任してきているのである[9]。

したがって，そのような会社だからこそ，当初からマスコミ報道で一貫して用いられた「不適切会計」という用語からは，まさに字義どおりの「軽微な誤謬」あるいは「単純なミス」が社内で発生したのだろうという程度の軽い印象を受けた。そして，同社が自ら進んでそのことを公表したのは，同社がまさにコーポレートガバナンスの強化された経営の透明性の高い会社だという証拠であろうと考えたのであった[10]。

その第一報を伝える2015年4月4日付の日本経済新聞朝刊の記事は次のように簡単なものであった。

　東芝は3日，一部のインフラ工事の会計処理に問題があった可能性があるとして，3日付で特別調査委員会を設置したと発表した。調査する期間は1カ月程度を予定している。

　委員長は室町正志会長が務め，社外の弁護士や会計士も参加して調査する。業績への影響は不明だが，「判明し次第，速やかに公表する」（同社）としている。

　調査対象は2014年3月期に計上したインフラ案件。長期に及ぶ工事について，進捗に応じて売り上げや原価を計上する会計基準である「工事進行基準」を使って収益計上した。

　監査の過程で会計処理に問題のあった可能性が浮上した。調査委は検証を経て，改善策や再発防止などについて提言を行うという。

この記事を読んだ私は，

1) 「不適切会計」という用語が用いられている以上は，「粉飾」や「不正」に分類されるような「悪質なもの」ではない，
2) 具体的には「工事進行基準」に基づく会計処理に不適切なものがあり，それは1カ月程度の調査で全容が明らかになるレベルの「軽微な誤謬」である，
3) それを明らかにした「監査の過程」は「監査法人による通常の監査プロセス」もしくは「社内の内部統制のプロセス」である，
4) したがって，設置された特別調査委員会の委員長に取締役会長が就任することには問題はないであろうし，委員として，法務部担当の執行役上席常務と経営監査部長の執行役常務という2名の社内役員に加えて監査委員会委員の社外取締役に弁護士と公認会計士を揃えたのは，バランスのとれた人選であろう[11]，

と軽く考えたのであった。

しかし，この報道を受けて，株式市場は敏感に反応した。4月6日のT社の株価は一時9%安をつけたのである。さらに，5月8日になって2015年3月期の業績予想が取り下げられるとともに，特別調査委員会から第三者委員会の調査に切り替えることが発表されるに及び，11日の株式市場ではストップ安をつけるに至った。このような市場の不安に対応するためとして，同社は13日の深夜23時45分に，2014年度3月期までの3年間に累計500億円強の利益の嵩上げの可能性のあることを発表した。そして，15日には第三者委員会が発足したのである。

第三者委員会の調査が行われている最中，株主総会が6月25日に開催された。そこでは，2月12日に証券取引等監視委員会の検査を受けたことが報告されたが，とくに注目を集めた様子はないまま，社長は93.84%，会長は93.80%，副会長は93.85%のそれぞれ賛成票を集めて再任されたのであった。そして，関心は，7月中旬にまとめられることとなっていた第三者委員会の報告書の内容に移ることとなったのである（ここまでの報道は図表1-1を参照）。

株主総会で社長，会長，副会長が多数の賛成票を集めて再選されたことに象

図表 1-1　T社事件に関する日本経済新聞の新聞報道の見出し
（2015 年 4 月 4 日～7 月 1 日）

4月4日	朝刊	不適切会計で調査委，東芝，インフラ工事で
4月7日	朝刊	東芝株，1時9％安
5月9日	朝刊	東芝，業績予想取り下げ，不適切会計
5月12日	朝刊	東芝株ストップ安，不適切会計で先行き不安，調査，グループに拡大も
5月14日	朝刊	東芝，500億円減額も，不適切会計，営業利益3年間で
5月14日	朝刊	東芝，市場の不安に対応，不適切会計，深夜に異例の発表
5月15日	朝刊	東芝，きょう第三者委，不適切会計，市場，業績に懸念
5月16日	朝刊	不適切会計9件確認，東芝，第三者委さらに調査
5月20日	朝刊	不適切会計の影響どこまで，東芝，もうひとつのリスク，家電の不振で減損懸念
5月21日	朝刊	東芝，不適切会計で管理体制見直し，個別工事の採算報告
5月22日	夕刊	東芝，ほぼ全事業調査，不適切会計，半導体も対象
5月23日	朝刊	ずさんな管理体制露呈，テレビ・半導体低い採算性
5月26日	朝刊	不適切会計で総会に暗雲，東芝，開催延期へ2案
6月2日	朝刊	東芝の不適切会計問題，上場廃止ひとまず回避
6月6日	朝刊	東芝「問題，4事業のみ」不適切会計の社内検証
6月6日	朝刊	東芝，組織ぐるみか否か，不適切会計，責任の所在追求
6月12日	朝刊	東芝，内部統制に不備，不適切会計
6月13日	朝刊	「不適切」インフラ以外でも，東芝，自主調査結果を公表
6月14日	朝刊	半導体・パソコン・TV焦点，どこまで広がる，不適切会計の調査の流れ
6月18日	朝刊	東芝，不適切会計の発表資料で記載ミス，ETC発注時期など訂正
6月22日	朝刊	東芝不適切会計，統治の教訓—組織中枢と現場，深い溝（経営の視点）
6月23日	朝刊	東芝の不適切会計問題，半導体・パソコンも，決算修正額拡大へ
6月23日	朝刊	半導体「作りだめ」裏目に，不適切会計，経営陣，暫定額投を提案
6月25日	夕刊	東芝，監視委が2月検査，総会で説明，不適切会計，テレビも
6月26日	朝刊	「テレビ販促費，計上せず」不適切会計，なぜ・誰が不明
7月1日	朝刊	東芝，社長再任賛成93％，株主総会，取締役全員が再任

徴されるように，ここまでの一連の動きは，まさに字義どおりの不適切な会計処理が行われていたのは事実だとしても，それは決して悪質な粉飾ではなく，不適切会計の中身を明らかにしたうえで財務上の数字を修正すれば一件落着する程度の軽微なミスであるという印象を外部に発信し続けていたと思われる。

　ところが，そのような楽観的雰囲気は7月に入って一変する。図表1-2にまとめた日本経済新聞の見出しからも明らかなように，不適切な会計処理によって実態とかけ離れることとなってしまった数字が次第に膨らんでいったのであ

図表1-2 T社事件に関する日本経済新聞の新聞報道の見出し
（2015年7月4日～9月19日）

7月4日	朝刊	東芝，不適切会計1500億円超も，パソコンなど拡大
7月5日	朝刊	東芝，経営陣が圧力，不適切会計1500億円超，予算未達，会議で追求
7月9日	朝刊	東芝，意図的に損失先送り，不適切会計，第三者委が把握，インフラ部門で
7月10日	朝刊	東芝，構造改革出直し，不適切会計「創業以来の危機」
7月11日	朝刊	東芝，監視委が調査へ，不適切会計問題
7月13日	朝刊	東芝，監督・監査機能せず，不適切会計，第三者委指摘へ
7月14日	朝刊	取締役半数以上退任へ，東芝新体制，社外を過半に
7月15日	朝刊	新日本監査法人を調査，東芝問題で会計士協会
7月18日	朝刊	東芝，課徴金処分へ，監視委，虚偽記載と判断，不適切会計1600億円
7月18日	朝刊	東芝，さらに700億円損失，半導体・パソコンで減額
7月21日	朝刊	東芝，組織的に利益操作，不適切会計で第三者委報告，1562億円，トップ関与
7月22日	朝刊	企業統治の不全が招いた東芝の利益操作（社説）
7月23日	朝刊	米投資家，東芝を提訴，株価下落で損害賠償請求，不適切会計
8月19日	夕刊	東芝，不適切会計の代償
9月1日	朝刊	東芝，決算発表を再延期，7日までに，新たに不適切会計
9月2日	朝刊	東芝株急反落，5%安，決算再延期を嫌気
9月7日	夕刊	東芝，利益減額2248億円，決算7年分を訂正，前期は最終赤字378億円
9月7日	朝刊	有価証券報告書きょう提出，会計不祥事，東芝
9月8日	朝刊	東芝，会計不祥事，「ヘルスケアで1兆円」撤回
9月8日	朝刊	東芝，会計不祥事―監査法人にも批判，問われる「番人」の在り方
9月9日	朝刊	東芝の監査法人を月内にも検査へ，監査審査会
9月18日	朝刊	監査法人の検査，金融庁が強化へ
9月18日	朝刊	監査審査会会長，東芝は「粉飾決算」，担当の監査法人を検査へ
9月19日	朝刊	東芝不祥事，監査への信頼揺らぐ，「適切な処理」企業と探る

る。それとともに，外部監査を担当していた監査法人を批判する厳しい見出しが現れるようになった。

しかしながら，その一方で，「不適切会計」という用語はそのまま生き残っていたのである。この「不適切会計」という用語について，日本経済新聞は7月21日の「きょうのことば」で次のように説明し，T社の第三者委員会がこの文言を用いていることに一定の評価を与えていた。

> ▽…ルールに反した会計処理で有価証券報告書などに事実と異なる数値を載せること。損失隠しや利益の水増しが組織的に行われ悪質性が高くなると「不正会計」，刑事告発されて事件になれば「粉飾」と呼ぶのが一般的だ。東芝が調査を委ねた第三者委員会は，調査報告書の要約版で「不適切会計」との文言を使っている。
> ▽…証券取引等監視委員会は金融商品取引法に基づいて検査・調査する。金額や悪質性などをみて，有価証券報告書など開示書類の虚偽記載にあたると判断すれば，金融庁に課徴金処分を勧告したり，検察に刑事告発したりする。特に悪質で刑事告発されると，法人は7億円以下の罰金，個人は10年以下の懲役か1000万円以下の罰金，またはその両方が科せられることがある。

　しかし，私は，ここで説明されているように「刑事告発されて事件になれば『粉飾』と呼ぶのが一般的だ」という定義は寡聞にして知らない。手近にある『広辞苑（第2版）』[12]には，粉飾決算について「会社の資産内容・収支状況をよく見せるために，貸借対照表や損益計算書の数字をごまかすこと」とある。まさに，利益を過大表示するための行為そのものをいうのであって，刑事告発が要件として必要だという解釈はここにはない。さらに，後段での「特に悪質で刑事告発されると…」という説明だと，たとえ利益操作をしたことが明るみに出たとしても，とくに悪質で刑事告発される場合以外は粉飾でないことになる。

　この同紙の解釈は一貫しており，9月17日に行われた公認会計士・監査審査会の千代田邦夫会長に対する取材において，千代田会長が，総額2248億円の利益を減額したT社は「広い範囲で不正があり，明らかな粉飾決算にあたる」，「事実を虚偽表示するのが粉飾。意図的にやったかどうかが問題で，この件は明確に結びついている」と粉飾決算だと言い切っていることを報じるとともに，T社の株主弁護団が「粉飾決算」と呼んだこと，および，東京証券取引所が「不正会計」と言及したことも報じる一方で，T社の第三者委員会が調査

報告書で「不適切会計」としたことにも触れて,「立場によって表現は異なる」と結んでいたのである[13]。つまり,同紙が一貫して使用した「不適切会計」という用語の根拠がT社の設置した第三者委員会の用語の使い方に根拠を置いていることが分るのである。

ところが,この第三者委員会に関しては,その後,新聞やテレビ以外のメディアで驚くべき報道が行われるとともに,さらにその後,多数の詳細な内部告発を取材するとともに電子メールによって証拠づけられた『東芝　粉飾の原点　内部告発が暴いた闇』[14]が出版され,この第三者委員会の第三者性について重大な疑念が明らかにされることとなるのである。

第3節　「不適切会計」を覆す内部情報

新聞やテレビといった多くの人びとの目に留まるメディアではT社の具体的な「不適切会計」の手法が次から次へと明らかにされるとともに,それによって嵩上げされた金額も次第に巨額になっていったが,そのような会計的報道とは全く異なった切り口の驚くべき事態が一部の雑誌で報道された。発端は『日経ビジネス』が2015年11月23日号で報じた「時事深層―【スクープ】東芝　減損隠し　第三者委と謀議　室町社長にもメール」[15]という記事であった。さらには,『文藝春秋』2016年4月号には「スクープ　東芝『不正謀議メール』を公開する」という記事が掲載された。そして,これらの内容を総括するものとして2016年7月には『東芝　粉飾の原点　内部告発が暴いた闇』が出版されたのである。

デジタルフォレンジックによって解析された電子メールの記録と内部告発を丹念に調査したうえで書かれたとするこれらの報道内容が事実だとすると,特別調査委員会はもとより,第三者委員会ですら,あらかじめ用意周到に準備された奥深い企みのあった委員会だったということになる[16]。すなわち,特別調査委員会の委員に就任した公認会計士の所属する合同会社はT社の監査を担当していた監査法人とは別の監査法人の子会社であり,監査法人の監査に対し

てT社がどのような説明をすれば相手を納得させることができるかを指南していた[17]が，この関係は第三者委員会にも引き継がれていたのである[18]。

そして，第三者委員会が果たした役割は，米原子力子会社の減損問題を知りながら，T社と「謀議」のうえで調査対象から外していたというものであり，送受信された電子メールの内容を証拠として掲げて，T社の第三者委員会が実際には真の第三者委員会ではなかったことを明確に指摘していた。電子メールを送信した第三者委員会の委員は第三者委員会が発足する二日前までT社の顧問をしていた法律事務所の共同代表であり，連絡先はT社の顧問を務める法律事務所のメンバーであった[19]。

このような身分の委員を構成員とする第三者委員会の第三者性については，当然疑問が生じるが，T社は，第三者委員会の発足にあたって，5月8日付の「第三者委員会設置のお知らせ」で次のように明言していた。

> 当社は，かかる状況に鑑み，調査結果に対するステークホルダーの皆様からの信頼性を更に高めるため，現状の特別調査委員会による調査の枠組みから，日本弁護士連合会の定めるガイドラインに準拠した，当社と利害関係を有しない中立・公正な外部の専門家から構成される第三者委員会による調査の枠組みに移行することを決定いたしました。

さらに，T社はその1週間後に公表した「第三者委員会の委員の選任等に関するお知らせ」においても，第三者委員会が「日本弁護士連合会の定めるガイドライン」に準拠して設置，運営されることを明言したうえで，各委員との間の利害関係を明らかにし，「第三者委員会及び当社においては，上記の委員と当社グループとの関係は，第三者委員会の独立性・中立性を阻害する要因とはならないものと判断しております」と明言していた[20]。

しかしながら，同社が準拠したと明言した「日本弁護士連合会の定めるガイドライン」は，「第1部 基本原則 第1. 第三者委員会の活動 2. 説明責任」において，第三者委員会について「第三者委員会は，不祥事を起こした企

業等が，企業の社会的責任（CSR）の観点から，ステークホルダーに対する説明責任を果たす目的で設置する委員会である」と規定している[21]。

　すなわち，設置する主体は「不祥事を起こした企業等」であるものの，その設置目的は「ステークホルダーに対する説明責任を果たす目的」であると定義し，第三者委員会の独立性・中立性については，調査報告書の起案権が第三者委員会に専属すること，調査により判明した事実とその評価を，たとえ企業等の現在の経営陣に不利となる場合であっても調査報告書に記載しなければならないこと，および，企業等と利害関係を有する者は委員に就任することができないこと，を明確に指摘しているのである。

　しかしながら，T社の第三者委員会がこのガイドラインに反するものであることが後に川端寛氏や小笠原啓氏によって明らかにされたのである。川端氏は「当局が刑事告発していない現時点では『2248億円』という利益水増しの総額を含め，東芝不正会計に関わるすべての事実は，第三者委員会が出した報告書に依拠している。しかし，第三者委員会の報告書が東芝による『自作自演』であったことを考えれば（中略）真実は闇から闇へ葬り去られようとしている」[22]と危惧しておられた。

　この川端氏の危惧が現実化するニュースが2016年7月8日に報じられた。日本経済新聞朝刊は「東芝会計不祥事の刑事責任，地検，追及見送る公算」という見出しのもと，次のように報じたのである。

> 　東芝の会計不祥事を巡り，歴代3社長の刑事責任追及が見送られる公算が大きくなった。東京地検特捜部が7日までに，証券取引等監視委員会に対し「事件化は困難」との見方を伝えた。（中略）実際に部品のやりとりがあり，架空取引ではなかったほか，他メーカーも同じような取引をしていた。検察はこうした実態を踏まえ，利益の水増しは多額だが，個人の刑事責任を追及するには至らないと判断した模様だ。

　この報道どおりに刑事告発がなされないとなると，T社事件はまさに単なる

「不適切会計」にすぎなかったということになる。そして，この結論に大きな役割を果たしたのは，上述したように，その第三者性に疑念が提示されている「第三者委員会」なのである。さらに，わが国において第三者委員会はこのところ企業不祥事以外の様々なケースで盛んに設置されており，しかも第三者委員会としての対外的な免罪符の役割を立派に果たしているように見えるのである。

とすれば，その第三者性が長期にわたって広く受け入れられている公認会計士監査と同等の代替的仕組みとして第三者委員会を受け入れている実態についての考察を行うことがぜひとも必要になると考えられるのである。

第4節 「第三者委員会」という隠れ蓑

日経テレコンで，日経，朝日，毎日，読売，の4紙を対象に，「第三者委員会」という用語で記事を検索すると，日経テレコンが提供するデータベースの一番古いものから最新までの期間で12610件ヒットする[23]。

このデータベースで最も古い記事は，日本経済新聞の1983年10月13日付朝刊である。田中角栄元首相に懲役4年の実刑判決が下ったことを受けて書かれた社説の次の部分に第三者委員会という言葉が出てくる。

> 政治浄化の方策に関して言えば，ロッキード事件発覚後，約八年たったにもかかわらず，贈収賄事件での刑罰強化を除いては，一向に具体策で進展がない。これまでこの点で前進をはばんできたのは自民党だが，判決を機に，与野党協力し，国会全体として，禍を転じて福とする努力をしてもらいたい。具体的には（1）日本にもSEC（米証券取引委員会）のように企業の不正取引を監視する強力な第三者委員会を作ること（2）資産公開法を制定し，国会議員及び高級公務員の資産状況を毎年国民に明らかにすることで，不正の発生を防ぐこと（3）さらには企業献金の是非につき政治資金規正法の規定に従って本格的な手直しをする（4）企業献金を廃止する場合の代償措置

> として，西独同様に政党法を制定し，税金の一部で政党の選挙資金をみること，などが検討されていい。

　この記事では，SEC が強力な第三者委員会だと考えられており，そのような仕組みを作ることで企業の不正取引を監視しようという提案である。この記事から 30 年以上が経過した今日，記事の中で番号を振って提案されている，日本版 SEC の設置，国会議員と高級公務員の資産公開，企業献金の手直し，および企業献金が廃止された場合の税金を源泉とする政党への選挙のための補助金，という 4 項目が実際にはどのようになったのかをわれわれはすでに知っているだけに，新聞の社説の筆の力の限界を思い知らされる。

　次の記事は毎日新聞の 1990 年 3 月 23 日付朝刊の「衆議院の選挙区制の改正の議論」であり，実にこの間 7 年もの空白期間がある。内容は，次に引用するように，利害の対立する問題を解決するために利害関係のない第三者委員会を設置する，という報道である。

> 　小選挙区の区割りについては第三者委員会を設置する方向が固まっているが，この日は「一定年数ごとの定数配分の是正も同じ委員会が担当すればよい」との意見もあった。
> 　衆院の総定数は，(1) 現行の 512 (2) 公職選挙法本則の 471 (3) 中間の 500——の三案が出て意見は集約できなかったが，現状よりも少なくする方向だ。

　ここでは，各政党の利害の対立する選挙区の区割りを議論するための委員会を第三者委員会と呼んでいる。記事を読むかぎり，第三者委員会の設置および第三者委員会の取り扱う事項の決定については国会の自律的な動きのようであるが，この第三者委員会がどのように運営されたかについては調査していない。

　その次は，朝日新聞の 1990 年 10 月 11 日付朝刊の警察の監察制度が機能しなかった事例についての記事まで半年飛ぶ。

> 　大阪弁護士会人権擁護委員会副委員長の高階叙男弁護士は「今回の汚職事件を見る限り警察内部の監察機能には限界がある。外部の人たちで第三者委員会を設け，不正をただしていくのが一番だ」と提案する。来月14日から警察官の不正や人権侵害の苦情のほか，今回の事件の感想を聞くための「警察110番」を開設する予定だ。

　これは，第三者委員会を設置することで内部調査の限界を補おうとする外部の専門家からの提案である。この記事に出てくる第三者委員会の役割は今も一般的に受け入れられている第三者委員会像と重なり合う。しかしながら，「警察内部の監察機能には限界がある」ので「第三者委員会を設けて，不正をただす」という筋立てには，二つの疑問点を指摘しなければならない。

　第一の疑問点は，外部の第三者委員会が強い権限を有していると買いかぶる記述になっている点である。構成員の如何を問わず外部の人たちで構成すればおのずと第三者委員会には強い権限が備わると考えているこの買いかぶりが，実は，何ら根拠がないにも関わらず第三者委員会をそのようなものだと思い込ませてしまうことに一役買っているのである。同時に，第三者委員会が多数設置される素地ともなっていると考えられる。

　もう一つの，そしてより重要な疑問点は，第三者委員会の役割が「不正を正すこと」とされている点である。冷静に考えればすぐに分ることであるが，もしも「警察内部の監察機能には限界がある」と認識・評価するのであれば，身内を庇い合わない監察機能を確立するにはどうすればよいかをまず検討するべきである。アメリカの小説や映画で描かれる警察の不正を摘発する内部調査部門の権限は強大なものである。疑わしきは罰せずの考え方はここには存在せず，疑いがあれば直ちに職務を停止して調査が行われる。権限の大きな人たちをチェックするには，それ以上に権限の大きな監察部門が必要なのである。また，警察は内部の不正に甘くお互いに庇い合う，という言い方は何も警察に限ったことではなく，どのような組織にも同様の傾向は存在しているであろう。だからこそ，そのチェックのためにも良好なチェックシステムすなわち内

部統制の整備運用が必要なのである。

　また,「第三者委員会を設けて,不正をただす」ためには,外部の第三者委員会の声を受入れる姿勢が内部の仕組みに必要なことは言うまでもない。外部の声に耳を傾けない組織ではガバナンスが機能しないということは,本章で論じているT社のケースを見れば明白であろう。本章の冒頭で述べたように,T社は,2003（平成15）年6月に当時の委員会等設置会社に移行していた。しかし,いくら先進的なコーポレートガバナンスの仕組みを採用したとしても,社外取締役に情報を提供せず,彼らの発言に耳を傾けないのであれば,コーポレートガバナンスを強化することは不可能なのである。

　図表1-3が示しているように,やがて,「第三者委員会」という用語を含む見出しは毎年数百件から千件以上がヒットするようになり,今世紀に入ってからヒット件数は急増するのである。このように,近年わが国で盛んに設置されるようになった第三者委員会は,「対外的な免罪符」を提供する仕組みとしての役割を果たしていると推測される状況が生まれているのではないかと考えたくなるのである。そして,このような現況を目の当たりにすると,マイケル・パワーが『監査社会』で「監査の爆発的拡張」と呼んだ状況[24]が,日本においては,「監査」を「第三者委員会」に置き換えて生じているのではないかとも思えるのである[25]。

　しかしながら,このような第三者委員会を設置することは,実態と異なる印象を社会に植え付けるという意味では,設置しないよりも悪質だと言えるかもしれない。そのような,本来は第三者委員会と呼べない第三者委員会の設置が招来するリスクに関して,2000年11月26日付の朝日新聞が「お墨付き機関？　公共事業評価のための『第三者委』審議」という見出しのもと,「市民団体から『お墨付き機関であることが今回の例でよくわかった』と批判」されるとともに,公共工事に詳しい大学助教授が「数回の審議しかせず,委員も行政側が選んでいるので,本当に第三者と言えるか疑問だ」と指摘していることを報じており,「第三者委員会社会」ができることについて警鐘を鳴らしていた。

図表 1-3 「第三者委員会」に関する新聞記事の数

1983 年	1
1990 年	3
1991 年	1
1993 年	5
1995 年	4
1996 年	2
1997 年	5
1998 年	16
1999 年	23
2000 年	36
2001 年	622
2002 年	256
2003 年	169
2004 年	197
2005 年	107
2006 年	180
2007 年	1826
2008 年	1012
2009 年	596
2010 年	467
2011 年	1787
2012 年	769
2013 年	1421
2014 年	1003
2015 年	1662
2016 年	440

　そして，2016 年 6 月，このような第三者性に疑義のある第三者委員会の設置事例が，T 社のほかにも世間の耳目を集めたのである。

　発端となったのは，舛添要一前東京都知事の政治資金の公私混同問題であった。最初は高額すぎる海外出張経費が報じられ[26]，公用車の使用実態に関する批判[27]が高まるなか，政治資金規正法違反の疑いのある支出が次から次へと明るみに出された。前知事の政治資金収支報告書の訂正と約 45 万円の返金という申し出だけでは厳しい批判を収めることができず，ついには「政治資金に詳しい公正な第三者の厳しい目で精査してもらう」[28]との発言を繰り返すところ

となった。その調査結果が6月7日付の日本経済新聞で次のように報じられた。

> 舛添要一知事は弁護士による調査結果を公表した。調査結果は飲食費や宿泊費などの一部支出を「不適切」としたものの，違法性はすべて否定した。
> （中略）
> 舛添氏の依頼で調査にあたった元東京地検特捜部副部長の佐々木善三弁護士ら2人が同席した。（以下略）

ところが，この「公正な第三者の厳しい目」で調査したとされた弁護士について，その公正さと第三者性と厳しさを批判する報道が次々とマスコミを賑わせたのである。

まず，『週刊朝日』7月1日号が次のように批判した[29]。

> 舛添氏が弥縫策として立ち上げた第三者委員会も噴飯ものだった。6日の会見では，強面の元東京地検特捜部副部長の佐々木善三弁護士が登場。一連の政治資金の私的流用疑惑を「不適切だが違法とは言えない」とくり返すばかり。記者席から「物品購入した店に直接ヒアリングしたのか？」との問いに，佐々木弁護士は「そんなヒアリングに何の意味があるのか」と尊大な態度で切り返した。火消しどころか，かえって火に油を注ぐ始末となった（以下略）

また，6月16日付の信濃毎日新聞朝刊は次のように厳しく報道し，政治資金規正法違反の疑惑をうやむやにしてしまった第三者による検証の過去の事例[30]の記憶をも呼び覚ましたのである。

> とりわけひどかったのは「第三者の調査」でごまかそうとしたことだ。「第三者」として出てきたのは，小渕優子元経済産業相の政治資金問題でも

> 「第三者の調査」を担当した元東京地検特捜部検事の佐々木善三弁護士だった。(中略) 佐々木氏の調査報告書では，刑事裁判で政治資金規正法違反の有罪が確定した小渕氏の元秘書について責任感，義務感の強さが政治資金収支報告書の虚偽記入に結びついたなどとしていた。(中略) 二つの調査では，本来断罪すべきところを逆に擁護しているところが共通している。(中略) 舛添氏は誰かから佐々木氏を紹介され「第三者の調査」で時間を稼ぎ，問題をごまかしてしまおうという策略を立てたものの，小渕氏のときをはるかに上回る大きな反発を招いてしまった。(以下略)

　そして，6月15日付中日新聞朝刊も，この弁護士が関わった第三者委員会の第三者性に疑問符をつけながら，ほかの事例についても次のように明らかにしたのである。

> 　小渕優子元経済産業相の関連政治団体を巡る政治資金規正法違反事件では，小渕氏が依頼した第三者委の委員長を務めた。福島原発事故では，東電が設置した第三者検証委の委員になった。公選法違反で略式起訴された猪瀬直樹前都知事の弁護も担った。(以下略)

　このように，「第三者委員会」は「対外的な免罪符」を提供する仕組みとしてこのところ様々なケースで盛んに設置されており，しかも，上記のマスコミ報道のように一定の批判は存在するものの，結果的には「対外的な免罪符」としての役割をそれなりに果たしているように見えるのである。しかしながら，このような現況は，私の目には会計監査の領域の構成員の非力さが招いたアブノーマルな状況としか映らない。
　もちろん，第三者委員会を一律に名ばかりの似而非第三者委員会だと看做すことは偏った見方であろう。実際に第三者委員会の委員として活動した経験を有する人は，自分の加わった第三者委員会が真の意味での第三者委員会なのか，それとも名ばかりの第三者委員会なのかは，百も承知のはずである[31]。こ

の点については，私自身，第三者委員会本来の役割を果たした第三者委員会のメンバーに加わった経験をもっている。その経験に基づいて，第三者委員会に求められる要件とその要件を備えるための条件について，第7章で考察する。

第5節　ま　と　め

　第3節でも触れたように，東京地検特捜部は証券取引等監視委員会に対して「利益の水増しは多額だが，個人の刑事責任を追及するには至らないと判断し」T社について立件することは困難だとの見方を2016年7月7日までに伝えた，と報道されていた。しかし，それから2カ月が経過した2016年9月18日の朝日新聞朝刊は「『3社長，利益水増し想定』，東芝不正会計，監視委，地検に報告」という見出しのもと，次のように報じたのである。

>　東芝の不正会計問題で，証券取引等監視委員会は17日までに，歴代3社長の刑事責任を解明するべきだとする内容の調査報告書をまとめ，東京地検に伝えた。地検は7月，監視委に対して「刑事立件は困難」との見解を伝えているが，監視委はなお調査を続けており，刑事告発に向けた協議を求めるとみられる。
>
>　　　　　　　　　　　　　　　　　　　　　　　　　　　　　（以下略）

　この報道によれば，検察の判断とは異なって，証券取引等監視委員会は「トップの主導で決算をよく見せかける粉飾をしていた」と判断し，「刑事告発に向けた協議を求める」とみられる状態にあるとのことである。
　さて，T社の事件は「一件落着した」のであろうか，それとも依然として「現在進行形」なのであろうか。また，T社の会計処理は「不適切会計」だったのであろうか，それとも「粉飾」なのであろうか。さらに，T社の監査法人は監査に失敗したのであろうか，それとも被監査会社が巧妙に仕組んだ「第三者委員会」の策略にはまってしまったのであろうか。
　これらが判然としなくとも言えることがある。それは，わが国においてすで

に70年の歴史を重ねてきている公認会計士および監査法人による財務諸表監査に関連して2015年から現在まで継続してきているこのT社の会計処理および公認会計士監査を巡る一連の出来事は，今日までの40年間にわたって私が研究してきた会計監査に関する知見からはかけ離れた出来事だということである。

　その理由をひとことで言えば，公認会計士および監査法人による財務諸表監査が70年の歴史を重ねてきているのは，わが国において公認会計士の第三者性と専門性が長年にわたって広く受け入れられているとともに，それらの要件を維持するための努力を職業的専門家としての公認会計士が継続的に行ってきているからである。そして，わが国の制度監査がアメリカにおけるSEC監査の経験[32]やイギリスにおける会計専門職の長い歴史[33]を知識レベルで吸収してきていることも見逃すことはできない。

　ところが，本章で検討したT社に係る一件は，このように確立された公認会計士監査とは比較にならない，第三者性についても専門性についても担保されていない「第三者委員会」が重要な役割を果たしたと言われている。しかも，今日のわが国において，この第三者委員会は，場合によっては公認会計士と同等の役割を果たす代替的仕組みとして多方面にわたって受け入れられている現況が存在しているのである。

　今，わが国にこのようなコンテクストがあるからこそ，会計監査の本質をどのように捉えることができるのかを明らかにすることがぜひとも必要なのである。

注

[1] 徳賀芳弘「最近の不正会計事件から学ぶべきこと」『會計』第189巻第5号，2016年，1頁。
[2] 同論文，2頁。
[3] 同論文，2頁。
[4] 『會計』第189巻第5号，2016年，16-69頁。
[5] 徳賀，前掲論文，13頁。

6 東芝のホームページでは，「不適切会計問題への対応について」という表題のもと，2015（平成27）年4月3日の「特別調査委員会の設置に関するお知らせ」以降，一貫して「不適切会計」という用語を用いて情報の提供を行っている。(http://www.toshiba.co.jp/about/info-accounting/index_j.htm)

7 一連の問題を取材し報道し続けた新聞記者の立場で書かれた著作として，今沢真『東芝 不正会計 底なしの闇』毎日新聞出版，2016年，がある。また，公認会計士の立場で，長銀・三洋電機・東芝の粉飾決算を取り扱った文献に，浜田康『粉飾決算 問われる監査と内部統制』日本経済新聞出版社，2016年，がある。

8 2003年10月31日付の朝日新聞は，主要企業100社に対して行ったアンケート調査の結果，委員会等設置会社に対しては経営者に根強い懐疑論があることを報じている。この時点で委員会等設置会社に移行したのは100社のうち6社に過ぎなかった。

9 町田祥弘・松本祥尚「東芝事件から何を学ぶか 第1回『ガバナンス』」『週刊 経営財務』No. 3224，2017年8月17日，17頁。なお，本書では，東芝の行った具体的な利益操作の方法や監査および内部統制等の問題点については取り扱わない。町田祥弘・松本祥尚「東芝事件から何を学ぶか 全5回」『週刊 経営財務』No. 3224-3227，No. 3229，を参照のこと。

10 もちろん，形式を整えれば実態もそれに伴う，と考えるのはあまりにもナイーブであろう。実は，あのカネボウも2004年に委員会等設置会社に移行していた。さらに言えば，エンロンも，コーポレートガバナンス優等生企業とアメリカで看做されていたのである。

11 この第三者委員会のメンバーにグループ会社の顧問弁護士を辞めた人が入っていることをもって，当初からこの第三者委員会に対して不審感を指摘する専門家もいた。(「『東芝の会計問題，危機管理が不十分だ』／第三者委を歴任してきた久保利弁護士に聞く」東洋経済オンライン，2015年6月16日。)

12 新村出編『広辞苑』(第2版)，岩波書店，1969年，1979頁。

13 日本経済新聞，2015年9月18日朝刊。

14 小笠原啓『東芝 粉飾の原点 内部告発が暴いた闇』日経BP社，2016年。

15 『日経ビジネス』2015年11月23日号，10-13頁。なお，この記事の書かれたいきさつが，小笠原，前掲書，14-25頁，に詳しく述べられている。

16 小笠原，前掲書，64-91頁。

17 川端寛「スクープ 東芝『不正謀議メール』を公開する」『文藝春秋』2016年4月号，184-193頁。T社が不正会計発覚以前から自社の監査を担当する監査法人を欺くために別の監査法人の子会社の公認会計士を知恵袋としていたこと，および，不正発覚以後も，第三者委員会に関連して同組織に依存していたことを復元された電子メールを証拠に指摘したこの記事を読んだ私は，その内容をにわかには信じられなかった。

18 小笠原氏の前掲書では，新聞やテレビではほとんど報じられなかったT社を巡る一連の動きの裏側について詳細に記述されている。また，同氏は，2016年8月24日に放映された「テレ朝チャンネル2」の番組「津田大介 日本にプラス #219」で「東芝・原発中核子

会社の赤字隠しをスクープ！日経ビジネス記者が明かす，東芝利益水増しの"本質"とは」にゲスト出演し，同書にまとめた一連の取材について赤裸々に語った。
[19] 『日経ビジネス』2015 年 11 月 23 日号，11 頁。
[20] 東芝，第三者委員会の委員の選任等に関するお知らせ，2015 年 5 月 15 日，http://www.toshiba.co.jp/about/ir/jp/news/20150515_1.pdf，2 頁。
[21] 日本弁護士連合会「企業等不祥事における第三者委員会ガイドラインの策定にあたって」2010 年 7 月 15 日設定，2010 年 12 月 17 日改訂，(http://www.nichibenren.or.jp/library/ja/opinion/report/data/100715_2.pdf)
[22] 川端，前掲記事，192 頁。
[23] 日経テレコン，http://t21.nikkei.co.jp/g3/CMN0F12.do，2016 年 5 月 25 日検索。「調査委員会」で検索すると，58750 件ヒットするが，記事の内容を読むと，設置された委員会の名称に「第三者」が入っていない委員会をも第三者委員会として報道している記事もあるので，今回は，第三者委員会のみを対象とした。
[24] マイケル・パワー著，國部克彦／堀口真司訳『監査社会［検証の儀式化］』（東洋経済新報社，2003 年），第 1 章。ただし，彼は，監査の爆発的拡張を過剰なチェックという意味で使っているので，私が本章で使っている意味とは少し異なっている。
[25] 2012 年度から，上場会社が設置した第三者委員会のデータを，設置目的，委員および補助者名簿，適時開示と報告書のリンク，といった項目を網羅して情報提供するウエブサイトが存在している。掲載されているデータ数は，2012 年が 2 件，2013 年が 18 件，2014 年が 19 件，2015 年が 52 件，となっている。（第三者委員会ドットコム，http://www.daisanshaiinkai.com）また，第三者委員会の報告に関して，独自に格付けを行っている組織も存在している。（第三者委員会報告書格付け委員会，http://www.rating-tpcr.net）
[26] 共同通信ニュース，2016 年 4 月 7 日。
[27] 中日新聞，2016 年 4 月 27 日夕刊。
[28] 東京新聞，2016 年 5 月 21 日朝刊。
[29] この記者会見については，私自身もテレビの生中継を見た。質問者を厳しい目つきで睨みながら切り返す弁護士に怯んでしまったのか，質問を重ねて真実を明らかにしようとする姿勢の感じられない記者席の消極的態度に失望した。
[30] この記者会見のテレビの生中継も見た。検事の経験を有する弁護士が PC のハードディスクがドリルで破壊されたことを正当化するなど，検事というプロフェッションとしての考え方をみじんも示さないことに驚いたことを記憶している。プロフェッションは「専門職」であって，単なる「職業」ではない。ここでは議論しないが，professional skepticism は「職業的懐疑心」ではなく「職業的専門家としての懐疑心」もしくは「専門職としての懐疑心」と訳さなければならない。
[31] 東芝の第三者委員会について自身のブログで厳しい批判を繰り返しておられる郷原信郎弁護士は，ご自身が加わっておられたオリンパス事件に関する新日本監査法人の第三者委員会と今回の東芝の第三者委員会とを比較して，今回の第三者委員会が「見せかけだけの第

三者委員会の枠組み」とまで厳しく批判しておられる。(「トップの無為無策によって窮地に追い込まれた新日本監査法人」『郷原信郎が斬る』2015年12月16日, https://nobuogohara.wordpress.com)

[32] 例えば, 千代田邦夫『闘う公認会計士』中央経済社, 2014年, 参照。
[33] 例えば, 友岡賛『会計プロフェッションの発展』有斐閣, 2005年, 参照。

第2章　1925年　明治・大正期の会計士運動と社会的背景

第1節　問題点の所在

　拙著『日本の会計士監査』において，私は，明治時代から大正時代にかけてわが国で行われた「公許会計士」あるいは「会計監査士」あるいは「会計士」といった職業会計士を法律で認めて欲しいという運動，いわゆる会計士運動について論じた。

　そこでは，会計士運動に最初に影響を及ぼした大きな出来事として，日糖事件とマクドナルド駐日英国大使の言動を紹介し，日糖株の下落で損害を被った彼の存在が日本で初めて会計士という職業的専門家を調査した『公許会計士制度調査書』の起草に大きな影響を及ぼしたことを紹介した。

　その根拠として示したのは，1915（大正4）年の第37帝国議会における木村平右衛門委員の「会計士法案」の提案理由であった。木村委員は，マクドナルド氏が「我国ニ会計士制度ノナキコトヲ痛ク非難サレタノデアリマス，斯ノ如キコトヲ動機トシテ」調査書が起草公表されたと発言していたのである。一方，マクドナルド氏が当時の桂太郎首相に送った手紙のなかで，大日本製糖の解散と責任者の処罰は要求しているものの，イギリスの職業会計士については触れてもいないし，わが国に会計士制度のないことを責めた記述もないので，マクドナルド氏が日本に職業会計士の制度を導入するよう助言したのは「伝説である」という久保田音二郎教授の主張も紹介した[1]。

そのうえで,『公許会計士制度調査書』が広く配布されたにも拘らず,その後この調査書を有効に利用しようとしなかったのは,ただ外圧を躱すために時間を稼いだのではなかったかと推測しつつ,論を進めたのである。
　しかし,その後の研究によって,この外圧が現在でも日常的に見ることのできるような外圧のレベルを超えた非常に強大な外圧だったこと,および,その外圧を受けて始まった日本の会計士運動が,実は,学者の議論と帝国議会での攻防に限定されない,広く日本社会の世論を巻き込んだ規模の大きな動きであったことが明らかになった。しかし,結果的には,会計士による監査制度が法的根拠をもつことはなく,ただ,計理士という会計に関する職業的専門家が生まれただけであった。
　本章においては,そのような一連の日本社会の動きの底辺に流れていたものは何だったのか,そして,次章において検討する戦後の公認会計士監査制度を産み出したことと何らかの関係があったのか,それとも全く関係はなかったのかを考える出発点としたい。

第2節　日本の国際化と非常に強大な「外圧」

　日糖事件に関連したマクドナルド氏の言動は,実は,日本の会計士運動だけでなく,その他の面にも大きな影響を及ぼした実に大きな「外圧」であった。
　例えば,夏目漱石の『それから』のなかに,次のような日糖事件についての記述がある。昔は気にも留めなかった文章であるが,ちょうど日糖事件が起った年に朝日新聞に連載されていたこの小説からは,この事件が当時の日本社会に広く知られており,しかも非常に大きな影響を及ぼしたことが読み取れるのである。すなわち,

　「其明日の新聞に始めて日糖事件なるものがあらはれた。砂糖を製造する会社の重役が,会社の金を使用して代議士の何名かを買収したと云ふ報知である。門野は例の如く重役や代議士の拘引されるのを痛快だ々々々と評してゐた

が，代助にはそれ程痛快にも思へなかった。が，二三日するうちに取り調べを受けるものゝ数が大分多くなって来て，世間ではこれを大疑獄の様に囃し立てる様になった。ある新聞ではこれを英国に対する検挙と称した。其説明には，英国大使が日糖株を買ひ込んで，損をして，苦情を鳴らし出したので，日本政府も英国へ対する申訳に手を下したのだとあった。」[2]

ここにも会計士に関する記述はなく，ただ英国大使が日糖株の株式投資で損をしたことについて苦言を呈したので，日本政府も何もしないでいるわけにはいかなくなったという趣旨の報道のあったことが述べられている。

しかしながら，1916（大正5）年7月22日付『中外商業新報』は，「財界の一問題会計士案（1～6・完）」と題する連載中，「2 本問題の沿革（ロ）」において，「株主として意外の損失を蒙れる在留外人団中に其声大なるものありき，現に英国大使故マクドナルド氏の如き這個の紊乱は一に会計士制度を欠如せる結果なりとして寧ろ政府当局を痛撃せりと伝えらる」[3]と解説しており，また，『企業会計』に掲載された「日本会計学の揺籃期を語る」と題した座談会（時-1952.11.1 所-東京・福田家）において，太田哲三，木村禎橘，岡田誠一，村瀬玄，岩田巖，というそうそうたるメンバーが語っておられるなかに，次のくだりがある。

「二 日糖事件のこと
岡田 あれは，私は始終考えるのは，日糖事件のとき，イギリスの公使マクドナルドという人…あれが後に総理大臣になったんですか。
村瀬 いいえ，違います。
木村 あのマクドナルドは違うのです。
岡田 あのマクドナルドというやつが憤慨してね，株主総会へ行って…だいぶ持っておったそうだ。お前の国は野蛮国だからいかん。おれの国はアカウンタントいうものがあって，会社なんかちゃんと調べて，こういうこ

とは絶対にない，といって，それがだいぶ実業家の頭にも，学者の頭にも，きたらしい。だから，水島さんなんかも会計学のあれは何か書いたものがあるでしょう。
村瀬　『世界各国会計士制度』というものを書いたものが，パンフレットになってあります。
太田　日糖事件は明治何年ですか。
岡田　42年です。
木村　42年に，そのために東京帝大に商業学科が法科のなかに設けられた。」[4]

　しかしながら，ここで名前の出てくるマクドナルド氏は，座談会で「あのマクドナルドというやつが」という表現が誤解を招くようなゴロツキや総会屋的な人物ではない。1900（明治33）年にサー・アーネスト・サトウが清国公使に任命された際にポストを交換する形で駐日公使として東京に赴任した後，1905（明治38）年には初代駐日大使となった。そして，1902（明治35）年の日英同盟の締結に大きく貢献するとともに，1905（明治38）年の更新にも力を発揮した有力なイギリス人であった。なお，1911（明治44）年の再交渉においては，日本の満州進出に懸念を抱いたサー・クロード・マクドナルドは慎重な立場を取るようになっていたものの，東京での交渉に加わり，日英同盟は再更新されることとなったのである[5]。

　また，座談会にある「そのために東京帝大に商業学科が法科のなかに設けられた」件については，東京大学大学院経済学研究科・経済学部の沿革に次のように記述されている[6]。

1908（明治41）年7月　法科大学政治学科を分けて，政治学科と経済学科の2学科とする。

1909（明治42）年6月　法科大学に商業学科が設置される。

1919（大正8）年4月　法科大学より経済，商業学科を分離して，経済学部を新設する。

すなわち，マクドナルド氏の影響力は，東京帝国大学に新たな「商業学科」を設けさせるほどの巨大なものだったのである[7]。第3章で述べる「第二次世界大戦の敗戦，占領政策」とは比較にならないかもしれないが，明治時代末の日本の存亡に関わる日英同盟の重要人物の発言であったから，日本政府にとってはこの当時としては他に比較するものがないほど大きな外圧であったことには違いないであろう。このような大きな外圧を受けて，わが国の会計士運動は始まったのである。

まず，わが国が明治維新という日本史的には久しぶりの国際化を推し進めるという社会的経済的要請を受けて行った本書の主題と関連のある改革は次のようなものであった。

(1) 自発的に国際化しようとした事例　その1
　事　例　旧商法の制定
　内　容　「監査役」という監査を担当する機関を設けた
　背　景　明治維新に伴う法整備
　時　代　1890（明治23）年
　特　徴　・監査役の権限が強大
　　　　　・取締役の業務（不正）をチェック
　　　　　・監査役の独立性を確保
　　　　　・専門性が欠如
　成行き　・1893（明治26）年の一部施行と1899（明治32）年の新商法の制定過程で，専門性以外の特徴が大きく後退
　　　　　・その後，改正を重ねても，最初の規定ほどの厳しさは復活しない
　　　　　・専門性の欠如については，今日まで一貫して見直しは行われていない
　理　由　・私企業の規定に関して法律は不介入
　　　　　・取締役とのなれ合いを防ぐ

・監査役の業務は列挙すると洩れる恐れがある，など監査役の規定を骨抜きにするための理由[8]

(2) 外圧によって国際化しようとした事例
 事　例　『公許会計士制度調査書』の公表
 内　容　職業的専門家としての英米の会計士制度を調査，公表
 背　景　日糖事件により，駐日英国大使が株式投資で損害を被った
 時　代　1909（明治42）年
 特　徴　・公許会計士の独立性と専門性を認識
    ・公許会計士の公共的性格を認識
    ・公許会計士の業務中，監査の優位性を認識
    ・監査対象が株式会社以外の多岐にわたっている
    　（財団，国庫助成を受けている事業，社債の募集，資金の借入れ）
    ・委託受託関係におけるアカウンタビリティを認識
    ・会計士監査のシグナリング効果を認識
    ・会計士監査により，企業経営の基礎が強固になる，との期待
    ・会計士監査により，外国人の投資が増える，との期待
    ・会計士監査以外のモニタリング手段（信託）にも触れる
 成行き　・調査書の内容を具体化する動きは特段なかった
    ・後の会計（監査）士法案の審議プロセスで若干引用された
 理　由　調査は行ったものの，もともと農商務省商務局には公許会計士の制度を具体化する意図はなかった[9]

(3) 自発的に国際化しようとした事例　その2
 事　例　商事会社に関する法律案の提案
 内　容　公益上必要とされる会社役員・重役の不正の取締り
 背　景　日露戦争後の経営破綻や乱脈経営の続出
 時　代　1910（明治43）年

特　徴　・取締役の兼業を制限
　　　　・常務取締役の兼業禁止
　　　　・形式的であっても会社の重要な業務に参加したものは取締役と連帯責任を負う
　　　　・取締役や使用人である株主は監査役の選挙権を持たない
　　　　・地方裁判所長の帳簿・財産検査権限
　　　　・株主総会招集時の裁判所届出制
　　　　・贈収賄の禁止と重い罰則規定
成行き　審議未了
理　由　商法の自由設立主義に反するという理由が，会社役員・重役の不正を監督し取り締まることが公益上必要であるという要請に打ち勝った[10]

(4) 自発的に国際化しようとした事例　その3
事　例　商法改正の提案
内　容　取締役，監査役の機能強化
背　景　日露戦争後の経営破綻や乱脈経営の続出
時　代　1911（明治44）年
特　徴　・取締役，監査役を株主中から選任する規定の廃止
　　　　・取締役に専門経営者を充てることを想定
　　　　・監査役に職業的専門家を充てることを想定
成行き　当該改正文言原案を否決
理　由　商法の立法趣旨に反するという理由が，企業破綻の原因として指摘できる企業の財産状態の不明瞭さをチェックするには会計・監査の専門家でなければ不可能であるという主張に打ち勝った[11]

(5) 自発的に国際化しようとした事例　その4
事　例　会計監査士法案および会計士法案の提出

内　容　無機能化が著しい監査役に替わって，企業などの会計監査を行う（先進各国で見られる）会計専門職の創設

背　景　日露戦争後の経営破綻や乱脈経営の続出

時　代　1914（大正3）年から1925（大正14）年にかけて

特　徴　・会計（監査）士の独立性と専門性を認識

・会計（監査）士の公共的性格を認識

（株主保護よりも，一般公衆保護）

・会計（監査）士の業務中，監査の優位性を認識

・経営者不正が社会におよぼす悪影響の大きさと，それをチェックすることの重要性を指摘

・監査対象が銀行および株式会社以外の多岐にわたっている

（慈善団体や宗教団体などの民間の非営利組織）

・株式会社という欧米の制度を採用しておきながら監査については欧米の制度を採用しないという重要な問題点の指摘

・株式会社における公開主義の重要性の指摘

・間接金融に対する直接金融の相対的優位性を指摘

・委託受託関係におけるアカウンタビリティを認識

・会計（監査）士監査のシグナリング効果を認識

・巨大株式会社が国民経済におよぼす影響の大きさを認識

・巨大株式会社を国民が監視することの重要性を認識

・パブリックセクターが担当していた監査（銀行に対する大蔵省銀行局の監督）の無機能化の指摘

・途中から，会計監査士ではなく会計士という名称に変わる

・後になると，強制監査から任意監査に後退

（ただし，世間一般に会計士監査がシグナリング効果を持つようになると自発的に監査が行われるようになるので，強制であろうと任意であろうとまったく相違がないということについての議論があった）

・時間の経過に伴い，提案される法案の会計士の職務の中から「監

第2章 1925年 明治・大正期の会計士運動と社会的背景　43

　　　　　　査」が消える
　成行き　・当初は審議未了
　　　　　・やがて衆議院は通過するものの，貴族院で審議未了
　　　　　・最後には監督官庁の議論にまで入り，法律が成立することを予感
　　　　　　させる
　　　　　・1927（昭和2）年，計理士法が制定[12]
　理　由　・商法の監査役の規定に抵触する恐れがある
　　　　　・会計（監査）士にふさわしい人を得るのが困難
　　　　　・利害対立の生ずる恐れがある
　　　　　・すでに開業している会計専門職の姿勢が消極的[13]

　このまとめを振り返ると，この当時の日本人のディスクロージャーや会計士監査に対する考え方は，今日の議論と遜色のないレベルの高さであったということが言えるであろう。会計士監査の基本的な部分に関する考察や議論の大枠は，今から一世紀以上も前にすでに論点として整理されていたと考えられるのである。当時の論点の先見性と国際性のレベルの高さは驚くべきものであると再評価しなければならない。
　しかしながら，視点を変えてみると，ある領域の専門家がその領域についての深い知見に基づいて重要な論点について研究発表をしたり議論を戦わせたりするのはある意味当然のことだとも言える。注意しなければならないことは，その研究や議論が実社会との接点をもたない，もしくは関係を希薄にしたまま机上の空論化する，あるいは，一般社会を置き去りにして専門家にしか共有されない特殊な議論に陥ってしまってはいないかどうかということである。もしも，特殊な議論に陥ってしまっていたとすると，その議論がいくらレベルの高いものであったとしても，日本の社会的経済的要請を受けないものとなってしまっているわけであり，制度化しない政府を責めることはできない。社会の支持を得ない議論は実を結ばないし，仮に実を結んだとしても，それは社会のニーズから乖離したものとなってしまうからである。

『日本の会計士監査』において,私は,政府による調査と帝国議会での議論を中心に据えて考察した。次節においては,会計士運動に関する学界の反応と,日本社会の反応とくにマスコミの扱いを考察する。

第3節　会計士運動下の会計専門誌と一般新聞記事

本節においては,『公許会計士制度調査書』が公表されてから会計士法案の最後の提案が行われた期間において,当時の会計専門誌と一般新聞記事が会計士監査についてどのように議論しあるいは報道していたかについて振り返ることによって,当時の議論の専門性と一般性について考察する。

1　会計専門誌における議論

図表2-1に抽出したように,アメリカで『統一会計』が公表された1917年から「証券取引所法」の制定された1934年までの間に『會計』に掲載された論文等は,海外の会計・監査実務や日本における会計士法案の成行きの紹介を中心として,日本に監査実務を創設するための議論が非常に活発に行われていた[14]。

まず,『會計』の第1巻第1号には「英人の観たる『日本に於ける会計士の職務』」と題する英国『アカウンタント』誌に掲載された「*Accountancy in Japan*」の全訳が掲載されている[15]。それによれば,イギリス人が次のような日本の状況を知っていたことに加え,それに対して的確な論評が加えられていることが分る。

それらは,
・日本の国会で二つの会計士法案が提案されたものの,未成立であること,
・日本において会計士の職務を阻害する要因は,英国会社法の規定を模倣した日本の商法の規定が監査役を株主に限定していることにあること,
・そのため,監査役は専門的知識を持たないこととなり,不誠実な取締役は株主に損害をもたらすおそれが生ずること,

図表 2-1 雑誌『會計』掲載　会計士・監査関連論文一覧（1917-1934）

第1巻第1号 (1917年，大正6年)	「英人の観たる『日本に於ける会計士の職務』」 (*Accountant* 誌の記事の翻訳)
第1巻第4号	「株式経営に対する予算の監査」 「会計諸表の様式及会計監査に関する統一的取扱法　上」 (*Uniform Accounting* の翻訳)
第1巻第5号	「会計諸表の様式及会計監査に関する統一的取扱法　中」
第1巻第6号	「会計諸表の様式及会計監査に関する統一的取扱法　下」
第2巻第4号	「統一的会計」(*Uniform Accounting* の解説)
第3巻第1号	「会計士法案に関する帝国議会の議事」（条文と議事）
第3巻第2号	「会計士制度について」（日本会計学会　創立1周年記念講演）
第4巻第5号	「再提出の会計士法案」
第5巻第1号	「会計士法案に関する帝国議会の議事」
第6巻第6号	「会計士法案に関する帝国議会の議事」
第7巻第1号	「会計士法案に関する帝国議会の議事追加」
第8巻第1号	「第1回会計士懇話会の記」
第9巻第4号	「米国会計士会に就て」
第11巻第5号	「最近米国に於ける会計士の発達」 (*The Journal of Accountancy* の記事の翻訳)
第12巻第1号	「神戸会計士会設立の記」
第13巻第3号	「被監査者の位置に立ちて」
第13巻第6号	「会計士法制定に関する大阪工業会の意見書」 「日本会計学会懇話会記事」
第14巻第3号	「利益保険とアツカウンタンシー」
第16巻第2号	「英国に於ける会計士養成制度」 (*The Journal of Accountancy* の記事の翻訳)
第16巻第6号	「英国協同組合運動に於ける『公認監査人』問題」 「英国の公認監査士及チャータードアカウンタントの訳語に就て」 (Incorporated Accountant 協会での講演の翻訳)
第17巻第3号 (1925年，大正14年)	「会計士法案私議」（全50ページ）
第17巻第3号	「監査役の資格」(*The Accountants' Magazine* の社説の翻訳)
第17巻第6号	「会計士業と其の前途」
第17巻第6号	「我国信託会社と会計監査業務　1」
第18巻第1号	「我国信託会社と会計監査業務　2完」
第18巻第4号	「英米会計士に就て」
第18巻第5号	「米国会計士業最近の傾向」 (*The Journal of Accountancy* の記事の翻訳)
第19巻第2号	「会計士銓衡委員と会計士」
第19巻第3号	「国際会計士会議」
第19巻第6号	「会計士業と有限責任」

図表 2-1　雑誌『會計』掲載　会計士・監査関連論文一覧（1917-1934）（つづき）

第20巻第2号	「会計士の監査と証明に就て」
	「第52議会に於ける『計理士法』案の審議　1」
第20巻第3号	「第52議会に於ける『計理士法』案の審議　2」
第20巻第4号	「第52議会に於ける『計理士法』案の審議　3」
	「計理士法と計理士の職業　其1」
第20巻第5号	「計理士法と計理士の職業　其2」
第21巻第3号	「計理士法の一根本問題に就て」
第23巻第5号	「英国に於ける監査人証明書の責任範囲に就て」
第24巻第5号	「会計士に就て」
	「会計士の料金問題」
第28巻第1号	「監査の意義」
第28巻第2号	「会計監査の意義に就て」
	「計理士監査の程度及範囲」
第31巻第5号	「計理士制度の回顧」
第32巻第4号	「計理士動員計画案」
	「計理士法改正問題に就て」
	「株式会社検査役と計理士」
第32巻第6号	「計理士法改正運動所見」
第33巻第4号	「計理士業務の公正」
第34巻第2号	「検査計理士法制定運動所見」
第34巻第4号	「計理士の資格並に監督」
第34巻第5号 （1934年，昭和9年）	「第三者に対する会計士の責任問題―ウルトラメヤス事件の再検討―」

以下略

・日本のそのような規定には致命的欠陥があり，英国では同様の会社法の規定をすでに改正済みであること，
・横浜や神戸ではイングランドとスコットランドの特許会計士が職業的監査を行っていること，
・日本における会計監査業務を日本人に限定することはイギリス人会計士を閉め出すことになるが，そのことは同時に日本経済の発展に必要なイギリス資本をも閉め出すこととなり，日本の繁栄に致命的打撃を与えること，
などであった。

　なお，前文を読むと，訳者が『アカウンタント』誌を丹念にフォローしていることや，会計監査士法案を「粗笨蕪雑を極めし」と酷評するだけの検討を

行っていること，および，商法上の監査役に関する規定が英国会社法の模倣だという本文中の誤りを指摘するとともに立法が幼稚であればどこでも起こりうる誤りだと喝破するだけの知見を有していることが推察される。翻訳ではあるが，かなり専門性の高い内容である。

同じく『會計』の第1巻第4号に掲載されている「株式経営に対する予算の監査」[16]では，株式会社において所有と経営の分離が進んでいることと，当時の好景気を背景に，「近時会計学研究勃興の動機が職業的会計士制度の新設即ち会計の客観的監査を必要として起った事…は当然」[17]であると述べていることは注目に値するであろう。この記述と共通するのは，今は存在しない『監査』という雑誌の創刊号の巻頭言で，発行元の中央経済社社長であった高木勇二氏が述べておられる次の文章である。

「ここに監査専門誌『監査』を創刊する。

慮うに，実務会計の発展は監査の発展に依存するところきわめて多い。実務会計は満足すべき監査の完了によって全く，監査こそ実務会計の真髄であるといっても過言ではなかろう。

我国の今までの実務会計沈滞の当然の結果として監査は殆んど顧られなかった。然し乍ら，我国経済再建の為めに要請せられる実務会計の確立には，之亦当然の結論として監査が重要問題として取扱われなければならないことは言う迄もない。」[18]

実に，30年以上の年月を隔てて，職業会計士による外部監査の重要性について同じように強調しているのである。ただ，高木氏が「我国の今までの実務会計沈滞の当然の結果として監査は殆んど顧られなかった」と述べておられる点については，「会計士監査の重要性については認識されていたにも拘らず，政府がその制度化に対して反対の立場を取り続けたために，実務的に監査は顧みられることがなかった。そのために，戦前のわが国においては実務会計は沈滞していた」と書き換える方がより適切であろう。

それはさておき，さらに，筆者の丹羽豊氏は，既設会社の不正や誤謬を摘発防止することが職業会計士の責務だとしても，過去および現在の会計の客観的

監査よりも将来の会計の予算監査を重要視することが時宜にかなっているのであって,「新株募集に対する社会的客観的監査の必要は単独な投資家一個の問題では無くて,国民経済の根底に横はる大切な問題である」[19] と認識している。まさに,戦後の証券取引法の精神と相通ずる考え方が強く感じられる一文である。

そして,「之を営利を主とする株式屋又は雑誌屋に一任して省みず,会計学会として何等与り関しないものとすれば其実際的使命を疑はれても致方あるまい」[20] と,鋭く批判しているのである。筆者の肩書きが「株式現物商」であるにも拘らず,「株式屋」とか「雑誌屋」といった世俗的あるいは差別的用語を用いた挑発的な内容となっている。今日使われている文体・用語ではないために理解が容易であるとは言えないものの,当時の実状を知るとともに,現在にも通用する読み応えのある内容となっている。

同じ号から3回連載で,米国連邦準備制度理事会がその局報の4月号に掲載したばかりの『統一会計』が翻訳紹介されているのも興味深い[21]。翻訳の前文では,この『統一会計』の提案は,銀行業者と商工業者の間に立って会計監査士あるいは会計士の行う業務が無限の重要性をもっていることを示しており,翻訳する価値があると指摘している。

しかしながら,この『統一会計』については,その後これについての日本人による論評や研究発表がないまま,第2巻第4号において『アカウンタント』誌の記事が翻訳紹介されている。翻訳の前文において,筆者は,『統一会計』の翻訳に対して,会計学者だけでなく,経営学者や実業家に加えて,大蔵省,農商務省,司法省の各方面から注目されたものの,論評や研究発表のないことを憂いて,「先輩の人々が詳しい且つ纏まった批評を公にし,啓蒙に努めらるゝことを私かに切望もし予期もしてゐたのである。けれ共,事柄が事柄だけに,諸先輩皆自重の体と見受けらるゝ」と述べたうえで,『アカウンタント』誌に掲載された論文の翻訳をとおして,イギリス人の反応を紹介しているのである[22]。

中身としては,アメリカでは貸借対照表が理論上の目的とは異なる目的で用

いられていると指摘しているところが面白い。すなわち，理論上の目的とは重役が株主に対して財務諸表を提供することにあるが，アメリカでは，貸借対照表と附属の損益計算書が債権者，将来債権者，将来株主に対して提供されているというのである。筆者は，この両者は責任の点において全く異なっていると考えており，イギリスの会計士は監査の結果について株主に対する責任はあるもののそれ以外の第三者に対しては責任を負わない。ただし，そのために投資家が投資をする際の判断基準がないという状況を生むが，アメリカでは，その点について克服し，この『統一会計』の価値は，「計算諸報告書の単なる表面的統一を企てることよりも，これらの取調監査方法の統一を図る事のより重要なことを認めた点にある」と評価している。もう一つ重要だと指摘しているところは，当期の監査を行うにあたって，前期の貸借対照表の監査も実施する，ということを明示した点にある，と述べている。この当時から英米間で会計士監査に対する考え方の相違が存在していることがわかって興味深い。

　第3巻第2号では，「会計士制度に就いて」と題する会計学会創立一周年記念講演会の講演録が掲載されている[23]。

　冒頭，学会の講演というものは研究成果を発表するのが第一の目的だろうと思うが，同時に，会計学の普及および会計士制度実施の議論を起こすためには，会計学・会計士の沿革と外国の実状を世間に周知させることも重要であって，それによって会計という学問に沽券をつけることができると述べたうえで，「会計学は無味乾燥と云ふ定説があるさうでありますが，私は夫程でもないと思ひます。下野教授も噛み締めれば味があると言はれたやうに，私は大変味があると思ひます」[24]と断ったうえで，長い講演を始めたのであった。

　「会計士制度に就いて」という限定された演題であるにも拘らず，会計の沿革をバビロン，アッシリアから説き起こし，中学時代の歴史で教わったように，欧米の文化のルーツがバビロン，アッシリアにあるように，会計も同様であったことを指摘したうえで，その当時の会計が政府の会計，公会計であったことにも触れている[25]。

　そこから中世のイタリアを経て，スコットランドの各会計士協会の沿革，会

社の会計係ではなく職業会計士の誕生のプロセス，19世紀前半の多方面にわたる法律制定との密接な関連など英国会計士隆盛の原因が縷々述べられている。そのうえで，アメリカ，南米，オランダ，オーストリアについても触れた後，ドイツについてはかなり詳しく紹介されているのである[26]。

まさに微に入り細を穿つ内容であり，その会場にいなかったとしても，この『會計』の講演録を一読すれば，会計および会計士に関する相当な知見を吸収することができ，これをベースにさらなる研究の展開が可能になったと思われる。戦後の研究者がどうしてこの講演を参考にすることなく，とくにアメリカの監査制度を研究した事例が多いのか，アメリカの占領下にあったという事情は推測されるものの，多少首を傾げさせられる非常に広範な話題を網羅した講演内容であった。

会計士法案に関する帝国議会の議事についても，『會計』の「雑録」の部で頻繁に取り上げられていた。第40帝国議会での提案内容が第3巻第1号に，その再提案条文が第4巻第5号に，その議事内容が第5巻第1号に，さらにその再提案の条文と議事録が第6巻第6号に，その議会解散前の貴族院の記録が第7巻第1号に，それぞれ掲載されている。

日本会計士会が設立されると，『The Journal of Accountancy』1921年2月号掲載記事が「米国会計士会に就て」[27]という邦題で翻訳され，同誌1922年4月号掲載記事が「最近米国に於ける会計士の発達」[28]という邦題で翻訳されている。また，遅れて設立された神戸会計士会の紹介[29]も掲載されている。

この頃になると，次第に，会計士に関連した論文や雑録は少なくなってくるのであるが，第16巻では英国の会計士に関する雑録が二本掲載された[30]後，第17巻第3号において会計士法案に関する50頁にもわたる大論文が掲載されることとなるのである[31]。

この「会計士法案私議」がまとめられた背景としては，会計士法案の最後の提案となる1925（大正14）年の第50帝国議会において印象深い発言があった。衆議院では，可決された際に政府委員が「出来得ルダケ早ク政府ハ自ラ然ルベキ案ヲ立テテ，協賛ヲ得タイト，斯様ナ考ヲ有ッテ居ルノデアリマス」と

前向きの発言をし，貴族院でも商務大臣高橋是清が委員会において「此会計士法ノ制定ハ政府ニ於キマシテモ，其必要ヲ深ク感ジテ居ル次第デアリマス」とこれもまた極めて前向きの発言をしたのであった[32]。そのため，巷の関係者の間では会計士法案の成立に対する期待が一気に高まったのである。

「会計士法案私議」の構成は次のようになっている。

一　会計士法制定の目的
二　会計士の法定職務
三　会計士の特権事項
四　会計士の兼業及兼務
五　会計士の資格
六　会計士の欠格
七　会計士名簿
八　会計士会
九　会計士の職務の執行
一〇　罰則
一一　懲戒
一二　附則
一三　受験資格
一四　試験の免除

全体の構成は会計士法案の具体的な提案という印象である。この提案のすべてについてここで検討することは，他の議論と内容の重複もあるため必要ないと考える。しかしながら，政府が会計士法案を提案することの予想されたこの時期に，会計士という専門的職業の最も肝要な部分だと考えられていたことについて紹介することには，会計士運動の一つの区切りとしての決して小さくない意味があると考える。

一で述べられている日本社会が会計士に対して期待している点を述べる前に，まず，日糖事件におけるマクドナルド氏の言動，高木益太郎氏が議会で発言した最初の会計監査士法案の提案理由，大正10年代に入ってからの何本かの新聞記事，を紹介したうえで，日本社会が会計士に期待しているところは会社重役の不始末防止であるから，もしも会計士法がその目的を有していなかったら「魚を求むる者に蛇を与ふる」[33]とまで言い切っている。

重役の不始末防止のためには，適良な会計士の供給，会社による会計士の利用，会計士に対する独立不羈の地位の保証の3点が重要だと指摘するも，危ぶまれる会社による会計士の利用については，法律で強制するしかないと言い切る。その根拠は，「全投資家の希望する所である。産業の健全なる発達の為めに必要であり，国民全体の福祉増進の為めに不可欠のものである」[34]と明確に指摘しているのである。

ところが，一部の開業会計士は法定監査について消極的であり，まずは会計士の公認を勝ち取りたいと希望していることが紹介される。しかし，それに対しては「グレシアムの法則の現象が現はれ，公明正大不羈独立，公益の代表者たる自覚の下に所信を断行するが如き会計士は門前雀羅の姿となり，所謂融通の利く重役の御便宜をはかる会計士が繁盛する事とならう」[35]と看破しているのである。

この文章を読むと，会計士の社会的存在意義を明確に指摘していると同時に，その会計士の社会的存在意義を担うことに対する当時の開業会計士の消極的態度に対する危惧も述べられていて，この文章の書かれた時点が戦前の会計士運動の一つのピークだったと推測することができる。そして，1927（昭和2）年に，政府は「計理士法案」を提出し，成立させたのであった。

2 一般新聞記事の報道[36]
(1) 会計士法案が提案された初期の報道

まず，1914（大正3）年6月14日付『読売新聞』は，「公許会計士制度」と題する社説において，「全国実業家合同の席上に於ける大浦農相の演説中，吾

が会社中経費の不法支出を為し，若くは虚偽の利益計算を示して，所謂蛸配当を為すもの往々にして少からざるを述べたる一節は，正に吾が実業社会の時弊を道破せるものとして，吾人は全然同意を表するに躊躇せず。而かも農相が其原因を会社監査役が完全に任務を尽すや否やに求めたるに対しては，思うて未だ到らざるの憾なき能わず」と述べたあと，

・監査役制度には根本的な欠缺があること，
・その原因は，法律が監査役に専門的知識も経験も求めていないこと，
・したがって，欧米の公許会計士のことをうらやましく思うこと，
・とくに英国の制度は完全に近く，わが国の監査役とは雲泥の差があること，
・監査役制度をいくら改善しても両足を縛って走るようなものであること，

と述べて，速やかに公許会計士の制度を成立させることを希望すると文章を結んでいる。

また，1914（大正3）年6月19日付の『萬朝報』は，「経済的武士道」と題する社説において公許会計士制度について詳細に論じていた。すなわち，大浦農相が，全国産業代表者会合の際および全国商業会議所連合会の席上，当時のわが国の会社重役に不正行為の多いことを繰り返し嘆くとともに，公許会計士制度の必要性について論じながらも会計士制度の創設は時期尚早であるとする態度を見せたことを厳しく批判して，

「幾多会社に於ける腐敗の実例とは世人の注意を喚起し，公許会計士設置の急務と重役の責任を論ずる者漸く多きを加えんとす　公許会計士は其源を英国に発し，十九世紀の産業勃興に伴い，企業者自身の利益の為めと公衆に対する信用維持の必要とに駆られ，職業的の者となりしにて，企業監理者の不正を防遏し，企業各部の損益を明にし，営業方針を確実ならしむるの利あり」と述べ，日本社会で会計士が必要とされる理由と英国の現況について簡潔に述べているが，そのなかで，「企業者自身の利益の為めと公衆に対する信用維持の必要とに駆られ」て会計士による監査が行われていると説明しているところは，秀逸である。さらに，そのうえで，関連した次の論点について論じていた。すなわち，

・日本においては企業熱が高く,信頼できない事業会社が乱立していること,
・そのような国においては,会計士制度が必要なことは言うまでもないにも拘らず,ニセ会計士の被害を恐れて時期尚早論があること,
・ドイツでも,当初は反対意見が強かったが,今では会計士制度の必要性が認められるようになっており,時期尚早論は杞憂に過ぎないこと,
・日本の商法は弁護士に会計士の権限の一部を委譲していること,
・外国人を株主とする合同事業には外国人会計士が使用されており,制度の創設に問題はないこと,
・公許会計士は医師にたとえられること,
・わが国の株主が無気力であるために重役の兼任を認め,そのために経営に害が出ていること,
・監査役の責任を重くすることも,取締役に刑事制裁を加えることも,実行は容易ではないこと,
・国家の監督を仰ぐことは株主の人格を侮蔑し,法律万能の弊害があり,時宜にかなっていないこと,
・株主自身が覚醒して責任を感じるのを待つしかないこと,
・営利会社が腐敗する原因は株主に独立自助の気風の乏しいことが原因となっていること,
・株主は株式売買益を得ようと考えているのであり,事業の永遠の発達を希望していないこと,
・株主が株式会社の主体であって,重役は経営の実行者にすぎないから,国運の隆盛が国民の愛国的精神を基本としているように,会社の繁栄は株主の愛社心をもたなければならないこと,
・会社の破綻が重役の不正のみに原因があるのではないこと,
などである。

このような冷静な分析を示した後,株主の自覚こそが肝要であって,公許会計士を設置するだけでは不十分であり,「独立自助の心を養いて法の附与せし

株主権を尊重するにあり，マーシャル教授は此気風を経済的武士道と唱えて鼓吹に努めたる事ありき，国民は今や政治的に覚醒して諸種の廓清を断行したり，営利会社にして株主の自覚を待ち，其経済的武士道の発揮を要するもの亦少からざる可し，決算期は近けり，我が実業界豈経済的武士道無からんや」と結んでいる。

　イギリスで生まれた会計士が企業者自身の利益のためと公衆に対する信用維持の必要性とが要因となって発展を遂げていることや，日本のように企業熱は高いのに信用できない企業が多い実態のもとでは商法を改正してでもこの制度を創設することが必要であり，現実に外国人が株主となっている合同企業では外国人会計士による監査が行われていることも紹介しており，新聞記事としてはレベルの高い内容となっている。

　1915（大正4）年10月14日付の『時事新報』の「会計士法成案　規定は簡単なり　議会提出は未定」という見出しの記事の内容はセンセーショナルである。この記事を読んだ会計士法案賛成者は，おそらく怖じ気づいたことであろう。内容は次のとおりである。すなわち，

　「政府が会計士法を制定せんとするの趣旨は経済界の進歩に従って会社の不正行為増加し一般の利害に関する所多大なる可きを以て之が監督を厳密に且つ正確ならしめんとするものにして所謂会計士なる代弁人の一種の如き者を設け会社の決算報告営業報告等に責任を以て署名せしめ若し該報告に不正行為ありたる場合には会計士に全責任を負わしむるものにして独逸に於ては殊に此制度発達し単に会社の決算報告等の責任署名を行わしむるのみならず輸出入貿易に於ける見本取引契約の場合にアクチュアルをして検認署名せしめハンブルグ市に於ては会計士に対する制裁として法律を以て体刑をさへ課しつつある程なれども今回農商務省に於て制定せんとする会計士法は制裁としても損害賠償罰金等に止まり其種類も単に会社の一期間に於る営業並に決算報告等の監督署名を行わしめんと欲するものの如く生命保険会社の如きは施行の第一目的物たる可しと云う」とあって，会計士に体罰を課していることも報じられているのである。

また，1916（大正5）年1月1日付の『神戸新聞』は「会計士無用説」とのタイトルのもと，司法省の調査によれば大正3年度において破産の宣告を受けたものは462件であり，その破産の原因は「多く重役の曠職又は不正行為に基き監査役亦徒らに員に備わるのみにして偶取締役等の不正を発見するも之と妥協して多数株主の迷惑を顧みざる結果に外ならず農商務省に於て目下懸案となりつつある会計士制度は右の弊害を除去するに多少の効果あるべきも由来此種の監査は不断に実施するを要し一時的の検査は会計士を俟たざるる他に途あるべしと某司法当局は語る」と伝えて，監査役監査の無機能化と会計士制度について触れる一方で，継続監査の重要性を冷静に強調している。

　次の二本の記事は，いずれも民間における会計士制度の注目度を示しており，興味深い。

　1916（大正5）年2月20日付の『大阪朝日新聞』は，神戸高商の坂西教授が奨励する新聞のスクラップを紹介するなかで，その分類項目として，東京や大阪の物価や会社の計画資本および払込資本等と並んで，商業会議所，興信所，同業組合，産業組合，企業，会社，保護会社，会計そして最後に会計士制度を挙げているのである。また，1916（大正5）年5月15日付の読売新聞は大阪商業会議所が経済調査会に提出すべき調査事項として決定したものを報道しているが，産業部9項目，租税部4項目，貿易部8項目，理財部18項目を列挙したうえで，雑部三項目の最後に「会計士制度を設くる事」を挙げて締めくくっている。

　そして，1916（大正5）年7月16日付の『大阪毎日新聞』は，政府が，近く全国の商業会議所に対して会計士法案に関する諮問をすると報道し，諮問されると思われる諸点は会計士制度の根本に関わる重要な論点であって，それに対する定見なくして会計士法を作成してはならないし，制度化してもならないと主張したうえで，政府が今になって商業会議所に諮問するのは，政府の意見が定まらないために民間の意見を聴取しようとしているのか，それとも，政府においては一定の結論を得たうえでなお民間に諮問しようとしているのか疑問を呈し，前者であれば議会には間に合わないであろうし，後者であれば民間を愚

弄して責任の一端を民間に負わせようとしている，と厳しく批判するのである。そして，会計士制度は経済界において自然に発生するものであって法律によって製造すべきものではないとし，英国の会計士制度は今日大いに社会に貢献をしているが，それは英国経済の発達の結果，経営者，出資者，従業員の「三者，分明に区別せらる。而して経営者は愈々其経営を巧にして利益を挙ぐるに努め，之が為には有ゆる方法手段を講ずるを辞せず。放資者は亦愈々放資を経済的ならしめて，其報酬を得るに努め，之が為には有ゆる手段方法を執るを辞せず。然も事業の種類多岐に亘り，同種同業亦簇生し，経営者が其手腕を世間に示し放資者が其放資を選ぶの必要益々急なるに至り，是に初めて両者の機関として会計士なるものを生ず。会計士は実に其事業経営の良否を証拠立て，其放資の得失を証明するの一機関なり。故に経営者は之を得て益々経営に資せんとし，放資者は之によりて益々放資を有利ならしむ。素と是れ両者自然の必要に出づ，必要にあらずして利用せらるるものは世間未だ有るべからざるなり」と喝破している。とくに最後の部分は，世の中にニーズが存在している財貨・サービスは存在する価値があるということを示しており，経済学的考え方に通ずるものがある。

　そして，「英独仏米の銀行者は忠実なる放資者の相談相手たり，我国の銀行屋は高利貸の手代のみ。外国の株式取引所は資本家の安全なる棲家たり，我国の取引所は射倖浮華の一巣窟のみ」と説明されると，消費者金融のテレビコマーシャルの最後にメガバンクのロゴが映し出されることや，証券不祥事の頃の証券会社に対する社会の厳しい批判を思い浮かべる。そして，「是皆真の事業家，真の資本家なきの致す所にして，斯くの如き人類の集合に対し会計士制度を設くると雖も，誰か之を利用し誰か此便益を受けんや」とまで厳しく批判し，結論として「事業者と会計士と互に結託して世を偽るに至らば，資本家を誤ること却て今日に優るものあらん。衣は以て寒暑を防ぐの要具たり，会計士は亦経済界の発達促進するの要具たるべし。左れど必要なき衣は却て身を損すると同じく，必要を感ぜる経済界に会計士を与うるは，偶其弊を受けんのみ。会計士の制度を今日に布くは猶錦嚢に泥を容るるに類せんか」と結ぶのであ

る。

　当時のわが国の株式投資に対して厳しい視線を向けているこの新聞記事に対し，読者の啓蒙に重点を置いた次のような記事もある。

　先にも一部を引用したが，『中外商業新報』は，1916（大正5）年7月21日から27日にかけて「財界の一問題会計士案（一～六・完）」を連載した。その内容は，この新聞が後の日本経済新聞となる素質を備えていたからであろうか，詳細かつ多方面にわたる内容となっている。今日の監査論のテキストでは依然としてほとんど触れられていない『公許会計士制度調査書』の書かれた背景や，「商事会社ニ関スル法律案」の内容とそれが廃案となった経緯，日糖事件の調査結果，「会計士法案」と「会計監査士法案」の第1次の提案内容から衆議院の通過についてその概略を説明するとともに，イギリスにおける会計士制度の歴史と現在の特徴的事柄，米独仏その他の国々における会計士業務の紹介など，12000字にわたって詳論したうえで，会計士監査の発達用件として，

① 　国によるバックアップ⇒破産管財業務を会計士が行う
② 　監査役の規定の改正⇒監査役を会計士に限定
③ 　一般社会での広範な利用⇒学校・病院等の公共団体や慈善団体に会計士監査を強制

といった具体的方策を例示していたのである。

　すなわち，

(1) 本問題の沿革（イ）では，『公許会計士制度調査書』と商事会社取締法案について述べ，
(2) 本問題の沿革（ロ）では，調査書の公表と最初の会計監査士法案の提案と衆議院の通過について述べ，
(3) 衆議院案内容では，衆議院で議論された会計士の職務，資格，権限について述べ，
(4) 英国の本制度では，会計士の起原，会計士協会の自治制，広範な職務について述べ，
(5) 米独仏の制度では，米国は免許法，ドイツは監査士，フランスは放任制

とそれぞれ特徴づけて述べ，

(6) 瑞伊其他の法制では，英植民地，スウェーデン，ノルウエー，未発達の諸国（イタリア，オランダ，ベルギー）までも紹介し，

(完) 海外制度通覧では，顕著なる進歩，発達の大原因，分業制度起る，との項目に分けて，わが国の議論に役立つ論点を紹介している。

とくに，会計士の職務の中心は会計監査にあることを強調して，その監査の結果が一般の信用を獲得するようになった理由として，次の3項目を指摘している。

① 国家が積極的に会計士の業務を強制したこと　たとえば英国の破産法
② 商事会社の監査役に会計士の道を開いたこと　たとえば英米仏独の会社法が監査役の選任について必ずしも株主に限定していないという事実
③ 一般の人々に会計士を使用する風潮があること　たとえば個人商店でも公認会計士の監査を受けて取引先の信用を維持しようとし，学校や病院等の公共団体から慈善団体に至るまで公認会計士の会計監査を委任するアメリカの習慣

まさに会計士の職務が広汎であり，海外では世間に広く受け入れられていることを分りやすく説明しているのである。

なお，一連の会計士法案の成行きに関しては，計理士法が成立するまで図表2-2のような新聞報道が順次見られる。

(2) 会計士法案が形を変えつつあった末期の報道

1916（大正5）年8月2日に農商務省が諮問を発表してからは，各団体の賛否に関する報道が中心となってくる。そして，その事実が報道されただけでなく，各種団体からの賛否についての意見公表を丹念に報じているのである。保険業界の大物として紹介されている阿部氏の賛成論[37]と保険協会自体の反対論[38]，大阪商業会議所の賛成意見[39]，神戸商業会議所の賛成意見[40]，横浜商業会議所の賛成意見[41]，東京商業会議所の時期尚早論[42]，日本アクチュアリー会の賛成答申[43]，と並んで，農商務省の途中集計が「賛否両様なるも会計士の制度

図表 2-2　会計士法をめぐる新聞報道

年月日	新聞	見出し
1915（大正 4）年 10 月 14 日	時事新報	会計士法成案：規定は簡単なり：議会提出は未定
1915（大正 4）年 12 月 12 日	東京日日新聞	会計士案付議
1916（大正 5）年 1 月 9 日	中央新聞	会計士法運命
1916（大正 5）年 2 月 1 日	中外商業新報	会計監査法案　原案修正可決
1916（大正 5）年 4 月 19 日	時事新報	会計士法研究：最も研究を要する諸点
1916（大正 5）年 7 月 8 日	東京日日新聞	会計士法は未定
1916（大正 5）年 7 月 15 日	国民新聞	会計士法可否：同法制定は尚早
1916（大正 5）年 9 月 24 日	中外商業新報	会計士法反対：保険協会の決議
1916（大正 5）年 10 月 13 日	中外商業新報	会計士案賛成：横浜会議所答申
1916（大正 5）年 10 月 21 日	中外商業新報	会計士法反対答申
1916（大正 5）年 11 月 1 日	中外商業新報	会計監査尚早：東商会議所答申
1916（大正 5）年 11 月 3 日	法律新聞	会計士制度賛成答申
1918（大正 7）年 3 月 24 日	報知新聞	会計士と政府
1919（大正 8）年 2 月 ? 日	国民新聞	会計士法提出
1919（大正 8）年 2 月 25 日	時事新報	会計士法案：衆議院委員会
1919（大正 8）年 2 月 28 日	読売新聞	会計士法前途
1919（大正 8）年 3 月 27 日	大阪毎日新聞	第 41 回帝国議会成績
1923（大正 12）年 7 月 17 日	大阪時事新報	会計士法制定：大阪工業会意見書
1925（大正 14）年 2 月 26 日	国民新聞	会計士法と農商務当局態度
1925（大正 14）年 3 月 8 日	大阪毎日新聞	会計士法：案の通過を望む
1927（昭和 2）年 1 月 23 日	大阪毎日新聞	計理士法案：本会議に提出
1927（昭和 2）年 1 月 28 日	神戸又新日報	計理士法制定促進意見：森田，木村両氏意見
1927（昭和 2）年 2 月 4 日	大阪時事新報	計理士法案：陶山誠太郎氏批評
1927（昭和 2）年 2 月 5 日	東京朝日新聞	法律をほしがる国民：計理士法案のこと
1927（昭和 2）年 2 月 18 日	神戸新聞	計理士法案と修正建議：不可解なる学者の参加

を不可なりとなすもの多数を占め居れり」[44]であるとの報道もなされている。もっとも，新聞報道を読む限り，私にはそのようには思えないのであるが…。

　同時に諮問に対する論説も活発であった。一例を挙げると，名古屋商業会議所の否定的な態度に対しては「商業会議所側の所謂尚早論が，果して幾何の根拠を有するかは之を詳にせざるも，今日の時代に於て会計士制度を尚早なりとし，殊に名古屋に於ては必要ならずと考うる如きは，其余りに時勢に迂にして，又余りに事業的良心の薄弱なるに驚かざるを得ぬのである。…苟くも名古屋実業界一部の与論を代表せんとするものの採るべき態度でない」[45]と厳しく

指弾した新聞もあった。

　さらに，興味を引かれる新聞記事をいくつか参照してみよう。

　『時事新報』は，1922（大正11）年2月23日付で「若し法定監査役にして監査上の手腕があり，而して重役の牽制を受けずして，真に一般株主の利益の為めに，厳正公平なる監査をなしつゝあるならば，敢て其の必要はないかも知れぬが，現在の放漫なる会計組織に於ては，少なくとも会計士の必要を否定し得ないと考えらるゝ」と，当時に至っても相も変わらぬ監査役の無機能化とそれから生まれる会計士に対する期待を対照し，2月25日付では「然らば銀行では何故に営業上密接の関係を有する取引先の資産状態なりを厳正に調べないかといふに…一因は簡便に監査事務を行ふ機関即ち会計士制度なるものが発達せぬからでもある。現に本邦の事業中英国の投資に係るもの英国資金の借入会社英国商社の代理店などの監査は総て英人会計士の手に依って行はれて居るといふ有様であって，之等は日本財務の不信用を表明するに外ならぬのであるから，日本会計士の手に依って監査されたものは直に之を信用するといふ迄に進めて行かねばならない」との，いわゆる「レジェンド問題」を思い起こさせる記述もある。

　1923（大正12）年7月27日付『中外商業新報』を読むと，「各地の銀行不安に鑑み検査制度改善を急ぐ」という見出しのもと，「銀行界に於ける不安動揺が最近に至っても一向減少の模様を見ず各地取付騒ぎなどを惹起して居る事情に鑑み，大蔵当局は此際銀行検査制度を改善する必要ありとし，…金融機関整備調査委員会を開催し検査方法を研究することゝなった。而して銀行局より同会に提出せらるべき議案は大体左の諸項である」として列挙する項目の4番目に，「（四）会計士をして検査を為さしむる事」が挙げられており，大蔵省が会計士を活用する態度を見せており，会計士にとって追い風が吹いていたことを知ることができる。

　さらに，1925（大正14）年3月8日付『大阪毎日新聞』の記事になると，「会計士法　案の通過を望む」という見出しのもと，「兎角，第三者が，会社なり銀行なりの内情に疎く，…ともすれば不正なる手段を弄する営利会社の跋扈

を誘致し，…思はぬ損失を招くことが屢々である。…今若し会計士法が厳存し，会計士の権義の関係が法律に依り明かになり，営利会社が，認可された会計士の保証あるバランスシートを発表することになれば，ビジネスの基礎が常に明瞭で，第三者の蒙る損害は，為に大に軽減せられるであらう」と，使われている言葉もずいぶん現代的になり，ディスクロージャーをめぐる問題点の把握がさらに明確になっている。しかし，論点そのものは決して目新しいものではなく，それまでに繰り返し主張されてきた内容である。

1925（大正14）年3月22日付『東京朝日新聞』は専門家のコメントとして，「金融，経済の学理と実際の権威小林丑三郎博士はかう批評して居る『現在大蔵省銀行局のやって居る銀行の検査ほど有名無実なものはない。…検査は全くの形式的になり易く，時には検査官が将来銀行におちつかふなどの下心があって自然手心をするといふ弊害もよくある。そこで是等の弊害を除くには所謂会計士（又は公許計算人）を置いて其認印がなければならぬやうな方法もあるが，併しそれでも完全とは云へまい』」と報道しているのである。

こうなると，もう会計士の存在とその社会的役割についての認識は相当広く一般にも浸透してきていることが分る。先に「会計士法案私議」を紹介したときに，「会計士法案私議」の書かれた時点が戦前の会計士運動の一つのピークだったと推測することができる，と書いたが，新聞紙上の記事やコメントについても，同様の評価を行うことができるのではないかと考えている。

もう一つ，計理士法が成立する直前の1927（昭和2）年2月5日付『東京朝日新聞』が「法律をほしがる国民─計理士法案のこと─」という見出しで重要な指摘をした次の記事を紹介しておきたい。わが国における一連の会計士運動の特徴を示しているので，少し長くなるが，引用しよう。

「日本人は法律を欲しがる国民であるが，その極めて適切なる一例が今現に衆議院の委員会に出てゐる計理士法案に見受けられる。この案によるとある専門学校で会計学を修めたものはたれでも二十圓の登記料を納めるによって計理士になれる。しかして計理士は何をなし得るかといへば，結局計理士と称する

ことを得るに止るのである。さすれば専門学校卒業生といっても計理士といってもつまり同じことになるわけだが，それが兎に角商工省の作った案であって，しかも現に会計士とか計理士とかの看板をかけてゐる人々の多くがその通過を希望する所のものだといふ。そこで議会では計理のけの字も御存じなささうな人々を委員にして目下審議中だといふ。こゝにおいてこの問題に知識を有する学者達は，この法案に意義あらしむるためにはせめて弁護士位の国家試験を行はしめねばならぬと主張してゐる。これは如何にももっともな話だ。しかしよく聞いて見れば現に会計士といってゐる人の数は多数あっても実際それを本職にしてゐる人は恐らく五指を屈するに過ぎない。それ程この職業はまた幼稚の時代にあるのだ。従ってもし程度の高い試験などをやったらこれに応ずるものがないかも知れない位だ。実業界の一般がこの法案の成行について至極冷淡なのも故あるかなと肯かれる。つまり実際がまだ法律をもって取締るまでに発達してゐないものらしい。然るにそれにも拘らず政府も議会も今度はこれを物にしたいといふ理由はどこにあるかといへばそれが議会において二十年来の懸案なるがためだといふ。ところがどうしてこの様なものが二十年も前から議会の問題になったかと押して見れば西洋で会計士なるものが非常に効果を奏してゐるから日本にもこれを作らうという意味である。即ち計理士法を作れば計理士そのものが出来るという錯覚を前提としてゐたのであるそして三党首の妥協がこの錯覚を生かすに至ったのである」

なお，本節における考察は，会計士監査に関する全ての論文や新聞記事を照査したものではない。しかしながら，明治時代末の経済事件を契機として，10年以上の長きにわたって，国会でも，会計専門誌でも，一般新聞紙上でも，繰り返し，会計士監査の必要性とその問題点について調査し，議論し，海外の議論を紹介しながら，人数は少ないながらも現実に開業会計士たちが団体を作っていたわが国における会計士監査揺籃期の展開を跡づけると，会計士監査に関する重要な論点は，最初の『公許会計士制度調査書』から極めて的確なものであり，そのレベルは高いまま変わらなかったこと，および，今日との比較にお

いても，それほど大差のないことが理解できるのである。当時と今とで異なっている点は，当時の一般新聞報道の内容が結構詳細で専門的であること，当時の日本国民がその記事を読んで理解するだけの知識を持ち合わせていたこと，および，そのような国民に対して専門性の色濃い情報を提供していたマスコミが存在していたという事実は，当時と今日とで大きく異なっている点ではないだろうか。

それでは，どうして，戦前の日本社会では20年もの長きにわたって会計士法案を認めてこなかったのであろうか。あるいは，認めてこなかったあげく，計理士法案については，一転，政府が提案し，成立させたのであろうか。

第4節　直接金融市場の特徴と市場参加者の思い

1　戦前の株式会社金融　直接金融の優位性

明治から大正期にかけての会計士運動における論点をもう一度整理しておこう。

1　経済社会における巨大株式会社の存在に関して
・巨大株式会社が国民経済に及ぼす影響の大きさを認識
・巨大株式会社の経営者不正が社会に及ぼす悪影響の大きさを認識するとともに，そのチェック（会計士監査）の重要性を認識
・会計士監査を通じて巨大株式会社を国民が監視することの重要性を認識
・間接金融に対する直接金融の相対的優位性を認識
2　巨大株式会社のディスクロージャーに関して
・巨大株式会社における公開主義（ディスクロージャー）の重要性を認識
・欧米の制度を受け入れる際の日本のご都合主義を認識
3　会計士の本質に関して
・会計士の公共的性格を認識（株主保護よりも一般大衆保護）
・会計士の提供する監査サービスの重要性を認識

・会計士の提供する監査サービスのシグナリング効果を認識
4　会計士監査システムの汎用性に関して
・委託受託関係におけるアカウンタビリティを認識
・巨大株式会社以外の監査対象（例えば非営利組織）を認識
・パブリックセクターが担当する監査にかわってプライベートセクターが監査を担当することの重要性を認識

　このように，今日の会計士監査の必要性に関する議論と遜色のないレベルの高い議論が行われていたのである。第5節で考察するように，ちょうど明治初年に，お雇い外国人が持ち込んだ複式簿記を銀行簿記と公会計に適用したのと同様に，明治維新のわが国を支えた人々の着眼点の鋭さを物語る重要なエピソードである。
　しかしながら，会計士監査は制度として構築されなかった。これまで，私は，次の理由によって，戦前のわが国において会計士監査が制度として日の目を見なかったのもやむを得ないことだったと納得してきた感がある。それは，明治時代から大正時代にかけて，上記1に挙げたように間接金融に対する直接金融の相対的優位性はすでに認識されていたものの，第二次世界大戦後の占領時代にGHQの行った証券の民主化政策以前は，日本においては直接金融市場が整備されていなかったため，直接金融市場を支える仕組みとしての会計士監査が必要とされなかったと考えていたのである。
　ところが，そのような思い込みは誤りであって，わが国における間接金融と直接金融の比率の実態はそうではなくて，戦前のわが国においてすでに直接金融市場が十分に機能していたという主張が存在しているのである。
　星・カシャップ両教授は，1930年代の戦時体制以前のわが国の金融システムを次のようにまとめている[46]。

「1　家計の金融資産の配分
・通貨から預金へのシフト（1910年代半ばまで）

・証券（株・債券）が粗家計資産残高の約半分を占める
・証券が広く担保として利用される（特に1915年以降）
2　資金供給
・株式発行による資金調達の優位
・債券発行と銀行貸出がほぼ同程度に重要
3　銀行業務の範囲
・社債引受けにおける銀行の優位
・企業向け貸出より個人向け貸出が一般的
4　コーポレート・ガバナンス（企業統治）
・株主がコーポレート・ガバナンスを主導
・通常、取締役会には銀行出身者はいない
・通常、財務危機に陥った企業の再建を銀行が主導することはない」

　ここに列挙されている戦時体制以前のわが国の金融システムの特徴は、実は私の常識と真っ向対立するものである。とくに、家計の金融資産の配分において証券が粗家計資産残高の約半分を占めること、および、資金供給に関して株式発行による資金調達が優位である、という指摘は私の常識の範囲の記述ではない。しかしながら、戦前は間接金融が優位で直接金融は劣位だった、という私の思い込みをあざ笑うかのように、同書は、
　「この時期は、株式による資金調達が銀行借入や社債発行よりも重要だった」[47]
　「この時期の日本の金融システムは日本自身の戦後のシステムよりも、アメリカの戦後の金融システムに類似していた」[48]
　「適当な規制環境の下では、日本企業も株式・社債市場で資金調達を行おうとするのであって、銀行優位の金融システムに対する日本人固有の選好など存在しないことを示す」[49]
　「株式会社は次第に日本における大企業を組織する最も一般的な方法となっていった」[50]

「勧銀と興銀は資金を調達するために金融債の発行が許可された。そうすることにより特殊銀行の成功は，発達した債券市場の存在に依存することになった」[51]

「(家計の金融資産の配分において) 証券の比率が 50% を若干下回っていた 1917 年から 19 年を除く全期間で，証券が資産の大部分を占めていたことになる」[52]

「この時期，銀行は支配的な資金供給源ではなかった。資金調達は，株式の

図表 2-3　東京株式取引所の規模 (1920〜40 年)

	上場銘柄数	公称資本金 (百万円)	株価指数	時価総額	
				(百万円)	対 GDP 比率
1920	569	4851	117	7879	50
1921	675	5933	125	10214	69
1922	768	7948	103	11305	73
1923	710	6825	97	9116	61
1924	840	7292	100	10063	65
1925	918	7514	110	11429	70
1926	957	8131	119	13379	84
1927	1017	9188	103	13085	80
1928	1036	9720	110	14784	90
1929	1065	10172	94	13221	81
1930	1079	10163	67	9415	64
1931	1081	10349	64	9101	68
1932	1091	10336	88	12605	92
1933	1149	11099	106	16283	106
1934	1228	12632	107	18689	110
1935	1267	13176	112	20368	111
1936	1264	14150	120	23518	122
1937	1247	15396	119	25418	111
1938	1265	17211	112	26582	101
1939	1248	19184	135	35810	115
1940	1199	21626	117	34956	95

出典：星岳雄・カシャップ著，鯉渕賢訳『日本金融システム進化論』日本経済新聞社，2006 年，50 頁。

発行によるものが中心であり，社債も銀行融資とほぼ同じくらいの重要性を持っていた」[53]

「たとえ戦後の基準で測ったとしても，戦前の日本株式市場はきわめて大規模であったといえるのである」[54]

などと，断定しているのである。

野口悠紀雄教授も，星・カシャップ両教授の主張を裏付ける判断を示している。すなわち，「一般に後発工業国においては，間接金融が優位を占める傾向が強い。これは，『ガーシェクロンの仮説』として知られている。しかし，戦前の日本では，直接金融がかなりの比重を占めていた。」[55]すなわち，第一次世界大戦後の日本は重化学工業の成長のための資本調達を必要とし，外部資金調達市場として「公社債発行市場の活況を軸に，資本市場は自由な市場として大きく育っていった」が，1931年におけるフローベースの産業資金供給の実に87％が直接金融であったと指摘しているのである[56]。

このように，明治・大正時代のわが国において会計士監査の重要性について白熱した議論が展開されていたときに，すでに現実に直接金融市場が十分に機能していたというのであれば，なおのこと，会計士監査制度を成立させなかった政府のかたくなな姿勢に対しては，大きな疑問を禁じ得ない。ただ，過ぎ去った過去の出来事について多方面に考察しても益は大きくないかもしれない。過去に手を加えて未来を修正することはできないからである。しかし，今から将来に向かって過ちを繰り返さないためには，歴史的な出来事を跡づけて関連性を考察することはやはり必要なことだと考えるものである。

2 株式市場と株主

それでは，株式会社のディスクロージャー制度と会計士監査によって保護されることが想定されていたと思われる，この当時の日本の直接金融市場で資金を提供していたのはどのような人たちだったのであろうか。

1872（明治5）年の国立銀行条例に基づいて国立銀行を設立するにあたって株主の公募が行われた。しかし，正木久司教授によれば，「第一国立銀行（東

京）の設立経過にもみられるごとく，一般の人びとの応募は限られていた。(中略) 三井組と小野組が政府の説得で発起の中核となり当初資本金を 100 万円とし，両組がそれぞれ 100 万円ずつを出資し，残り 100 万円が公募される計画であった。ところが，一般の応募はわずか 40 名足らずで，応募金額も 44 万 800 円 (4408 株) にすぎず，やむを得ず資本金 244 万 800 円で出発している」[57] のである。明治 9 年から 12 年にかけて設立された国立銀行においても，その資本金の大半は禄券銀行つまり士族銀行であり，「商人のそれはわずか 15% 弱にすぎなかった」[58] のである。

明治 10 年代になると，「投機的利益をねらった小起業者の設立によるものが多」[59] く，景気が回復すると「投機の花形株となった。」[60]。

当時の鉄道企業熱の勃興については，

① 鉄道業の高収益性
② 鉄道業のもつ公共性
③ 鉄道株投機の盛行

などが指摘されているが，要するに，この当時のわが国の資本主義経済は，十分な本源的蓄積を経過しないで，あるいは個別資本の自制的な蓄積を経過しないで，「投機的な株式を利用し，自由な市場環境のもとでかなり大量の公募を行っていた」[61] のである。

明治 20 年代の鉄道業においても，「かれらの起業資金は，政商，新興の産業資本家，上層華族，それに地方の有力者を発起人ないし大株主とした株式の直接募集の形式を中心に，他方で一般向け公募を行う等の，株式金融が支配的であった」[62] が，実態としては，明治後期に至っても，地縁・血縁の色濃い少数の出資者によって設立される傾向が強かった[63]。

星・カシャップ両教授によれば，戦前の日本は民主主義国家ではなかったものの政党政治が行われるようになっていたが，1930 年代に入ると，「国民の多くは，政治を汚職に満ちたご都合主義的な存在として捉えるようになった。この時期，経済成長の利益の分配はきわめて不平等であり，持たざる階層には，不満がくすぶっていた。日本は持てる者によって支配された持たざる国家」[64]

であった。

　では，株式会社の資本提供者であった持てる者は，ディスクロージャー制度と会計士監査についてどのような立ち位置にあったのであろうか。持てる者の代表者であった財閥企業においては，創業一族が所有する本社が持株会社であった[65]。非財閥系企業の場合には，富裕層である個人の設立する持株会社が多かった。星・カシャップ両教授の引用するところによれば，10大財閥企業と10大非財閥企業の1935年のデータは，全株式の41.2%が10大株主によって保有されており，その大半が持株会社だったことを示している[66]。さらに，株主が積極的なモニタリングを行っており，財閥系，非財閥系を問わず，「大株主が経営を監視していた」[67]のである。

　さらに，財閥は，財閥傘下の各企業に取締役を派遣することの他にもモニタリングの規則を有していた。例えば，住友においては，傘下企業は目論見書と決算書を持株会社である住友合資に提出しなければならないという決まりが住友家会計規則にあり，それが社訓に引き継がれていた。すなわち，「傘下企業の計画書と事後的な活動報告の両方を入手する地位にあった」[68]ことになる。三井と三菱も子会社を監視する同様の枠組みをもっていた。

　このような仕組みのもとでは，資本出資者が，広く一般投資大衆を含んだ日本国民に対するディスクロージャー制度と会計士監査を強く求めようとしないことも理解できるであろう。むしろ，ディスクロージャー制度と会計士監査に反対する立場だったということを示す次のような研究も存在しているのである。

　財閥について見てみると，「当初から中枢の地位を占めた財閥は，株式会社制度の導入に消極的というよりむしろ忌避的であり，同族的企業組織を堅持し，その企業機構も閉鎖的なものであった」[69]のである。明治政府が株式会社制度を導入し，その普及に積極的な姿勢を示しながら，その「統一的な法制面の普及に意外と手間どったのは，資本制的生産の進展テンポの緩慢という経済実態面の反映にほかならないが，当時の最大の経済主体（担い手）であった特権政商（三井・三菱など）が，それを緊要としていなかった点も見逃せない。」[70]

　三井が株式会社制度に関して不都合だと思ったのは，三井という商号を用い

第2章 1925年 明治・大正期の会計士運動と社会的背景　　71

てその信用を利用することができないことに加えて，
　「財産状態，営業成績を公告し，何人にでも展示しなければならない義務を負うこと」[71],
　「株式会社制度導入にともなうディスクロージュアを忌避」[72],
　「同族ないし個人的企業に固執しディスクロージュアを拒否」[73],
　「株式会社化にともなうデメリット要因（たとえば，ディスクロージュアの忌避）」[74],
　「いぜんとして閉鎖性を持続した」[75],
　と，正木教授は著書のなかで繰り返し，財閥がディスクロージャーを拒否しようとしたと指摘している。
　しかも，直接金融市場としての株式取引所の実態については，一般に次のように考えられていた。すなわち，周知のように，株式取引所以前に存在していた商品取引所のわが国における歴史は古く，『東京株式取引所50年史』はその冒頭において，わが国の取引所制度の沿革が「遠く源を徳川幕府時代の帳合米制度に発したるものにして，夙に商業の中心地たりし大阪に於て発達したるが，江戸に於て米商会所を允許したるは，今より198年前，即ち享保15年7月（西暦1730年）なり」[76]と誇らしげに書き出していたほどである。この大阪堂島の帳合米制度に端を発する日本の近世米市場については，多数の研究書が存在している[77]し，また，この堂島や桑名の米相場を手旗信号で日本各地に伝えた「旗振り通信」や「旗振り山」についても，興味深い出版がある[78]。
　上記のように，江戸において米商会所が認可された1730（享保15）年以降，日本各地に米相場会所が設立された。ところが，明治政府は「是等の会所を賭博所と同視し，明治2年4月を以て大阪堂島の石建米商内を禁止し，其の他，各地に於ける米延商内も亦之を禁止し，米相場会所の閉館を命じ」[79]たのであった。たしかに，堂島米会所は世界で最初の先物取引を行うなど，先進的な商品取引所であると高く評価される反面，投機的取引の場所としての悪名も高かった。なお，証券取引所に関する法規である株式取引条例は1874（明治7）年に制定されたものの，同条例の要求する基準はかなり高く，誰も認可を得られなかった。1876（明治9）年に基準を緩和して米商会所条例が布告され，次

いで1878（明治11）年にこれに倣って株式取引所条例が布告され，直ちに東京株式取引所（現東京証券取引所），大阪株式取引所（現大阪証券取引所）が設立されたのであった[80]。

このように，江戸時代からの伝統で投機的性格を色濃く有していたわが国の株式取引所においては，ディスクロージャー制度と会計士監査はむしろ，取引所の投機性を薄めてしまうという意味で，支配株主ではない，あるいはそのような地位に立つことを望まない市場参加者（投資家と言うよりは投機家）の歓迎するところではなかったのではないだろうかという推測が成り立つのである。

機能株主としての大株主は自ら情報を入手する立場にあり，もう一方の無機能株主としての証券投機家がとくに情報を求めていなかったとしたら，ディスクロージャーと会計士監査を制度化してほしいという強い要望が株式投資を行っていた国民の間からわき起こらなかったことは納得できるのである。そして，それ以上に重要なことは，数のうえで圧倒的に多数を占めていた一般国民は，株式投資を行うことができるほどの蓄えをもたず，その大部分を銀行に預けていたのである[81]。

他方，会計士監査を受けてディスクロージャーを行う側は，それを強く忌避あるいは拒否していたのである。

このような状況においては，ディスクロージャーと会計士監査の制度化が進まないのは当然と言えば当然だったのであろう。しかしながら，ディスクロージャーと会計士監査を制度化しなかった政府のかたくなな姿勢の裏側には，実は，ディスクロージャーと会計士監査という情報の公開とそのチェックと密接な関係を有する，ある政策の実施があったのである。

第5節　明治政府の考え方の根底に流れる秘密主義

拙著[82]において『公許会計士制度調査書』を論じた際に，わが国の商法上の監査役監査に関する規定が，1890（明治23）年の旧商法から1893（明治26）年の一部施行を経て1899（明治32）年の新商法に至るプロセスで次第に緩やか

な規定となってしまった経緯について考察した。監査役に関する規定が形骸化し，監査役が本来の職責を果たさない状況が生まれていたので，その機能していない監査役と置き換えて実効ある監査を行う公許会計士という職業的専門家に関する調査が行われたのであった。そして，わずか半年ほどの極めて短期間に文献を渉猟し，会計士という職業について的確な調査を行ったうえ印刷物も公表したにも拘らず，その後，具体的な制度化の動きが全く生まれなかった経緯を外圧逃れの姑息な手段として論じたのであった。

さらに，これまでの本章における考案によって，それに加えて，会計士運動が議会と学者の間だけの問題に留まらず，新聞記事をとおして広く日本国民にも周知されていたものの，企業家はディスクロージャーを忌避し，大株主はその地位からディスクロージャーを必要とせず，一般株主は株式取引所が江戸時代の米会所の性格を受け継いで投機的色彩を帯びていたこととみずからも投機家であったことから，いずれの株式市場参加者も会計士という職業を特段求めていなかった，ということも明らかになった。

本節においては，ディスクロージャーと会計士監査を制度化しなかった政府のかたくなな姿勢の裏側には，実は，ディスクロージャーと会計士監査という情報の公開とそのチェックと密接な関係を有する，ある政策があったということについて検討する。それによって，ディスクロージャーと会計士監査を制度化しなかった政府のかたくなな姿勢の実体は単純なものではないことが明らかになる。

ディスクロージャーと会計士監査を制度化しなかった政府のかたくなな姿勢の根本にはディスクロージャーと会計士監査そのものよりも遥かに根深いものがあるのではないかと推測させる出来事が明治初年に起こっていた。それは，わが国における公会計システムの記録が，当初は複式簿記で行われていたが，ある転回点を境として単式簿記で記録するようになった，という事実である。

ことの成り行きは次のようなものであった。

1982（明治5）年11月15日に国立銀行の設立が認められた[83]。その際，スコットランド人のアラン・シャンドが大蔵省紙幣寮に招聘されて銀行簿記書の

執筆と教授を行ったことは広く知られているが，これより前に造幣寮に招聘されたポルトガル人のヴィンセンテ・エミーリオ・ブラガもまた複式簿記の指導に当たっていた[84]。そして，複式簿記は各地の銀行だけでなく多くの会社や商人にも広く普及したと言われている[85]。

　このような背景のもと，1876（明治9）年には大蔵省出納条例が制定され[86]，その第34条に，「凡ソ計算ニ關スル帳簿竝記載法ハ總テ『フックキーピング』ニ從ヒ之カ規則ヲ立ツヘシ私ニ之ヲ改竄スルヲ得ス」との規定が設けられた。ここで，とくに複式簿記であるとの断りはないものの，この「フックキーピング」が複式簿記であることは疑いの余地はないであろう[87]。その後の経過は次のとおりである。

　1878（明治11）年9月　遅くとも翌年7月には，金銭の出納に係る簿記法を複式簿記に移行（太政官達第42号）[88]
　同年　11月　すべての省庁で複式簿記を用いることを規定（太政官達55号「計算簿記條例」）[89]
　1882（明治15）年8月　日記簿，原簿及び補助簿のそれぞれにおいて予算の記録と実際出納を一元的に複式簿記によって記録（大蔵省達第29号「改正記簿組織例言」）[90]
　1886（明治19）年12月　複式簿記を中央官庁だけでなく各庁・各府県にも適用（大蔵省訓令第59号「各廳歳入歳出計算記簿規程」）[91]

　このように，比較的短期間に強制的に複式簿記を採用させた背景にはどのような事情があったのであろうか。
　一つには，明治初年，旧幕藩時代の豪商を為替方として国庫の出納にあたらせていたために，為替方のなかには独占的に取り扱っていた官金を流用することで資本を蓄積するものも現れ，例えば小野組の過度な官金流用のように政府の財政を危うくする事例も発生した。そのため，その規制の強化は明治政府にとって喫緊の課題であった[92]。また，国庫の出納に関して積年の悪弊であった

仮払いを一掃する必要があった。

この当時の国庫の出納手続は次のようになっていた。

歳出は国庫から直接支出されるのではなく，各省は毎月定額金を国庫から交付されてその範囲で支出を行っていた[93]。その支出手続において現金を取り扱ったのが有力な国立銀行・私立銀行であったが，その他の地方銀行や個人も名前を連ねていた。「これらの有力民間銀行の目的は国庫の資金を運用することによって独占的利益を得ることにあった」[94]と言われているのである。

一方の歳入は，納付義務者が直接国庫に納めたのではなかった。各省が徴収した歳入は毎月国庫に納付されたものの，最長1カ月は各省が管理していたのである。そしてこれらの資金を保管していたのもまた有力民間銀行であった。例えば，陸軍省の資金を取り扱った三井銀行には国庫から多額の定額金が振り込まれ，陸軍省の支出はその振込金から行っていたのである[95]。

そのため，一度定額金が振り込まれてしまうと，その後の監視が困難となり，違法な移用や流用がたびたび行われることとなった。政府はこれらの違法な移用や流用を防止するために，厳格な公会計制度を適用しなければならなかったのである[96]。複式簿記システム固有の説明能力の高さは，まさにうってつけだったと考えられる。

ところが，1887（明治20）年には新たに国庫金出納所が設けられ，出納事務は統一化された。出納事務は日本銀行に委託され，わが国においては，統一国庫制度がほぼ完成に近づいたのである。そして，1889（明治22）年に帝国憲法が制定され，その附属法である会計法が制定されると，官庁簿記は一転して複式簿記からおおむね単式化されてしまうことになったのである。

それまで積極的に採用に努められてきた複式簿記が，どうして単式簿記に置き換えられてしまったのであろうか。実はこのことにも，複式簿記の説明能力の高さが深い関係を有していることが明瞭に浮かび上がることとなる。複式簿記の説明能力の高さは，出納を監視する機能をもたらす。ところが，各庁と結びついていた有力民間銀行を排除した結果，その出納を監視する必要性が低下したというのである[97]。そして先に述べたように，明治会計法によって複式簿

記は完全に廃止されることとなったのである。

　この点について，桜内文城氏は，「明治初期のわが国の公会計制度においては，むしろ複式簿記が採用されていた点は注目に値する。昨今の風潮では，…企業会計的な複式簿記は公共部門においても導入すべきだという意見を耳にすることが多い。ここで，どうして一度は採用していた複式簿記を捨てたのか，という疑問がわく」[98] との疑問を提示したうえで，次のように明快にかつ大胆に推論している。すなわち，「太政官政府の時代には，当時の国家のガバナンス・レベルに相当する天皇から委ねられた財産の管理・運用について，太政官政府は，そのマネジメント・レベルとしての業務執行上の意思決定について，その責任を明らかにすべきであるという企業会計と同様のアカウンタビリティが求められていたのではないか。従って，企業会計と同様の複式簿記による会計処理によって，マネジメント・レベルとしての太政官政府の意思決定を評価することが求められたと考えられる。これに対して，旧憲法の制定によって，立憲主義的な議会制度が導入されたことに伴い，予算編成権は行政権に帰属するとされた一方で，議会の協賛を経るという手続が要求されることとなった」[99] ために，技術的理由で単式簿記・現金主義を採用せざるを得なかった，というものである。

　しかしながら，この当時は，周知のように，企業会計の考え方そのものが広くいきわたっていたわけではない。旧商法は1890（明治23）年に制定されたものの，その一部実施は1893（明治26）年，新商法は1899（明治32）年に施行されたのである。つまり，企業会計に合致するとかしないとかの議論ができるほど企業社会が成熟していたわけではなかった，つまり，企業会計と同様のアカウンタビリティが求められていたかどうかということは，比較対象としてそれほど重要ではなかったと考えられるのである。

　むしろ，私は，そのような企業会計の仕組みと結びつけるのではなく，もっと直接的に，複式簿記システムが有している長所そのものに目を向けることが必要なのではないかと考える。出納の形跡を明確に把握することのできる構造を有している複式簿記は，当初は政府にとって都合の良い仕組みであったが，

やがて政府にとって都合の悪い仕組みになってしまったからではないか，と私は推察するのである。

すなわち，複式簿記を導入した際に高く評価された複式簿記の利点としての説明能力の高さは，説明させることが重要である場合には利点となるものの，逆に，見せたくないものや隠したいことがあった場合でもそれらを明瞭に見せてしまう仕組みをもっているということを意味しているので，国家のガバナンス・レベルの意思決定にとって秘密にしたい情報がある場合にはそれを隠せなくなってしまうという欠陥を有している，ということを意味しているわけである。つまり，複式簿記は常に単式簿記に勝っているわけではなく，複式簿記よりも単式簿記の方が有用であると考えられるケースも存在しているのである。明治初年の公会計のケースはまさにそれに該当するのではないだろうか，と考えている。

「明治22年における明治会計法制定の直前において『複式簿記』をより精緻化しようとするエネルギーと，根本的改革によって簿記法を簡便化しようとするエネルギーとの相克はどのような状況にあったのであろうか。関心がもたれるところではあるが，それを明確にする資料は残念ながら手元には存在しない」と亀井孝文教授は述べておられる[100]が，資料はなくとも，私は，ことあるたびに外国から批判されてきているわが国社会の至る所で散見される不透明なお金の流れと深い関係があるのではないかと考えている。

黒澤清教授はシャンドと福澤の複式簿記を比較したうえで「資本主義のエートスは，単に道徳的意味をもつだけでなく，近代企業の荷ない手（資本家，企業家または経営者および従業員）の責任倫理，すなわち現代会計学の概念をあえて，ここに適用するならば，アカウンタビリティー（Accountability＝企業の会計責任と呼んでおく。）にほかならないと確信する」[101]と述べておられるが，私は，まさにこの考え方を企業の担い手にのみ限定するのではなく国家経営の担い手にも当てはめて考えることにより，わが国の公会計が当初の複式簿記から今日の単式簿記に移行させた理由が推測できるのではないだろうか，と考えるものである。

明治初期の公会計の整備のプロセスでは，
1) 複式簿記が備える説明能力の高さが高く評価された
2) そのような本質を理解したうえで複式簿記の導入が促進された
3) やがてわが国の公会計分野では説明することが邪魔になった
4) 直ちに複式簿記を単式簿記に切り替えた
という公会計分野の成り行きがあった。

そして，明治時代の日本において公会計の領域に複式簿記を導入した際には複式簿記の説明能力の高さが認識され高く評価されていたこと，および，複式簿記の説明能力の高さが認識されていたからこそ，公会計において複式簿記は単式簿記に置き換えられてしまったことが明らかになった。

政府がディスクロージャー制度と会計士監査制度を構築しなかったことと，この公会計において複式簿記が単式簿記に置き換えられてしまったことは根っこの部分でつながっていると考えるのである。

これは，きわめて重要な歴史的事実である。

第6節　ま　と　め

本章においては，まず，明治時代から大正時代にかけてわが国で行われた「公許会計士」あるいは「会計監査士」あるいは「会計士」といった職業会計士を法律で認めて欲しいという運動，いわゆる会計士運動について論じた。

会計士運動が始まるきっかけとなった日糖事件に関連したマクドナルド駐日英国大使の言動は，実は，日本の会計士運動だけでなく，その他の面にも大きな影響を及ぼした明治時代の極めて大きな「外圧」であり，議会と学界を巻き込んで会計士運動が展開されることとなったが，その一連の会計士運動を啓蒙的な論説を含めて報道し続けた新聞の果たした役割は大きかった。

しかしながら，ディスクロージャー制度が求められ会計士監査がその役割を果たすべき場所であった株式取引所は江戸時代からの伝統で投機的色彩が強く，ディスクロージャー制度と会計士監査はむしろその投機性を薄めてしまう

という意味で，投資家というよりは投機家の性格の強かった市場参加者にはあまり歓迎されなかった。つまり，無機能株主であった一般投資家は，その投機家的特徴からとくに広く一般に公開される会計情報を求めてはいなかったと考えることができる。そして，もう一方の機能株主としての大株主はその立場上自ら必要な情報を入手することができたのである。さらに，会計士監査を受けてディスクロージャーを行う側にあった株式会社企業は，ディスクロージャーを強く忌避あるいは拒否していたのである。

このような状況においては，ディスクロージャーと会計士監査の制度化が進まないのは当然と言えば当然だったのであろう。しかしながら，ディスクロージャーと会計士監査を制度化しなかった政府のかたくなな姿勢の裏側には，実は，ディスクロージャーと会計士監査という情報の公開とそのチェックと密接な関係を有する政策があったことについても考察した。

明治維新以降の近代国家の建設プロセスにおいて，企業会計の領域だけではなく公会計の領域でも複式簿記がアカウンタビリティの検証に極めて適した仕組みであるということに気づかれていたこと，および，それと同時に，企業会計の領域では直接金融市場の整備に必須のディスクロージャー制度との関連で会計専門職が必要だと主張されていたことは，注目しておかなければならない歴史的事実である。

そして，公会計の整備プロセスで複式簿記がアカウンタビリティの検証に極めて適した仕組みであることが明らかとなっていたにも拘らず単式簿記に置き換えられてしまったこと，および，直接金融の重要性が高かったにも拘らず企業のディスクロージャー・システムに必要な会計専門職が制度化されなかったこと，にも最大の注意を払う必要がある。

本章の考察において，わが国において，明治・大正時代に会計専門職が生まれなかった歴史的事実の重みがさらに増幅することとなった。アカウンタビリティの重要性が認識されていなかったならばまだしも，アカウンタビリティの重要性が認識されていたにも拘らず，会計専門職は創設されなかったのである。

第7章で詳しく検討するように，会計や監査の歴史について記した文献や論

文が明らかにしているとおり,アカウンタビリティの歴史は古く,ギリシャ・ローマの市民社会に遡ることができる。その後,中世の荘園や大航海時代の冒険企業を経て,産業革命以降の株式会社における会計と監査にたどり着いたのである。つまり,西欧社会で会計や監査がその姿を形作ったのは,民主主義社会におけるアカウンタビリティの仕組みが基盤となり,その応用形態としての株式会社のディスクロージャーの仕組みが存在していると考えられるのである。

もちろん,そのような市民社会におけるアカウンタビリティの考え方を基盤に有していない社会でもアカウンタビリティの考え方を基盤に有している社会と「同じように見える」ディスクロージャー・システムを作り上げることは可能であろう。「学ぶ」ことを通してギリシャ・ローマの社会の仕組みを知ることができるし,その学びから自国の制度を作ることも可能だからである。

言うまでもないことであるが,わが国は,ルーツをたどればギリシャやローマの市民社会にたどり着くという直接的な歴史を有していない。「学ぶ」ことを通してギリシャ・ローマの社会の仕組みを知ることはできても,DNAレベルでそれを無意識のうちに知覚することはできない社会なのである。

しかし,そのような日本社会においては,西欧社会をお手本にして似通った社会を作ることは可能であったとしても,しょせんは真似事に過ぎない,もっとはっきり言えば似而非西欧型社会しか構築できないのであろうか。この点については,周知のように,日本は似而非西欧型民主主義国家であって,説明責任も認識されていないし,責任主体も不明であるとの手厳しい批判がある[102]。

本章における考察は,はからずも,その手厳しい批判に反論するのではなく,むしろ,説明責任を認識せず,責任主体を曖昧にしてきたプロセスを知るための手がかりを提供するものとなってしまった。わが国においては,明治維新以降,順次,会計と監査のシステムを構築してきたが,そのプロセスでアカウンタビリティの重要性を認識したにも拘らず,初期のうちに,そのアカウンタビリティの重要性を認識しなかったことにしてしまったのである。

ところで,第2節の最後に自問自答した,それでは,どうして,戦前の日本

で20年もの長きにわたって認めてこなかった会計士法案に相当するものとして計理士法案を提案・成立させたのであろうか。

それについては，先にも引用した座談会において計理士について語られている部分を引用しておこう。

「六　計理士の問題

木村　反対意見を学者が出したのです。…我々は，…苦労して会計士をやっているのだから，とにかく法律が出るのならば出して置こうじゃないか…僕は無試験の計理士法が出たということは今でも後悔しておらんのですね。…

岡田　僕らは正面から反対したのだ。

木村　そうなんだ。みんな反対したけれども，当事者としてはやはりとにかく理想運動は理想運動だ。現実に会計士と言ったらばどうもあの当時ごろつきのように取扱われて…

岡田　…飯が食えない計理士ができて…

木村　それはそうなんだ。できたけれども一応は整理ができたのだ。

岡田　しかし非常に又計理士というものに対する信用を失墜した点もあるのだね。

太田　…今君計理士問題で議会やなんかでもめるのはあのときあんな法律を拵えたからなんですよ。

木村　そういうのもあるけれども，教育的には僕はよかったと思うのだ。

村瀬　あの法律は本当はにぎりつぶしになるはずだったのです。…

木村　…とにかく施行しなきゃいかん，早く施行しなきゃいかん…

村瀬　あの法律が出るときに如水会で商工省の福田という商工課長を呼んで来ていろいろ議論したのです。なぜ監査と言わないか。そうしたら会計検査院もあれば，検査官もあるからそうした。それから私がこう言ったのです。今こんなふうな法律を出したならば早晩これが改正になる，そのときに現在の計理士をどうするかということは社会上重要な問題になり

ますよ，とこう言ったのです。けれどもところが押し切っちゃってやったのですよ。…
木村　実は私今『監査』に歴史を書いているのだけれどもね。岡田さんの調べた…中学校以下の卒業生が半分以上なんだから，そんな会計士が生ずるもので…
岡田　…ところが上野道輔君は法学博士なるが故に計理士になれないのだ。

以下略」[103]

　反対意見の多かった計理士法案に木村氏が賛成したのは，まず計理士を認めれば，その職業がイギリス流に自律的に発展することも可能だという考え方であった[104]。しかし，そうはならず，官僚主導で，名称もそれまでとは異なる資格ができ，免除規定で，驚くべきことに中学校以下の卒業生が半分以上もいるというとんでもない職業会計士が生まれたことになる。商工省のお役人は，そうなることを見通していたのであろう。そうだからこそ，20年来の懸案を解決することを認めたのであろう。
　ところが，本章で考察したように紆余曲折の議論を経てようやく成立したこの計理士制度は，わずか20年後に廃止の憂き目を見ることとなる。それは，計理士が，明治・大正期の会計士運動で議論の中心となったわが国で必要とされていた会計専門職としての社会的責任を担う会計・監査に関する職業的専門家には育たなかったからであった。しかし，この計理士制度の成り行きは，次章で考察するGHQが制度設計をした戦後の企業の会計監査の成立と展開にも大きな影を落とすこととなったのではないかと，私には思えてならないのである。

注

[1]　拙著『日本の会計士監査』森山書店，1999年，122-126頁。
[2]　夏目漱石『それから』八の一。
[3]　神戸大学経済経営研究所「新聞記事文庫」中外商業新報，会計（1-42）。
[4]　座談会「日本会計学の揺籃期を語る」『企業会計』，第4巻第13号，1952年，83頁。

5 チェックランド著，杉山忠平・玉置紀夫訳『明治日本とイギリス』法政大学出版局，1996年，18-21頁，294-295頁。
6 http://www.e.u-tokyo.ac.jp/kenkyuka/enkaku.html（2016年6月1日閲覧）
7 なお，この商業学科は，1962（昭和37）年4月に「経営学科」に改称されている。
8 詳しくは，拙著『日本の会計士監査』森山書店，1999年，126-130ページ。
9 詳しくは，同書，第5章。
10 詳しくは，同書，163-165ページ。
11 詳しくは，同書，165-167ページ。
12 詳しくは，原征士著『わが国職業的監査人制度発達史』白桃書房，1989年，第4章。また，この計理士法の改正運動のプロセスについては同書の第6章を参照のこと。
13 詳しくは，百合野前掲書，第6章。
14 なお，『會計』の創刊号（大正6年）から第55巻（昭和19年）までの総目次が，黒澤清『日本会計学発展史序説』雄松堂書店，1982年，に掲載されている。
15 中村茂男訳「英人の観たる『日本に於ける会計士の職務』」『會計』第1巻第1号，1917年，94-97頁。なお，同氏稿「本邦に於ける会計士の沿革及現状」『経営学論集』1927年，169-202頁，は講演をベースにしていることもあって，明治時代中頃に始まる会計士をめぐる興味深いエピソードが多数紹介されている。
16 丹羽豊「株式経営に対する予算の監査」『會計』第1巻第4号，1917年，339-342頁。
17 同論文，340頁。
18 高木勇二「『監査』創刊に当って」『監査』第1巻第1号，1950年，1頁。
19 丹羽，前掲論文，342頁。
20 同論文，342頁。
21 杉江潤治訳「会計諸表の様式及会計監査に関する統一的取扱法（上）（中）（下）」『會計』第1巻第4・5・6号，1917年，408-420頁・411-531頁・628-649頁。
22 槙原覚訳「統一的会計」『會計』第2巻第4号，1918年，397-402頁。
23 渡邊鐵蔵講演「会計士制度に就いて」『會計』第3巻第2号，1918年，255-279頁。
24 同講演，256頁。
25 同講演，257頁。
26 同講演，260-279頁。
27 岡本真一訳「米国会計士会に就て」『會計』第9巻第4号，1921年，449-256頁。
28 柿原夏雄訳「最近米国に於ける会計士の発達」『會計』第11巻第5号，1922年，553-558頁。
29 志田正雄「神戸会計士会設立の記」『會計』第12巻第1号，1922年，101-110頁。
30 渡部寅二訳「英国に於ける会計士養成制度」『會計』第16巻第2号，1924年，177-189頁，平井泰太郎「英国協同組合運動に於ける『公認監査人』問題」『會計』第16巻第6号，1925年，595-608頁。
31 岡田誠一「会計士法案私議」『會計』第17巻第3号，1925年，1-50頁。

[32] 拙著, 204-205 頁。
[33] 岡田前掲論文, 6 頁。
[34] 同論文, 8 頁。
[35] 同論文, 9-10 頁。
[36] 明治・大正時代の時事新報に代表される新聞記事については, 現在, 国立国会図書館や主な大学図書館の学術リポジトリの充実にともない, 比較的容易に検索や閲覧をすることが可能となっている。なお, 本節における新聞記事は, いずれも神戸大学経済経営研究所「新聞記事文庫」によっている。
[37] 中外商業新報, 1916 (大正 5) 年 8 月 9 日。
[38] 中外商業新報, 1916 (大正 5) 年 9 月 24 日。
[39] 大阪朝日新聞, 1916 (大正 5) 年 9 月 28 日。
[40] 大阪朝日新聞, 1916 (大正 5) 年 9 月 29 日。
[41] 中外商業新報, 1916 (大正 5) 年 10 月 13 日。
[42] 中外商業新報, 1916 (大正 5) 年 11 月 1 日。
[43] 法律新聞, 1916 (大正 5) 年 11 月 3 日。
[44] 時事新報, 1916 (大正 5) 年 10 月 28 日。
[45] 新愛知, 1916 (大正 5) 年 9 月 4 日。
[46] 星岳雄・カシャップ著, 鯉渕賢訳『日本金融システム進化論』日本経済新聞社, 2006 年, 22-23 頁。
[47] 同書, 21 頁。
[48] 同書, 21 頁。
[49] 同書, 21-22 頁。
[50] 同書, 28 頁。
[51] 同書, 33 頁。
[52] 同書, 45 頁。
[53] 同書, 45 頁。
[54] 同書, 52 頁。
[55] 野口悠紀雄『1940 年体制 (増補版)』東洋経済新報社, 2010 年, 32 頁。
[56] 同書, 32-34 頁。
[57] 正木久司『日本の株式会社金融』ミネルヴァ書房, 1973 年, 6-7 頁。
[58] 同書, 7 頁。
[59] 同書, 9 頁。
[60] 同書, 10 頁。
[61] 同書, 11 頁。
[62] 同書, 15 頁。
[63] 同書, 35 頁。
[64] 星・カシャップ, 前掲書, 70 頁。

65 江戸時代に始まる財閥企業の内部監査制度の展開については，津田秀雄教授の詳細な研究がある。津田秀雄『日本内部監査制度の史的展開』森山書店，2012年。
66 星・カシャップ，前掲書，58-59頁。
67 同書，59頁。
68 同書，61頁。
69 正木，前掲書，36頁。
70 同書，47頁。
71 同書，47頁。
72 同書，49頁。
73 同書，53頁。
74 同書，59頁
75 同書，60頁。
76 東京株式取引所編『東京株式取引所50年史』東京株式取引所，1928年，1頁。
77 例えば，高槻泰郎『近世米市場の形成と展開　幕府司法と堂島米会所の発展』名古屋大学出版会，2012年，がある。
78 例えば，柴田昭彦『旗振り山』ナカニシヤ出版，2006年，は写真や図が豊富なので，当時の米相場における情報の重要性とその情報伝達の方法がよく理解できる。島実蔵『大阪堂島米会所物語』時事通信社，1994年，は小説であるが，当時の取引方法が具体的に説明されているため理解しやすく面白い。
79 東京株式取引所編，前掲書，1頁。
80 小林和子「戦後改革期における証券取引委員会―成立から廃止まで―」『商事法務』1258号，1991年，51頁。
81 関口啓太郎「証券民主化の諸問題」『経済民主化』第3号，1948年，13頁。なお，この雑誌の裏表紙には，女性電話交換手が笑顔で「モシモシ，証券処理調整協議会でございます。こちらは株式を国民に公平に，順序よく売出している政府機関です。産業再建のため株式に投資なさる皆様をいつでもお待ちしています」と話しかけている広告が掲載されている。
82 拙著『日本の会計士監査』森山書店，1999年，第5章。
83 黒澤教授は，「わが国における会計制度近代化の出発点は，明治6年（1873年）にあるとされています。…国立銀行条例に基づいて設立された株式会社第一国立銀行が営業を開始したのは明治6年8月1日のことであります。」と述べている。（黒澤清『日本会計学発展史序説』雄松堂書店，1982年，1頁。）
84 亀井孝文『明治国づくりのなかの公会計』白桃書房，2006年，68-69頁。
85 黒澤清『日本会計制度発展史』財経詳報社，1990年，12頁。
86 亀井，前掲書，74-76頁。
87 同書，81-82頁。
88 同書，83-84頁。

[89] 同書，84-86 頁。
[90] 同書，100-101 頁。
[91] 同書，105-106 頁。
[92] 深谷德次郎『明治政府財政基盤の確立』お茶の水書房，1995 年，63-70 頁。
[93] 長山貴之「明治前期公会計における複式簿記」『香川大学経済論叢』第 70 巻第 4 号，1998 年，129 頁。
[94] 同論文，121-122 頁。
[95] 同論文，129 頁。
[96] 同論文，130 頁。
[97] 同論文，145 頁。
[98] 桜内文城『公会計　国家の意思決定とガバナンス』NTT 出版，2004 年，34 頁。
[99] 同書，34-35 頁。
[100] 亀井，前掲書，110 頁。
[101] 黒澤清『日本会計学発展史序説』雄松堂書店，1982 年，4 頁。
[102] Wolfren, K. V. "*The Enigma of Japanese Power*" London, 1989.［篠原勝訳『日本／権力構造の謎』早川書房，1990 年。］
[103] 座談会「日本会計学の揺籃期を語る」『企業会計』，第 4 巻第 13 号，1952 年，88-89 頁。
[104] 木村氏は 1932（昭和 8）年に設立された日本検査計理士会（The Japan Association of Certified Auditors and Accountants）の理事長であった。

第3章　1950年 GHQ のディスクロージャー制度設計

第1節　問題点の所在

　現在の日本の公認会計士による財務諸表監査は，第二次世界大戦敗戦後の日本を占領した連合国軍最高司令官総司令部（GHQ）が，アメリカのディスクロージャー・システムをお手本にして，アメリカと同様の証券取引を規制する法律（証券取引法）と，独立の立場で企業の監査を行う職業的専門家（公認会計士）と，独立の立場からシステムのチェックを行う機関（証券取引委員会）を三本柱としたディスクロージャー制度を整備したことに始まる。そのため，このような出自を背景として，わが国のディスクロージャー制度はアメリカのディスクロージャー・システムと同じ社会的機能を担うとともに同じ社会的責任を果たすものと看做されてきていると考えられる。しかしながら，第4章で検討するように，このシステムが創設されてわずか20年ほどしか経過していない時点で，早くも，日本のディスクロージャー制度がはたしてアメリカのシステムと双子とは言わないまでも兄弟の関係にあるかのように看做して良いのだろうか，という疑問が生まれるような状況が存在していたのである。
　その疑問に関連して，スタート時点で一つの重大な事象が生じていたことを先ず指摘しておかなければならない。それは，GHQ がディスクロージャー制度を構築した当初には紛れもなく存在し，システムの構築に重要な先導的役割を担うはずであったわが国の証券取引委員会の廃止である。すなわち，わが国

の証券取引委員会は，人員の配置も行われて実際に活動を行っていたにも拘らず，1952（昭和27）年の講和条約の発効に伴い，行政改革の名のもとに廃止されてしまったのである。

わが国がお手本にしたアメリカのディスクロージャー・システムにおいて，SECは現在でも重要な役割を担い，責任を果たしていることは衆目の一致するところであろう。そのような，ディスクロージャー・システムを支える三本柱のうちの一本を，あろうことかわが国で財務諸表監査がスタートする前に取り除いてしまったのである。このわが国のディスクロージャー制度の揺籃期における証券取引委員会の廃止という事実一点だけを取り出しても，日本のディスクロージャー制度はアメリカの制度と似通ってはいるけれども，ただ似ているだけであって実質的にはまったく異なったものだと看做すことが当初から必要だったのではないだろうかと思えてならない。

本章においては，戦後のわが国のディスクロージャー制度の創成期を振り返り，敗戦後の占領政策という非常に大きな外圧のもとでスタートしたディスクロージャー制度が，どのような社会的役割を担うものとして制度構築されたのかを検討する。その際，すぐに日本国内の「抵抗勢力」によって大きく舵を切ることとなった事実についても考察する。

第2節　GHQの目指したディスクロージャー制度

わが国に財務諸表監査制度を創設させることとなった社会的経済的背景は第二次世界大戦の敗戦と敗戦後のGHQの占領政策であった。

1945（昭和20）年8月15日，日本がポツダム宣言を受諾したことにより，第二次世界大戦が終わりを告げた。1931（昭和6）年の満州事変に始まり，日中戦争から太平洋戦争に至るいわゆる15年戦争で，日本は300万人あまりの尊い生命と国富の四分の一を失ったと言われている。戦後70年を経過した現代に生きている日本人としては，東京大空襲や広島・長崎への原爆投下によって多数の一般市民が犠牲になったことに関心が向くが，しかし，同時に，日本

が侵略した国々や植民地経営をしていた地域でも，日本が関わった戦争によって多数の犠牲者を出したことを忘れることはできない。

　日本の占領政策を主導したGHQは，占領政策の遂行にあたって，近隣諸国に多大な犠牲を強いた日本の海外侵略の原因が戦前の日本社会の仕組みの中にあると看做していた。すなわち，われわれが学校教育で教えられたように，明治維新で欧米の先進国に追いつくために富国強兵策が推進されたことによって，日本という国家は豊かになり軍備は増強された。しかし，それとは裏腹に，日本国民は概して貧しい状態におかれていたのである。地主に雇われた農民は小作人として零細農業を強いられたために貧しく，一般労働者も決して豊かではなかった。一般国民が貧しかったために，日本の国内市場での消費は活発でなく，企業は販売の活路を海外市場に求めざるをえなかった。そのような企業の海外進出を側面から支援するために，日本政府と日本軍が侵略戦争にのめり込んだのだとGHQは考えたのである。そのため，明治憲法の改正を筆頭に，秘密警察の廃止・婦人の解放・教育の制度改革等の民主化政策に加えて，日本国民を豊かにするための経済の民主化と労働組合の結成奨励も重要な占領政策の柱となった。

　農村では，小作人に安定した自作農経営をさせるために，1947（昭和22）年から農地改革が実施された。地主の所有する貸付農地を国が強制的に買い上げて小作人に安く売り渡した結果，農家の大半が自作農となった。また，一般労働者の立場を守るために，いわゆる労働三法が制定された。1945（昭和20）年に労働組合法を制定して労働者の団結権・団体交渉権・争議権を保障するとともに，翌年の労働関係調整法とその翌年の労働基準法の制定によって労働関係の民主化政策がとられた。これらの政策によって農民や労働者の所得が増大すれば国内市場で需要が生まれることとなり，国内市場での需要が活発でなかった戦前のように海外に市場を求めるための侵略戦争を行うという基盤が消滅するだろうとGHQは考えたのであった。

　それと同時に，GHQは，戦前の日本経済を支配していた財閥を解体して競争市場を生むための政策も推進した。1945（昭和20）年には三井・三菱・住

友・安田を始めとする15財閥の資産の凍結と解体とが命じられ,翌年には持株会社整理委員会を発足させて持株会社や財閥家族の保有していた株式や社債を一般に売り出す,いわゆる「証券の民主化」を行ったのである。アメリカ人的考え方によると,多くの一般国民が優良企業の株式を保有すれば,企業利益の分配である配当金収入が期待できるとともに,株価の値上がりによってキャピタル・ゲインも期待できる。国民の収入が増加して豊かになれば,当然,国全体も豊かになる。アメリカの資本主義の成功は証券市場で資本調達をした優良企業が成長したおかげだと考えるGHQは,アメリカと同じように証券市場を整備すれば,成長企業の株式を保有する日本国民が配当金とキャピタル・ゲインで豊かになる,と考えて「証券の民主化」政策を推進したのである。

図表3-1 所有者別持株比率

年度	個人	政府・地方公共団体	金融機関	証券会社	事業法人等
1949	69.1	2.8	9.9	12.6	5.6
1950	61.3	3.1	12.6	11.9	11

出典:増尾賢一「日本の株式所有の歴史的構造(2)」,『中央学院大学商経論叢』第23巻第2号,2009年,62頁。

その「証券の民主化」政策の推進によって日本国民が保有することになる大量の証券を取引する証券市場に,戦前の日本には存在していなかったディスクロージャー制度とそれを支える会計士による財務諸表監査の仕組みを導入して整備しようとした。

実は,大蔵省は終戦直後の1945(昭和20)年9月26日付の「実物取引のみ海外株,軍需株を除いて取引を再開する」という大蔵大臣の談話に明らかなように,休止状態にあった東京や大阪の株式取引所を再開しようとした。しかしながら,GHQはわざわざその1日前の9月25日付で証券市場の再開を禁止したのである[1]。

その後も,GHQは日本側の証券市場再開運動を厳しく押さえ続けた。1947(昭和22)年に日本側が作成した最初の証券取引法(昭和22年法律第22号)は

全面的に否定され，わずかに証券取引委員会の設置のみが施行されたのであった。そして，翌1948（昭和23）年の改正証券取引法（昭和23年法律第25号）は全面的にGHQの意向を反映したものであった[2]。

これが日本におけるディスクロージャー・システムの始まりである。そして，株式取引所が再開された当初，個人株主の保有割合が全体の70％にものぼったという歴史的事実は，今やたんなる語り種になってしまった感がある。吉村光威氏の言葉を借りれば，「占領軍という"絶対権力"のもとで強制されたという意味では決して自然発生的ではなく，日本の経済風土になじむとかそういう以前のものであった」[3]ために，後に述べるように，1951（昭和26）年9月8日のサンフランシスコ講和条約署名および翌年4月28日の発効に伴い，大きな揺り戻しが来ることとなるのである。

1 ディスクロージャー・システムを支える三本柱

日本のディスクロージャー制度のお手本はアメリカの制度であった。アメリカでは，日本の制度創設の10余年前の1933年と34年に連邦証券二法を制定し，法定財務諸表監査制度をスタートさせたばかりであった。日本のスタートは敗戦後の占領政策の一環であり，アメリカのスタートは大恐慌後のニューディール政策の一環であった。両国とも，一国の政治・経済の大混乱のなかでディスクロージャー・システムをスタートさせたわけである。

アメリカの1920年代は黄金の20年代と呼ばれていた。ニューヨーク証券取引所は空前の活況を呈し，株価の上昇は永久に続くかのように思われていた。しかし，1929年10月24日の「暗黒の木曜日」の株価暴落をきっかけにバブルは崩壊したのである。アメリカのGDPは半減し，失業率は25％に上り，株価は80％も暴落したと言われている。

株価の暴落によって大損害を被ったアメリカ人投資家は，十分な情報提供がないままに株式取引が行われていたことについて政府を責めた。そのため，アメリカ政府は，証券の発行市場を規制する1933年連邦有価証券法と証券の流通市場を規制する1934年連邦証券取引所法を制定し，会計・監査の職業的専

門家である公認会計士（CPA）が第三者の立場で監査した財務諸表を公表するとともに、その仕組みを監視する機関として公正取引委員会の証券局を独立させた証券取引委員会（SEC）という強い権限を有する準司法機関を設置した。ここに、証券二法・CPA・SEC を三本柱とするディスクロージャー制度が創設されたのである。

このアメリカのディスクロージャー制度をお手本にしたので、日本でも、証券取引法・公認会計士・証券取引委員会がディスクロージャー制度の三本柱だと考えられたものの、この当時のわが国にはこれら三本柱のうちのただの一本も存在していなかったため、図表 3-2 のように順次これらを整備することとなった。

証券取引法の制定に続き、ディスクロージャー制度を支える二本目の柱として、1947（昭和 22）年 7 月にはアメリカの SEC に相当する証券取引委員会が日本でも発足した。しかしながら、1952（昭和 27）年に GHQ の占領政策が終了すると、日本の証券取引委員会は直ちに廃止されてしまい、1992（平成 4）年に証券取引等監視委員会が当時の大蔵省内に設置されるまで、わが国のディスクロージャー制度は実に 40 年もの長きにわたって本来の三本柱の一本を欠いたまま運営されることとなった。

三本目の柱として、会計・監査の職業的専門家が必要とされた。この当時の日本には、約 2 万 5 千名が登録していた「計理士」という会計に関するサービスを提供する職業的専門家がすでに存在していた。しかし、計理士は「会計に関する検査、調査、証明等の業務を行う」と 1927（昭和 2）年に制定された計理士法には規定されていたものの、現実には記帳代行を主な業務とし、監査はほとんど行わなかった。しかも、計理士試験に合格して資格を取得した計理士はわずか 113 名しかおらず、登録者のほとんどが試験を免除された人々であった。そのことを知った GHQ は、最初の証券取引法では計理士に監査を行わせるとしていた規程を見直すこととし、計理士法を廃止するとともに 1948（昭和 23）年に新たに公認会計士法を制定することとしたのである。そして、最初の証券取引法の条文の中にあった「計理士」を「公認会計士」に置き換えたの

図表 3-2 戦後のディスクロージャー・システムの整備

年	月	政治・経済・社会の動き	ディスクロージャーの整備
1945	8	第二次世界大戦 終戦	
	10	GHQ 5大改革を指令	
	12	GHQ 農地改革を指令	
1946	8	経団連 発足	経済安定本部 設置
	9	第一次 財閥解体	
	11	日本国憲法 発布	
1947	2	労働基準法 公布	
	3		証券取引法 公布
	4	独占禁止法 公布	
	7	公正取引委員会 発足	証券取引委員会 発足
1948	3		原価計算規則 制定
	4		証券取引法 改正
	6	昭和電工疑獄事件	
	7		公認会計士法 制定（計理士法 廃止）
			企業会計制度対策調査会 設置
1949	2		東京証券取引所 設立
	3		第1回 公認会計士試験 第1次試験
	5		第1回 公認会計士試験 第2次試験
	6	労働組合法 全面改正	
	7		企業会計原則・財務諸表準則 公表
	10		日本公認会計士協会 設立
	11		第1回 公認会計士試験 第3次試験
1950	3		証券取引法 改正
	5		企業会計基準審議会 設置
	7		監査基準・監査実施準則 公表
	9		財務諸表規則 公布
1951	3		監査証明規則 公布
	7		初度監査 始まる
1952	1		次年度監査 始まる
	4	対日講和条約 発効	
	7		第三次監査 始まる
	8		証券取引委員会 廃止

であった。

　ここに，主たる業務として財務諸表監査を行う公認会計士という新たな会計に関する職業的専門家がわが国に誕生することになった。

　そして，これらの証券取引法・証券取引委員会・公認会計士という三本柱に続いて，アメリカの「一般に認められた会計原則」と「一般に認められた監査基準」に相当する「企業会計原則」(昭和24年)と「監査基準」(昭和25年)が設定され，ディスクロージャー制度を支える法定監査の基盤整備が行われていったのである。そして，1951(昭和26)年から財務諸表監査をスタートさせる準備に入ったものの，図表3-3のように，証券取引法が規定していた正規の監査を実施するまでにはなお数年を要することとなった。外部監査を受けることに抵抗感のあった経団連が抵抗勢力だったと言われている。

図表3-3　正規の財務諸表監査実施までの道のり

	監査対象会計年度	監査対象企業	監査の内容	監査日数	監査報酬
初度監査	1951年7月1日以後に始まる事業年度	銀行業・信託業以外の資本金1億円以上の上場会社	会社の定める会計制度につき，職業的専門家としての意見を表明する。	22日以内	17万円
次年度監査	1952年1月1日以後に始まる事業年度	同上	会計制度の運用状況につき，検査する。	同上	20万円
第三次監査	1952年7月1日以後に始まる事業年度	同上	会計制度の運用状況につき，検査するとともに，内部監査制度の確立のための指導を行う。	同上	同上
第四次監査	1953年1月1日以後に始まる事業年度	同上	基礎監査：会計制度の運用状況の監査　正常監査：財務諸表の重要5項目の期末残高監査	同上	同上
第五次監査	1955年1月1日以後に始まる事業年度	同上	基礎監査：会計制度の運用状況の監査　正常監査：2年間に貸借対照表の全項目の期末残高監査を目指す	同上	同上

2 公認会計士監査の必要性

　法律が強制したディスクロージャー制度だったにも拘らず，日本の大企業には独立性を有する外部の会計・監査の専門家による監査を受けることに対する抵抗感が根強かったため，昭和25（1950）年7月に経済安定本部・企業会計基準審議会が公表した最初の監査基準の前文「財務諸表監査について」は，どうして公認会計士の監査を受けることが必要なのかについて丁寧に説明していた。この文章は，アメリカの公認会計士監査の歴史と現況を調査・研究したうえで書かれたものであり，公認会計士が監査主体となって行う財務諸表監査がどうして必要なのか，その理由について，簡潔に，しかし説得力のある構成で書かれていた。ここでは，その前文を振り返り，公認会計士監査の社会的な必要性・重要性について考察する。

　前文では，「1　監査の意義」の最初に，監査基準の取り扱う監査が「企業が外部に発表する財務諸表について，職業的監査人がこれを行う場合に限る」と規定していた。これは，わが国の商法で明治時代から規定されてきていた「監査役監査」や，企業が独自に社内に設置していた「内部監査」とは明確に異なって，公認会計士という職業的専門家が行う監査だということを強調していたからに他ならない。

　そして，現在でも重要な概念である「正当な注意」について「職業的専門家として当然払うべき注意をもって監査手続を選択適用し，合理的な証拠を確かめなければならない」と，ここでも職業的専門家の行う監査であることを強調し，さらに次のように説明を加えている。

　　監査人は，財務諸表に対する自己の意見につき責任を負うのみであって，財務諸表の作成に関する責任は企業の経営者がこれを負わなければならない。従って，監査人が財務諸表に対して助言勧告を与え，又は自らその作成に当ることがあるにしても，その採否は企業の経営者が決定するのであり，監査人はこれを強制することはできない。

これは，財務諸表の作成に責任を持つのは経営者であって，監査人はその財務諸表を監査することに責任を持つ，といういわゆる「二重責任の原則」と呼ばれる考え方であるが，その意味するところは現在と大きく異なっている。

　監査人が財務諸表に対して助言勧告を行う「指導性」が重視されているだけでなく，監査人自身が財務諸表を作成することまで想定されている。自分で作成した財務諸表を自分が監査するというのは「自己監査」ではないかと思われるが，監査人は職業的専門家であり，職業的専門家である監査人に対する社会からの信頼性が高ければ，財務諸表は監査人自らが作成すればよい，という考え方が成立しないわけではない。実際，私は大学院生時代，久保田音二郎教授の監査論の講義でそのように教わった経験を持っている。ただし，最終的な採否の権限は経営者にあるので，もしも経営者と監査人の考え方が異なった場合には，監査人は「批判性」を発揮して財務諸表が適正ではないという監査報告書を作成することとなる。

　そのあとに続く「2　監査の必要性」では，現在でも非常に重要な財務諸表監査の考え方についての説明が順序を追って行われている。
　まず，最初の段落では，「外部の第三者による監査」の必要性について指摘している。

> 　監査は，過去においては，不正事実の有無を確かめ，帳簿記録の正否を検査することをもって主たる目的としたものであったが，企業の内部統制組織即ち内部牽制組織及び内部監査組織が整備改善されるにつれて，この種の目的は次第に重要性を失いつつある。企業は，あえて外部の監査人をまつまでもなく，自らこれを発見するとともに，未然にその発生を防止しうるようになったからである。然しながらそれにも拘らず，外部の第三者による監査は，存在の理由を失うものではなく，企業の大規模化に伴い，却ってその必要性が益々増大したことを認めなければならない。

この段落の説明の背景には次のような事情がある。周知のように，1844年に制定されたイギリス最初の準則主義会社法のなかに監査に関する規定が初めて設けられた。この規定は，1720年にイギリスの株式市場のバブル崩壊のあおりをうけて明るみに出た南海会社の不正事件（南海泡沫事件）のように経営者不正によって株主が損害を被ることがないようにするために，会社設立時の登記と並んで経営者不正の摘発・防止を目的とした監査の規定を設けたものであった。ところが，この半世紀ほど後にアメリカ企業で会計や監査の仕事をするようになったイギリス人会計士が行った監査は，企業内部における従業員による不正・誤謬の摘発・防止を主目的とする監査であった。そして，時間の経過に伴い，このような企業内部の従業員による不正・誤謬の摘発・防止といった目的の監査機能は，企業内に内部統制が整備・運用されるようになると，内部統制がそれを担うようになるのは当然の成り行きである。

ところが，企業内に内部統制が整備・運用されるようになった段階で監査の役割が終わるのかというと，そうではない。企業の内部目的の監査は企業の内部組織である内部統制でも行えるが，企業外部の利害関係者のための監査は，企業の内部組織が担うことはできない。第一，内部統制には経営者が無効化できるという固有の限界があるので，たとえいくら完璧な内部統制を整備したとしても，それだけでは経営者の作成する財務諸表は外部利害関係者の信頼を得ることはできない。どうしても外部の第三者による監査が必要になるというわけである。

そして，企業規模が拡大して証券市場から資金調達をするようになると，財務諸表の重要性がさらに高まる。投資家が投資意思決定に用いる重要なデータである財務諸表に信頼性がなければ，企業は証券市場で資金調達を行うことができず，その結果，直接金融市場で効率的な資源配分が行われないこととなり，国民経済を振興するというディスクロージャー制度の目的が果たされないことになってしまう。したがって，外部監査の重要性は企業規模の拡大に伴い，ますます高まるというわけである。

しかし，このように説明が行われているものの，この当時の日本の企業には

内部統制に関する実態は存在していなかった。そのため,先にも述べたように,正規の財務諸表監査を実施する準備段階で,企業に内部統制を整備するということが一つの大きな目的として掲げられたのである。

次の段落では,外部の利害関係者のための監査の必要性が財務諸表それ自体の固有の性格から要請されることについての説明が行われている。

> 抑々財務諸表は,外部の利害関係人に対して,企業の財政状態及び経営成績に関する報告を提供するための重要な手段である。従って企業は,信頼しうる会計記録を基礎とし,利害関係人に必要な会計事実を明瞭に表示して,企業の状況に関する判断を誤らせないようにしなければならない。然しながら今日の企業の財務諸表は,単に取引の帳簿記録を基礎とするばかりではなく,実務上慣習として発達した会計手続を選択適用し,経営者の個人的判断に基いてこれを作成するものであって,いわば記録と慣習と判断の綜合的表現にほかならない。財務諸表が単なる事実の客観的表示ではなく,むしろ多分に主観的判断と慣習的方法の所産であることは,近代的企業会計の著しい特徴である。

ここで使われている「財務諸表は記録と慣習と判断の綜合的表現」という文章は,1930年代はじめのアメリカのディスクロージャー・システム創設期に使われ始めた表現である。1910年代から20年代にかけて,アメリカでは,重要な財務諸表は一定時点の企業の財産状態を時価で表示する貸借対照表だと考えられていた。しかし,「静態論」と呼ばれるこのような考え方は,銀行から融資を受けるために監査を受けた貸借対照表を銀行に提出していた中小企業には当てはまっても,大企業には当てはまらなかった。なぜなら,まず,大企業が事業に用いる膨大な固定資産を売却時価で評価することは利益を歪めるおそれがあっただけでなく,実際に評価することは不可能に近かったからである。そのため,大企業の財務諸表を作成するためには「発生主義」や「実現主義」という考え方に基づいて費用と収益を期間配分する「動態論」と呼ばれる考え

方が芽生えた。静態論から動態論への移行である。

　同時に，大企業の資本調達は銀行融資だけでなく証券の発行によっても行うようになっていたので，重要な資金提供者である証券投資家にとっては投資先企業の収益力を示す損益計算書が投資意思決定に役立つ財務諸表だと考えられるようになった。

　ところが，費用と収益を期間配分して財務諸表を作成するためには，期中の取引記録を集計することに加えて決算の処理を行わなければならない。そして，決算の処理では，複数認められている会計のルールの中からどのルールを選択・適用するかによって，利益の額に代表される財務諸表の数字が変わってくる。だからこそ，財務諸表は「記録と慣習と判断の綜合的表現」だと言われるわけである。そして，ルールの選択・適用を行うのは経営者なのである。となると，経営者の判断が適正かどうかについて，投資家のために第三者の立場からチェックを行う監査の専門家が必要とされるということになる。そこで，次の最後の段落の文章の説明が必要になる。

> 　従って財務諸表は，ややもすれば公正妥当を欠き，誤謬又は不確実な要素の介入する余地が多く，財政状態及び経営成績の適正な表現が歪められ，政策的考慮によって粉飾される虞れが少くない。それ故外部関係人の利益を擁護するためには，判断の妥当性を確かめることが必要であって，ここに職業的専門家による監査の要請される理由がある。

　もちろん，多くの経営者は財務諸表を適正に作成していることであろう。しかし，今日でもオリンパスや東芝の不正会計がマスコミを騒がせているように，どこの国においても粉飾決算や不正会計は枚挙に遑がない。証券投資家にとっては，自分たちの投資意思決定に役立つ企業の公表する財務情報が適正なものだということを証明してくれる監査制度が必要になるわけである。しかし，そのような監査は，誰にでもできるわけではない。第三者性を備えた会計・監査の専門家による財務諸表監査がどうしても必要になるわけである。そ

れによって，一定水準以上の質の監査の行われることが保証され，監査制度に対する社会的信頼性が高まることとなる。次の段落で「2　監査の必要性」は締めくくられている。

> 　かくて企業の内部統制組織が，如何に周到に整備され，有効に運用されようとも，これをもって監査に置き替えることはできない。内部統制は不正過失を発見防止するとともに，企業の定める会計手続が守られているか否かを検査するにとどまるに反し，監査は会計記録の成否を確かめるばかりでなく，さらに「企業会計原則」に照し，公正不偏の立場から経営者の判断の当否を批判するものであって，両者はその本来の任務を異にするからである。

最後の「3　監査実施の基礎条件」では，監査制度確立のための以下の三つの前提条件が列挙されていた。

①　監査制度の成否は職業的監査人の向上発展が重要であること
②　内部統制の整備運用は経営者の当然の責務であること
③　監査を実施するうえで取引先の協力が欠かせないこと

このように，わが国最初の監査基準は，公認会計士という職業的専門家による外部監査がどうしても必要なのだということを前文の中で切々と説明していた。そして，この説明は，今日でも十分な説得力を持っているのである。

この最初の監査基準の前文が述べているように，GHQ が創設したディスクロージャー・システムにとって，公認会計士という職業的専門家は非常に重要な存在だということになる。

次節においては，その当時存在していた計理士と新たに創設されることとなっていた公認会計士について，監督する立場にあった官僚がどのように考えていたかを跡づけて，わが国のディスクロージャー制度創設期の会計に関する職業的専門家に対する見方を整理する。

第3節　官僚の発言から推測する当時の日本政府の態度

　上述したように，わが国においてディスクロージャー・システムを創設するにあたって，GHQは，アメリカと同様の法律（証券取引法）と，職業的専門家（公認会計士）と，チェック機関（証券取引委員会）をひと揃いの組合せとして新たに整備した。それは，この当時のわが国には，証券取引法も証券取引委員会も存在していなかったからである。しかしながら，職業的専門家に関して言えば，公認会計士は存在していなかったものの，類似の職業的専門家として「計理士」がすでに20余年にわたって一つの制度として存在していたのである。

　それにも拘らず，計理士を廃止して新たに公認会計士という職業的専門家を創設しなければならない理由について，一人の大蔵省事務官が1948（昭和23）年7月16日に講演を行った[4]。この講演日のちょうど10日前に公認会計士法が公布されており，その大部分の規定がこの日の2週間後から施行されることとなっていた。そして，聴衆は，この法律の施行に伴って日本社会から姿を消す運命にあった計理士たちであった。つまり，この講演は，わが国において公認会計士監査をスタートさせるにあたり，当時存在していた計理士を廃止して公認会計士という新たな職業的専門家を創設する理由について，まさに消えゆく本人である計理士たちに対して説明するという，ことの成り行きによっては会場が修羅場となりかねない講演であった。

　しかしながら，講演録を読むかぎり，現に存在している計理士という職業が如何に取るに足らない職業であるかということと，新たに創設される公認会計士が如何に素晴らしい職業であるかということが縷々説明されたにも拘らず，日本人の特性であろうか，とくに混乱は生じなかった様子なのである。

　この講演については，今ではほとんど振り返られることがない。しかし，ここで語られている内容は，計理士の欠陥と公認会計士の特長とを対比させているので，会計専門職について考えるうえでは，短いながらもきわめて示唆に富

んだものとなっている[5]。

　林事務官は，公認会計士監査という新たな仕組みを構築する根拠について，次の四つの観点から説明した。

　それらは，
1　英米における会計士の歴史的展開に関する考察
2　計理士を公認会計士に置き換えなければならない社会的背景
3　わが国の計理士制度の欠点についての指摘
4　公認会計士の将来の発展方向についての見込み
　であった。

　以下，これらの論点について，会計専門職がどのようなものだと考えられていたのかという視点から考察を行う。

1　英米における会計士の歴史的展開に関する考察

　まず林事務官が例示したのはイギリスのチャータード・アカウンタントとアメリカのCPAがどのような社会的経済的要請のもとで発展を遂げてきたかについての説明であった。とくに，会計士の発展が株式会社の発達と本質的な結びつきを有していると説明した[6]。

　資本主義が発展すれば大資本に対する必要性が高まり，大資本に対する必要性が高まれば有限責任の株式会社制度の創設と発展とが期待され，大規模株式会社の発展に伴って株主の分化（投機株主・投資株主・企業者株主）が生じ，投資株主が社会の投資ルートの中心になる。

　このような状況のもとで大株主と会社当局の結託による蛸配当や，経営内容の悪化に起因する破産が生じると社会の経済機構の全般まで掻き乱されるとして，「…こういう経理上の不正が行われぬことを監視するために，又株式会社制度において投資株主と会社の経営の実態を結付ける唯一のつながりをなして（いる＝筆者補足）財務書類が，真実に会社の経理状態を表しておることを保証するために，公正な第三者として会社の経理を監査し，財務書類の真実性を保証するという一つの職業が必要になって参ります」[7]と述べて，イギリスとア

メリカの職業会計士がそのような使命を持って生まれてきたと説明する。ここでは経理上の「不正の監視」と「財務書類の真実性の保証」の2点が会計士監査の重要な機能であるということが明確に強調されているのである[8]。

そして，アメリカでは証券取引法のもとで証券取引委員会に提出される財務計算書類は会計士の監査証明が必要であるという法的制度が構築されているし，イギリスでも1946年の会社法改正案において株式会社の会計監査役にはチャータード・アカウンタントでなければなることができないという法的制度をとおして財務諸表の真実性をチャータード・アカウンタントが保証する制度が確保されていると例示した。

2 計理士を公認会計士に置き換えなければならない社会的背景

一方，わが国における社会的経済的要請として，林事務官は，「証券の民主化」および「外国の民間資本導入」という二点を指摘した。

(1) 証券の民主化

周知のように，戦後，GHQの占領政策によっていわゆる証券民主化政策がとられた。講演で述べられたその具体的な施策や金額は次のとおりである[9]。

・財閥解体によって巨額の有価証券が民間に放出されることとなり，それによって今まで財閥，金融資本に独占されていた株式，社債が投資大衆の間に分散されて，健全な投資大衆が生まれる
・独占禁止法によって会社の保有株式が放出されるとともに，会社の株式所有が原則として禁止されるため，これまでの親会社・子会社関係という会社の支配関係が根本的に崩れて，投資大衆が会社の支配層になる
・企業再建整備の過程で発行されることが予想される4百億円ないし5百億円と推定される膨大な株式が一般大衆に吸収される
・国が財産税や戦時補償特別税等で物納を受けた株式や閉鎖機関の株式を民間に放出する

これらの影響によって，「ここに健全な投資大衆の保護が喫緊の要請になっ

て参りました」[10]とはっきりと断定するのである。つまり，(1)で述べたイギリスやアメリカにおける大規模株式会社における投資家保護の要請が日本においても重要性をもつようになる，というのがGHQの証券民主化政策のもたらす影響であり，そのために会計士監査システムが整備されることになったというのである。

ところが，この会計士監査システムは，アメリカと同様の法律と，監査の職業的専門家と，そのチェック機関をひと揃いの組合せとして新たに整備されたものではあったけれども，当初の組合せは次のようになっていた。すなわち，法律は証券取引法であり，チェック機関は証券取引委員会だったが，監査の職業的専門家は公認会計士ではなかったのである。

最初の証券取引法（昭和22年法律第22号）の規定は次のようになっていた。すなわち，

「証券取引委員会は，この法律により提出される貸借対照表，損益計算書等の財務計算に関する書類が計理士の監査証明を受けたものでなければならない旨を証券取引委員会規則で定めることができる」（第193条）

林事務官は「…ここに計理士が公けに初めて公正な第三者としての地位を認められたわけであります」[11]と述べた直後，まさにその舌の根の乾かないうちに，「こういう重大な役目を果すには，とても現在の計理士では果せない，現在の計理士は玉石混淆で非常に優秀な方もおられるが，質の悪いものもいる。従って現在の計理士を改めて，監査証明の能力を十分に備え，而も社会的に相当信用ある公認会計士を作り上げる必要があるということになったわけであります」[12]と断じ，計理士はその人的水準の低さゆえにこの制度を担うに適しておらず，新たに公認会計士という職業的専門家の制度を創設しなければならないと主張したのである。ここに彼の講演の主眼があった。

(2) 外国の民間資本導入

公認会計士監査システムの構築に対するもう一つの社会的要請が海外の民間資本をわが国に導入することであると説明する林事務官は，さらに次のように

話を続けた。すなわち,

「外国,殊に米国の投資家は,会社の経理ということに対しては非常に敏感でありまして,戦前においても向うの投資家は向うのCPAを連れて日本の投資先の経理を監査しておったということによって分るように,向うからの投資を導入するにはどうしても,投資を受ける日本の会社の経理が向うのCPAに匹敵するような計理士によって監査され証明されることが必要であると言えると思います。」[13]

つまり,彼は,戦前に,アメリカ人投資家がCPAに依頼して日本の投資先を監査させるという慣行が行われていたことを知っていたのである。しかも,アメリカのCPAの水準が高くて,わが国の計理士ではとてもそれに匹敵する監査を行うことができないことも予想していたのである。これは,驚くべき発言である。

というのは,当時の大蔵官僚が大規模株式会社における投資家保護の要請について理解しており,戦前のわが国において実際にアメリカ人投資家がアメリカのCPAを使って投資先の日本企業を監査させていたという実務を知っていたのであれば,どうして,日本政府は,明治時代から大正時代にかけての一連の会計士運動に関する議論において一貫して会計士制度の創設に反対の立場を取り続け,最後になってそれまでの議論の延長線上にない「計理士」という職業的専門家を作り,その後の様々な改正運動に耳を貸そうとしなかったのか,という点について大きな疑問が生じることとなるのである。

前章において述べたように,その理由は,知っていたからこそ会計士制度創設に反対の立場を取り続けた,という極めて単純なことだと思われる。そして,「計理士」を作ったのは,強制監査とセットではなかったからであり,妥協の産物であった。そのため,計理士法が成立してすぐに,改正運動が始まったのであろう[14]。

その計理士制度の欠陥について,林事務官は次のように滔々と並び立てるのであった。

3 わが国の計理士制度の欠点についての指摘

　林事務官は，わが国の計理士がアメリカの CPA に匹敵する水準の監査を行うことができない理由について，次のように説明した。すなわち，1927（昭和2）年に誕生した計理士は，1948（昭和23）年7月6日現在の最終の登録総数としては約2万5千名もの多数に上るものの，実情としては，「…遺憾ながら社会の信用を完全に備え，公正な第三者として財務書類の監査証明をする慣例が成立するまでには至っていない現状」[15]であると述べたのである。そして，計理士制度が社会的信用を得ることができず，公正な第三者として財務書類の監査証明をする慣例がわが国で成立しなかった理由として，次の5点を指摘した。

　それらは，
　(1) 計理士法には制定当初から固有の欠陥があった
　(2) 資格そのものの社会的地位が低かった
　(3) 監督当局に良い計理士制度を育てる熱意が足りなかった
　(4) わが国には監査証明の業務に対する要求がほとんどなかった
　(5) 国が計理士というものを積極的に利用しようとしなかった
　というものであった。

　これらの論点は，会計専門職の本質的性格と深い関連を有しているので，ひとつずつ詳細に検討してみよう。

(1) 計理士法には制定当初から固有の欠陥があった

　計理士には無試験資格取得の制度があり[16]，会計学を修めて大学や専門学校を卒業すれば計理士試験を受けなくても登録することが可能であった。この点については当時からよく知られており，計理士制度を廃止して新たに公認会計士制度を構築する際の有力な根拠とされていたが，この点が重大な欠陥であると説明する林事務官の論拠は驚くべきものである。すなわち，無試験制度が主要因となって登録者と開業者との間に大きな乖離が生まれていることにより「主務大臣が計理士の業務を監督するに当って，果して誰がどういうふうに現

実に仕事をやっておるのかということの把握が全然できません。従って、懲戒規定などの発動は全然行われ得ない状態でありまして従って、計理士というものは野放しになっておる。その結果が、計理士の中で一人二人非常に悪い方が出ますと、それが新聞に載り、それが計理士全体の水準が低いというふうな誤解を招くことになるという欠点があった」[17]という認識へと続くのである。

　この論理展開はわれわれの理解を超えていると言わざるをえない。そもそも、無試験制度を組み込んだ法律を制定した際にこのような欠陥は当然のこととして予想の範囲内だったはずであろう。しかし、そのことはひとまずおいて、もう一つの重大な問題点を指摘しておこう。それは、計理士試験に合格しなくても計理士に登録することができるということ自体は、計理士に相応しい専門的能力があるかどうかという計理士としての資格に関する問題である。このことと、登録者と開業者との間の人数の開きや、主務大臣による監督や懲戒規定の発動とは直接の関係がないのである。ましてや、主務大臣による監督や懲戒規定の発動が行われたならば計理士の中に悪い人間は出ないかのような説明は、聴衆の理解水準をそこまで低いものと看做すとともに、監督官庁の行政能力を買いかぶる発言ではないかと考えられる。

(2) 資格そのものの社会的地位が低かった

　計理士の資格が無試験で取得できるという上記の欠点と関連した問題と認識したうえで、林事務官は計理士資格の社会的地位の低さを問題点の2番目に挙げていた。興味深いことは、この説明が、計理士としての専門的知識に関する観点ではなく、実務経験と資格取得システムの観点から行われていることである。

　イギリスの制度と比較して彼は次のように説明した。すなわち、「英国のチャータード・アカウンタントにしても、大学を卒業してから三年間実務を見習わなくてはいけない。而も、その間中間試験に合格し、最終試験に合格して、初めてチャータード・アカウンタントになれる。ところが、わが国の計理士は、大学、専門学校を出ると直ぐになれる」ところが問題であって、これで

は「全般的に資格が低いことになり、従って計理士の提供するサービスも低いことになって、計理士全体の水準を落す結果になったと思います」[18]と説明しているのである。

彼が講演で主張しようとした趣旨に沿っているかどうかは別として、蓋しこの説明は卓見である。私はイギリスのチャータード・アカウンタントになるプロセスを高く評価してきているが、その根拠は次のとおりである。

まず、会計士の受験資格として大学を卒業することが必要であるということは極めて重要である。新島襄がアーモスト大学を卒業したあとにアンドーヴァー神学校で神学を学んだ例からも判るように、プロフェッションを養成する神学校、医学校、法学校は、大学を卒業してから学ぶ大学院レベルの学校であり、プロフェッション教育はそのレベルで行われるものなのである。

そして、大学を卒業してから無資格のまま3年間の実務経験を積むことが求められる制度のもとでは、いくら優秀であっても大学卒業時点で会計士の資格を得ることはできない。そのため、会計士を志望する大学生は在学中の全期間にわたって学業に専念することができる[19]。わが国の現在の公認会計士試験制度のように、大学はおろか高校にも通わないでひたすら受験予備校に通っても試験に合格すれば公認会計士になれるシステムが孕む問題点にもっと目を向けるべきである。

次に、無資格のままで実務経験を積みながら、中間試験と最終試験に合格して会計士の資格を取る点については次のような長所がある。3年間の実務経験期間が無資格だということは、まさに「見習い」という表現が当てはまる謙虚な姿勢で最初の実務経験を積むことを意味している。昨今耳にするような、会計士試験に合格しているのに単純な仕事しか担当させてもらえないという若手会計士の監査法人に対する不満や、その不満に対して仕事もできないくせに勝手なことばかり言うという監査法人側の不満は、イギリスの仕組みのもとでは出てこない。

イギリスの会計士資格取得システムについて少し補足しておくと、会計士志望者はこの3年間に会計事務所で給料を貰いながらいずれかの会計士協会の登

録学生となって専門知識を身につけるとともに実務経験を積むのである。そのために，大学生はまず大学生の身分で会計事務所の採用試験を受けて合格することが必要となる。合格すると会計士への道が開けるが，不合格の場合には会計士以外の道を進むことになる。これが大学卒業前に行われるので，わが国で起きていたような，会計士試験に合格したにも拘らず監査法人に就職することができないという会計士志望者にとって深刻な事態は生じない。そのうえ，会計士の資格取得のための教育を受け持つ責任主体は各会計士協会であって，大学でもなければ受験専門学校でもない。まさしく，会計士が会計士を育てるのである。

　林事務官が例として取り上げたこのイギリスの仕組みは極めて重要であると私は考える。なぜならば，イギリスにおける会計士という専門職の社会的地位の高さは特筆に値するが，この会計士を育てる仕組みがイギリスにおける会計士の名声の高さにつながっていることは明らかだからである。通算2年半をイギリスで生活し，さまざまな場面でイギリスの会計士の活躍を目の当たりにするとともに，イギリス社会における会計士の評価の高さを実感した多くの経験を有する私は，この点について自信をもって断言することができる。

(3) 監督当局に良い計理士制度を育てる熱意が足りなかった

　この点に関する林事務官の話の展開は，わが国の官僚が専門職のレベルの高さをどのように認識しているかを推察することができて，非常に興味深い。彼は，「適宜に懲戒処分を行うことによって一般予防的な効果を挙げ，全体の計理士の水準を上げて行く。又登録されておる者についても，現実に業務をやっておるかどうかを常にキャッチして，業務を行っていない者は登録簿から削除して行く」[20]ことを具体例として指摘している。これは，上記の(1)とも深く関係しているが，監督当局による監督が良い計理士を育てることにつながるというのである。そのように本気で考えていたのだとしたら，監督当局の思い上がりは甚だしいと言わざるを得ない。先にも指摘したように，監督官庁の行政能力を買いかぶる発言以外の何者でもない。

現実には，良い計理士制度を育てるのは監督当局ではなく良い計理士に他ならないのである。このことは，イギリスの会計士制度が発展したのは会計士による自発的な動きの活発さがその原動力になっていることを理解すれば明白である。イギリスの会計士試験は国家試験ではなく，各会計士協会の入会試験にすぎないのである[21]。

(4) わが国には監査証明の業務に対する要求がほとんどなかった

　これが相当重要な問題だという認識を示したうえで，林事務官は日本経済の根本構造を指摘した。日本経済は間接金融を中心にしていたという実態を，そのことが良かったのか悪かったのかといった評価を抜きにして，次のように説明した。すなわち，日本では「…大衆の蓄積資本は預金という形で銀行に集中され，銀行がこれを貸付ける。そして銀行に融合された金融資本と所謂財閥の巨大なコンツェルンとが一体になって，株式などの投資を殆ど決めておった。従って投資株主或は社債権者の健全な投資大衆が十分発達しなかったのではないか」[22]と述べたのである。

　日本国民が銀行預金を好んだ，そして現在も好む傾向のあることはわれわれ自身がよく知っているところである。また，その資金を銀行が貸し付けることになるが，わが国では財閥を核とする金融資本がその資金を利用する仕組みができ上がっていたこともまた，われわれ自身がよく知っているところである。そのような状況下では「銀行などは自分で貸付先の経理を十分研究して監査しておりますから，その場合に公正な第三者の監査を必要としない。又企業の方からしても，むしろガラス張りの企業経営をしないで，まあ融資者たる銀行或いは親会社などと取引の秘密を守りながら融資を受けてゆく」[23]のが自然の成行きであろうと林事務官は間接金融システムにおける貸し手と借り手の関係に関する日本の仕組みについて肯定的説明を続けるのである。

　しかしながら，間接金融に偏重することの欠点は大正時代の帝国議会で「会計（監査）士法案」が提案された際に第一次世界大戦の結果と国力との比較秤量をまじえながらすでに指摘されていたし，大規模株式会社がガラス張りの経

営をしないことの問題点もまた株式会社という仕組みの本質との関連で同様に繰り返し指摘されていたのである。すなわち，直接金融の重要性と企業のディスクロージャーの重要性を根拠として会計専門職の制度を創設することの重要性はこの講演の40年以上前から20年間にわたって繰り返し議論されていたという歴史的事実が厳然と存在しているのである。それも，学会や議会だけでなく，一般大衆のレベルで活発に行われていたことについては第2章でつぶさに検討したとおりである。

したがって，ここで林事務官がそのような歴史的事実に目を向けることなく，わが国企業の資本調達とディスクロージャーの現状を追認して説明を行うのは，ただの勉強不足の発言の域を超えて，確信犯的に関係者（もしくは世論）を誤導する説明であるような気がしてならない。というのは，計理士制度ができ上がるまでにわが国においてどのような議論が行われ，提案が行われたのか，そしてどのような曲折を経て計理士制度を創設することとなったのか，その経緯を知ることはそれほど困難なことではなかったはずだからである。何も大昔の話ではなく，この講演のわずか40年ほど前から20年ほど前にかけて行われた，さらにはたった1度限りではなく，繰り返し行われた議論だったからである。今われわれは20余年前のバブルのこともその崩壊のこともはっきりと覚えているし，40余年前のニクソンショックやオイルショックのことも鮮明に記憶している。その程度の昔の議論を振り返らないということは，意識的に無視しているとしか考えられない，としか私には思えないのである。

(5) 国が計理士というものを積極的に利用しようとしなかった

林事務官は戦時中の統制経済下に採用され現在も継続している原価計算による価格政策において，計理士を積極的に利用しようとしていないが，これは「英国米国の例とは根本的に違うと思う」[24]と述べて，国が計理士というものを積極的に利用しなかったことを最後の欠点として指摘している。

確かに，イギリスにおける会計士の発展プロセスを跡づける際に，1875年にある判事が「破産にかかわるすべての仕事が会計士と称される無知の輩の手

に委ねられてしまっている。これはこれまでの法における悪弊の最たるものの一つである」[25]と嘆いたことからその社会的地位の低さが推測できる会計士が、やがて、長い伝統を有するイギリスの専門職の仲間入りを果たすきっかけが、第一次世界大戦の際に軍需品の適正な原価計算を行って社会の信頼を得たことであると指摘されているが、まさにこれと同趣旨のことが指摘されているわけである。この点については、第6章で再度検討する。

しかしながら、(4)でも述べたように、明治・大正期の会計士運動における様々な議論を知っている立場からは、ただ積極的に利用しなかったのは申し訳ないと謝って済む問題ではなく、むしろ、それが「英国米国の例とは根本的に違う」ことを知っていながら積極的に利用できる会計専門職制度を創設しなかったことの方に大きな問題がある、と声高に主張したいのである。

4　公認会計士の将来の発展方向

新たに創設される公認会計士制度がわが国でどのように発展するかについて、この時点で大蔵省において検討されていたのであろうか。それとも、林事務官の個人的見解だったのであろうか。いずれにせよ、これに関する林事務官の説明は大変興味深いものである。

すなわち、「将来公認会計士が質的にも量的にも非常に優秀になって参りますれば、今のように概して取締役に従属しておるような監査役による監査は意味がないから、監査役制度を根本的に考え直そうという動きの高まる時期が来るかと思います。米国においては監査役制度はないし、英国においては先程申し上げた会社法によってチャータード・アカウンタントが監査役になるという制度が設けられておるし、ドイツのナチスの改正株式法によれば、監査役の外に計理士の監査証明が必要であるということになっております。こういう点について一度反省される時期が参るかと考えます」[26]と述べて、英米独の実例に簡単に触れつつ、わが国の監査役監査制度の欠陥とその改善の必要性、および、その改善方策には公認会計士の制度が大いに役立つだろうという見込みを、極めて断定的に述べているのである。しかし、いずれもがそうならなかっ

たことについては，われわれがよく知っているところである。

　この講演では，最後に，証券取引法第26条に規定されている証券取引委員会の臨検検査権について触れられている。すなわち，

　「証券取引委員会の臨検検査権が認められておるということは，謂わば公認会計士に対する監査というような面も持ってくるのではないかと思います。公認会計士と雖もやはり会社との利害関係がありますので，会社の勢力に対抗して，不正を不正，正を正と断じ切ることは，なかなか難しいわけであります。そういう公認会計士の蒙る圧迫を排除するためには，背後にそういう証券取引委員会の監査が控えておることが必要である。これはアメリカの歴史に徴しても同様なことがいえまして，証券取引委員会の監査証明陣営が相当豊富で，これがアメリカのCPAの業務の正当性を保障しているといわれております。」[27]

　このように，公正な第三者としての職能についての説明は，最後には証券取引委員会の臨検検査権を公認会計士監査の権限の源泉であると指摘してこの部分の解説を終了するのである。しかし，その肝心要の証券取引委員会が1927年に廃止されてしまったことについては，その重大性を指摘したところである。

　何という講演であろうか。

　明治時代から大正時代をとおして会計専門職について活発に議論された経緯やその中身には全く触れることなく，ただ，計理士では新しくスタートするディスクロージャー制度を支えることができないと批判するのみであって，それでは公認会計士のどのような特長がディスクロージャー制度を支える要になるのかという肝心の部分についての言及は一切行われていないのである。

　そればかりか，イギリスやアメリカの会計専門職の特長を良く調べ上げて本質をついていながら，それに沿った業界の育て方をするのではなく，監督官庁がしっかりと監督しておればこのような低レベルの計理士にはならなかったと反省しているだけなのである。

第4節　会計士監査制度創設への抵抗—戦前との同質性—

　前節で検討した林事務官の講演内容は，実際のところは，この日の講演で初めて耳にするような目新しいものではない。その20～40年前のわが国において，20年にもわたって非常に活発に行われた会計士制度創設を目指した議論と非常に似通っているのである。拙著『日本の会計士監査』において論じたように，会計士監査システムおよび会計専門職の重要性とその本質については，実際にはこの講演よりもずっと以前の明治時代末から大正時代をとおして，調査報告（『公許会計士制度調査書』）と立法（「会計士法案」および「会計監査士法案」）という具体的な形で提案されるとともに，前章で検討したように当時の新聞紙上においても活発な報道がなされていたのである。今から100年以上も前にイギリスの勅許会計士とアメリカの公認会計士を調査したうえで，その当時のわが国には存在していなかった会計専門職（公許会計士・会計監査士・会計士）を創設することを目指した一連の会計士運動は再評価に値するきわめてレベルの高いものであった。

　しかし，議論のレベルは高かったにも拘らず，わが国に会計専門職が創設されることはなく，結果的には昭和に入って計理士という職業的専門家が創設された。そして，その計理士制度は，前節で考察したように一官僚に厳しく指弾されつつ創設後20年にして職業的専門家としての地位を失うこととなる低レベルのものにすぎなかったのである。

　本節においては，林事務官が示した公認会計士監査システムという新たなシステムを構築する根拠についての四つの観点に沿って明治時代末から大正時代にかけての論点を整理しておこう。

(1) 英米における会計士の歴史的展開に関する考察

　第41帝国議会（1918-19）において，欧米における会計士の歴史的展開との関連で，会計監査士法案の提案者は次のように主張した。すなわち，第一次世

界大戦中にわが国で新設された株式会社の資本金総額が50億円にも達することとなったことにより，大規模株式会社が生まれ，その大規模株式会社の存在は国民一般の経済と重大な関係を有することとなるので，大規模株式会社を注意深く監視する必要性が生まれた。

そのような状況のもとでは，

「利害関係ノナイ第三者ヲシテ，其ノ状態ヲ調査セシメテ置クト云フコトハ，経済上最モ必要ナ事デアラウト考ヘルノデアリマス，此ニ於テ専門ノ智識経験ノアル者，独立不羈ノ地位ニ在ル者ヲ公認スル」

ことが重要であるとの見解が明確に示されたのである[28]。このように，早くも1918-19年頃には国民経済における大規模株式会社との関連で会計士監査の重要性が明確に認識され，その創設の必要性が指摘されていたにも拘らず，帝国議会でその提案が認められることはなかった。

(2) 計理士を公認会計士に置き換えなければならない社会的背景

「証券の民主化」は戦後のGHQの占領政策との関係で用いられる用語であるし，「外国の民間資本導入」も戦後のわが国でディスクロージャー・システムが構築された際のキーワードである。しかしながら，明治維新以来のわが国の経済環境一般論としてこれらの用語を見出すことができる。わが国においては，国民一般が証券を保有することの重要性と，外国の民間資本を導入することの重要性は，すでに明治末において明確に認識されていたのである。

『公許会計士制度化調査書』が会計士制度の利点として掲げている「企業ヲ振興シ，経営ヲ確実」にするのは，そのことが「社会ノ資本ヲシテ最モ確実ナル途ニ移転セシムル手段ヲ得」る方策であって戦後の証券取引法の立法の精神に適っているし，「外資の導入が促進される」のはまさに外国の民間資本導入そのものに他ならないのである[29]。

(3) わが国の計理士制度の欠点についての指摘

1909年に農商務省商務局の公表した『公許会計士制度調査書』の「公許会

計士」はイギリスのチャータード・アカウンタントを調査したうえで報告された会計士像なので，次のような特長が明確に認識されていた。すなわち，
 1) 公許会計士は会計専門職であるがゆえに「公共的性格」を備えていること，
 2) 公許会計士の業務の中で最も重要なのは監査であること，
 3) 監査に必要なのは独立性と専門性であること，
である。

これらの会計士の特長は，わが国において商法の制定後わずか10年を経ずして監査役監査の無機能化が厳しく指弾されていたこの当時の監査役監査の問題点と明瞭に対比されていた[30]。

そして，公許会計士の制度ができた後の弊害として予想されていた，
 1) 賄賂を伴う不正行為の発生，
 2) 会計士の増加に伴う競争による弊害，
 3) 自称会計士の発生，
はいずれも会計士の仕事が重要であるという理由，および，それゆえに会計士の収入が莫大であるという理由から予想された弊害であり，まさに高度な会計専門職である公許会計士であるからこそ予想される弊害だったのである[31]。

したがって，『公許会計士制度調査書』が提案した会計専門職が創設されていたならば，その内容は計理士とは大きく異なった，まさに林事務官が説明している要件を備えた会計専門職となっていた蓋然性が高かったのではないかと想像されるのである。

(4) 公認会計士の将来の発展方向

この点についても，『公許会計士制度調査書』は，試験制度の整備によって人材を確保することは可能であるし，商法を改正することによって監査役監査を担当することとなれば業務の確保もできるとし，具体的には，
 1) 株式会社，財団の決算の監査証明，
 2) 破産管財業務，

3）政府の補助を受けている事業の会計監査，
4）社債発行，資金借入の際の承認，
を列挙していた[32]。

また，大正期の一連の立法運動では，株式会社はすべからく公開主義に立たねばならず，公開主義に立てば，
1）取締役は，監督責任を全うするために会計士に監査を依頼，
2）監査役は，法的責任を全うするために会計士に監査を依頼，
3）破産管財人は，業務の遂行のために会計士に監査を依頼，
4）個人企業の場合は，企業規模の拡大に伴って監査を依頼，
することを予想し，もしも一般の商事会社において会計士監査を実施することが難しいなら，銀行や政府の補助金を受けている会社から実行することを提言していた[33]。

このように論点をついた議論が明治時代末から大正時代を通して行われたにも拘らず，結果としては，「公許会計士」も「会計監査士」も「会計士」も創設されることはなかった。そして，帝国議会に提案されるたびに少しずつ形を変え，次第に骨抜きにされながら，結果として制度化されたのが，林事務官の講演の中で酷評されている計理士なのであった。

それでは，戦前はかたくなに会計専門職を創設することに反対していた政府が，どうして態度を変えたのであろうか。この疑問を解く鍵は，大蔵省の証券行政にあると推測されるのである。

先にも述べたように，大蔵省は終戦直後の1945（昭和20）年9月に，休止状態にあった株式取引所を再開しようとしたものの，GHQはそれを認めなかった。また，1947（昭和22）年に日本側が作成した最初の証券取引法（昭和22年法律第22号）はGHQによって全面的に否定されたものの，実は，この規定には証券取引委員会の設置が含まれていたのである。

その背景には次のような歴史的経過があった。すなわち，1876（明治9）年

に米商会所条例が，次いで1878（明治11）年には株式取引所条例が布告された。それら商品取引所と証券取引所の主務省は大蔵省であった。1881（明治14）年には農商務省が設置され，株式取引所と米商会所の管理は農商務省に移管された。さらに農商務省は1925（大正14）年に農林省と商工省に分離され，取引所の管理は商工省に移管された。そして，戦時経済統制のために，1941（昭和16）年に至って取引所の管理は商工省から大蔵省に移管されたのである。「戦時経済下の特別の要請と大蔵省の強力な指導により，証券行政は初めて金融の一分野として，商品取引行政と明確に区分される存在となった」[34]ものの，ソ連の参戦によって証券取引所は中断していたのであった。

したがって，大蔵省には証券取引所を再開する準備ができており，証券取引委員会なるものの存在も，小林和子氏によれば「すでに三木純吉の訳書等で知られていた」[35]のである。1946（昭和21）年の金融制度調査会・第5部会による証券取引所制度改革に関する中間報告で次のような「証券取引所委員会」が検討されていた。

「政府ハ学識経験アル者ヲ以テ構成スル証券取引所委員会ヲ設ケ証券取引所ニ関スル重要事項ニ付之ニ諮問スルト共ニ証券取引所ニ対スル政府ノ監督権ノ一部ヲ之ニ移譲スルコト」[36]

しかしながら，この大蔵省案「証券取引所委員会」は，GHQに認められるところとはならなかった。1946年7月にGHQが提案した「証券取引委員会」は「①政府機関で，②大蔵省とは別個の独立の機関，③法規発布権限を持ち，④証券に関するすべての事項（商品関係も含む）に関する指導機関，⑤委員5名，職員1,000名程度」[37]というものであり，そのうえで大蔵省が9月にまとめた「証券取引委員会令要綱案」は，「①内閣総理大臣の管理，②委員長は国務大臣，③委員は学識経験者四名，④職員は255名，⑤名称は証券取引法管理庁でも可，⑥総合的な証券取引法はこの委員会に立案させる」[38]となっていたのである。

また，大蔵省の考える証券取引委員会の行政担当機関は大蔵省所管の「証券局」であったが，結果的には，証券取引法改正の方向が証券取引委員会を公正

第3章　1950年 GHQ のディスクロージャー制度設計　119

取引委員会に比すべき独立機関とすることになるとともに，法案成立直前になって「証券局」の名称は「証券取引委員会事務局」に落ち着いたのである。しかしながら，日本の証券取引委員会は，アメリカの SEC とは根本的に異なり，独立した行政委員会ではなく大蔵省の一部局に過ぎなかった。まさに「SEC とは似て非なる組織であった」[39]。

そして，この証券取引委員会は，講和条約の発効に伴なって1952（昭和27）年7月の「大蔵省設置法に改正に伴う関係法令の整理に関する法律」によって廃止されたのであった。この証券取引委員会の廃止が監査の関係者に与えた衝撃は，非常に大きなものであった。

事実，証券取引委員会廃止の前年，『監査』に危機感にあふれた文章が掲載された。それも，巻頭言に続く見開き2頁に掲載されたのである。

少し長くなるが，全文を引用する[40]。

重大危機に立つわが公認会計士制度

村瀬　玄

　終戦以来わが国民が久しく待望していた連合諸国との講和条約もすでに調印済となってあとはその批准を待つばかりになったことは誠に喜ばしいことに相違ないが，有史以来始めて敗戦国として調印された講和条約が愈々その効力を発生するようになった暁には，わが国の政治，外交，財政，経済などの各方面においては勿論のことなお一般国民の日常生活上にも戦時中，又は終戦直後に経験した以上の試練を克服しなければならない幾多の困難な問題に逢着するに相違ないことは，第一次世界大戦の講和条約調印後における敗戦国独逸の実例に鑑みても極めて明白である。

　こういう重大な時機に対処して，よくわが国家の独立を確保し，その経済の再建を実現するためには，為政者を始めとし各方面の関係者ばかりでなく国民一般も常に冷静沈着な態度を保持して，苟も軽佻浮薄な措置行動に出るようなことは厳重に慎まなければならない。

　ところが由来わが国民は兎角極端から極端に走る傾向があって，昨日まで

日の丸の国旗を振って愛国行進曲を歌っていた女工が，今日は赤旗を翻して第三インターナショナル歌を高唱して得意然とすましているような性格の所有者が多いので，終戦後占領軍の統治下に置かれていた間は一にもアメリカ，二にもアメリカといって万事米国式を模倣することに浮身をやつしていたのであるが，一朝完全な独立国となってその統治下から離脱するようになると，今までとはその態度を豹変して反動的の措置行動を採ることを敢て辞しない否そうすることがすなわち進歩的であると考えている向が非常に多数あるのは争うことのできない事実である。

　これは私の杞憂ではないのであって，すでにこういう傾向は各方面に台頭しているのである。偶々最近わが政府が行政整理を断行することになってその一手段として各種の委員会を廃止する方針が発表されたのを契機とし，証券取引委員会の廃止に便乗して証券取引法に根本的の改正を加えて上場株発行会社の財務諸表を公認会計士に監査証明させる規定を削除しようとする運動が一部の関係者間に起されているとの噂を最近耳にした。これは単なる噂であって信頼するに足る確かな根拠がある説ではないが，さりとて又決して，実現の可能性が皆無である単なる流言蜚語として一笑に附することもできない風説なのである。というのは本誌の本年7月号の巻頭言中にも述べたことがあるとおり，わが国においてはまだ私企業会計に対する部外監査の重要性を公衆一般に認識させる努力が全くなされていない現下の情勢より判断すると，万一，不幸にして前述のような法律改正案が国会に提出されるようなことになった暁には，資本家を代表する議員が絶対的に多数を占めているわが国会においては，こういう議案が容易に可決されて立法化されることは極めて明白な事実であって，これを阻止しようとする社会の輿論なるものは到底起りそうでないからである。若しそういうことになったとすれば，わが国戦後の経済再建に大に寄与することを期待して設けられた公認会計士制度も全く無用の長物化するばかりではなくして，そうでなくとも殆んど絶望視されている外資導入などは全く空念仏に終ることは火を見るより明らかであって，その結果平和再来後のわが国経済界の前途に一抹の暗影を投ずるこ

> ととなるのである。これは私がわが公認会計士制度は今や極めて重大な危機に瀕していると叫んで世の識者に訴える所以である。

わが国の公認会計士監査制度がまさしく存亡の瀬戸際にあったということの読み取れる文章である。文中の，「本誌の本年7月号の巻頭言」にも，危機感にあふれた文章を読むことができる。こちらも，少し長くなるが，全文を引用する[41]。

> 巻頭言
>
> 村瀬　玄
>
> 　公認会計士法を新に制定した最も主な目的である独立した高度の職業会計人によって行わしめようとする財務諸表の監査証明に関する業務もこれに関する証券取引委員会規則が公布されて本年7月1日以後に始まる事業年度から差し当り上場株を発行している資本金1億円以上の諸会社に適用されることになったために愈々軌道にのって発足することになったことは周知のとおりであるといゝたいが実はこの強制監査を受けなければならない会社の主脳者がまだこの事実を全然承知していない実例を筆者は再三耳にしているのである。
> 　わが国においても諸官衙公署などの会計に対しては久しい以前から会計検査院が部外監査を行っていたのであるが私企業会計に対する部外監査は従来極めて少数の会社以外には殆んど行われていなかったのであるから今回の措置がわが国の私企業会計にとっては全く画期的のものであって受入側においては勿論のことなお監査の任に当る公認会計士側においてもこの新らしい制度の運営並びに効果に関しては未だ確固たる自信を有していないのは否むことのできない事実である。しかしながら矢はすでに絃を離れたのであるからわれらは互に協力してこの新制度が円満に且つ有効に運営されるように努力しなければならないのである。この目的を達成するために採らなければならない手段は多々あるがそのうちで最も焦眉の急を要するものは部外監査がな

ぜ必要であるかを社会一般に周知せしめることである。この点に関する関係当局従来の努力は極めて不十分であったことをこゝに告白しなければならないのはその一員である筆者にも責任があると大に恐縮している次第である。

(26, 6, 25)

こちらも，危機感に満ちた文章である。

しかしながら，両方に書かれている「わが国においてはまだ私企業会計に対する部外監査の重要性を公衆一般に認識させる努力が全くなされていない」とか「最も焦眉の急を要するものは部外監査がなぜ必要であるかを社会一般に周知せしめることである。この点に関する関係当局従来の努力は極めて不十分であった」という反省は，筋違いではないかと，私は思うのである。第2章で見てきたように，明治時代末から昭和の始めにかけて活発であった会計士運動は，決して密室で行われていたのではない。『公許会計士制度調査書』は公刊配布されたし，議会での議論は学会誌での報告や新聞での報道で情報は広く提供されていたのである。もしも「公衆一般」や「社会一般」の側に読む目と聞く耳が備わっており，読む意志と聞く意志があったなら，企業監査の重要性を理解するに十分な情報は流れていたと考えることのできる市場の証拠は存在しているのである。

ともあれ，現実には，証券取引委員会は廃止されたものの，公認会計士監査制度は生き残った。一度は設置されたアメリカ流の証券取引委員会が講和条約の発効に伴なって廃止されてしまったというふうに捉えると，その反動現象の重大さを感じるとともに，そのことを止められなかったこの当時の学者や公認会計士の無力さを感じるのであるが，本節で見てきたように，日本の証券取引委員会はもともとアメリカ流の証券取引委員会ではなく，まさに大蔵省が発案した大蔵省丸抱えの証券取引委員会であった，と考えれば，見方は大きく変わるのである。すなわち，占領の終了に伴って証券取引委員会が直ちに廃止されてしまい，証券行政が戦前のように再び大蔵省の所管に戻ることになったことは，大蔵省の目から見ると，占領が終了したので証券取引委員会を直ちに廃止

し，証券行政を戦前のように再び大蔵省の所管に戻したにすぎず，むしろ自然の成り行きだったと考えることもできるのである。

すなわちわが国の公認会計士監査制度は大蔵省の手のひらのうえでスタートを切ったのである。

第5節　ま　と　め

現在のわが国の公認会計士監査制度は第二次世界大戦後の占領時代にGHQが推進した証券民主化政策に端を発すると考えられている。その成り行きについては第2節で概観したとおりである。

それはそのとおりだとしても，敗戦時にすでに存在していた計理士という職業会計士を廃止して公認会計士を創設するに際して，一人の大蔵官僚が計理士を相手に行った講演内容を検討すると，明治時代末から大正時代にかけての会計専門職創設を巡る論点との関連で興味深い事実が浮かび上がってくるのである。論点は次の4点にまとめることができる。

1　英米における会計士の歴史的展開に関する考察
2　計理士を公認会計士に置き換えなければならない社会的背景
3　わが国の計理士制度の欠点についての指摘
4　公認会計士の将来の発展方向

拙著と第2章で論じたように，これらの論点は，いずれも，戦後の公認会計士監査システムの整備の段階よりも遥か以前の，明治時代末から大正時代にかけての会計士運動のプロセスで繰り返し詳細に議論されていた論点であった。しかしながら，論点をついた議論が行われたにも拘らず，結果としては，「公許会計士」も「会計監査士」も「会計士」も創設されることはなかった。そして，帝国議会に提案されるたびに少しずつ形を変え，次第に骨抜きにされながら，1927年に制度化されたのが，林事務官の講演の中で酷評されている計理

士なのである。

したがって，林事務官の指摘した「(1) 計理士法には制定当初から固有の欠陥があった」のも「(2) 資格そのものの社会的地位が低かった」のも，詰まるところは，計理士法が制定される遥か以前の会計士運動のプロセスですでに明らかになっていた職業会計士の本質を換骨奪胎して会計専門職に求められ備わっていなければならない重要な職能を巧妙に取り除いたうえで創設された職業的専門家だったことが災いしているのは火を見るより明らかなのである。

また，「(3) 監督当局に良い計理士制度を育てる熱意が足りなかった」という発言も，「公許会計士」，「会計監査士」，「会計士」が政府の強い意志で職業会計士として認められなかったプロセスをたどれば，実は，熱意が足りないというレベルではなく，育てる気持ちなど当初から全くなかったと言った方が適切であるということもまた火を見るよりも明らかであろう。

一方，「(4) わが国には監査証明の業務に対する要求がほとんどなかった」ことについては，第2章で検討したように，2方向から見ておく必要がある。

巨大株式会社に対して監査証明を要求する側の方向から見ると，学界，新聞，会計士法案の提案者，開業会計士などは，長年にわたって執拗に「監査証明の業務に対する要求」を訴え続けていたものの，直接金融市場のプレーヤーである投資家は必ずしも監査証明を要求していなかった。なぜなら，投資家のうちの大株主は内部情報を手に入れることのできる立場にあったために監査証明を要求する必要性を感じなかったし，投機株主もその投機的性格上監査証明を必要としなかったと考えられるのである。さらに，もう一方の監査を受ける側の巨大株式会社はディスクロージャーを忌避していたのである。

したがって，監査証明の業務に対する要求を行っていたのは，株式市場で資金を提供する側と調達する側というまさに当事者そのものではなく，学界，新聞，会計士法案の提案者，開業会計士などのバイプレーヤーだったと言えよう。

最後の「(5) 国が計理士というものを積極的に利用しようとしなかった」点は，改めて言うまでもなく，国にはその「気」がなかったのである。しかし，

計理士という制度を創設したのは事実である。

そして，戦後のディスクロージャー・システムの構築は，GHQのお膳立てによってアメリカの制度とよく似た制度として構築されたように見えるものの，実際には極めて日本的な，大蔵省の手のひらのうえに構築された制度だったのである。

そして，計理士という制度が明治・大正期の会計士運動で議論の中心となったわが国で必要とされていた会計専門職としての社会的責任を担う会計・監査に関する職業的専門家に育たなかった原因が，もしも計理士が国民の手によって作り上げられた専門職ではなくお上が認めた専門的職業にすぎなかったことにあったのだとしたら，GHQが制度設計をしたとは言うものの，公認会計士による企業の会計監査制度がGHQの手を離れた後に国民の強い支持・支援を受けた制度に育たないかぎり，計理士制度と一線を画する会計専門職として成立し展開する保証はどこにもなかったであろう。

さらに言えば，今日においても，もしも日本国民の強い支持，支援がないとすれば，会計監査実務だけでなく，会計学・監査論という学問領域，とくに公認会計士による財務諸表監査と密接な関係を有する証券取引法会計学と公認会計士監査論という学問領域の成立と展開もまた，前途洋々という保証はどこにもないのである。

注

[1] 吉村光威『ディスクロージャーを考える』日本経済新聞社，1991年，65頁。

[2] 小林和子「戦後改革期における証券取引委員会」『商事法務』第1258号，1991年8月5日，52頁。

[3] 吉村，前掲書，65頁。

[4] 林大造述，日本計理士會謄写『公認会計士法解説』1948年。なお，林事務官は，後年，大蔵省国際金融局長のポストに就いた。

[5] この章の記述は，拙稿「わが国における公認会計士制度創設の意図とデジャヴ」『同志社商学』第61巻第4・5号，2010年，をベースに加筆修正を行っている。

[6] 林大造，前掲講演録，2-3頁。

[7] 同講演録，3頁。

[8] 実は，この「不正の監視」という会計士監査の重要な機能は，その後，「職業的専門家としての懐疑心」の概念が前面に出るまで，非常に長期間にわたって会計士監査の表舞台から姿を消すことになる。
[9] 同講演録，8頁。
[10] 同講演録，8-9頁。
[11] 同講演録，9頁。
[12] 同講演録，9-10頁。
[13] 同講演録，10頁。
[14] 平野由美子「昭和初期における計理士法改正運動 —木村禎橘の運動を中心に—」『立命館経営学』第50巻第5号，2012年，56-79頁，に詳しい研究がある。また第2章第6節に引用した座談会の発言を参照のこと。
[15] 林大造，前掲講演録，4頁。
[16] 2万5千名の登録者中，実際に計理士業務を行っている人は3千名に満たず，加えて，実際に試験に合格して登録した人は113名に過ぎなかった。(全日本計理士会『近代職業会計人史』1972年，527頁。)
[17] 林大造，前掲講演録，5頁。
[18] 同講演録，5-6頁。
[19] このように在学中の全期間にわたって学業に専念するのは会計士になるというキャリアコースを選択しない大学生も同様である。筆者の見聞きしたところでは，イギリスの大学生は日本の大学生のように事実上3回生に始まるような就職活動は行わない。卒業の半年くらい前から行うか，場合によっては卒業後，ワーキングホリデーなどを経験した後に一般企業に就職する人たちも多い。このような就職活動の仕組みは大学の教育システムと大学生に良い効果をもたらすことは明白であろう。就職活動の早期開始とダブルスクールが大学の教育課程の空洞化を招来しているのは紛う方なき事実である。
[20] 林大造，前掲講演録，6頁。
[21] 周知のように，イギリスにはただ一つの会計士制度が存在し，会計士になるための国家試験が実施されているのではない。6つの有力な会計士協会がそれぞれ努力を重ねて，自会計士協会の登録学生を増加させる努力を怠らない。一例を挙げると，イングランド・ウェールズ勅許会計士協会（ICAEW）の登録学生向けホームページは次のアドレスを参照のこと。
http://www.icaew.com/index.cfm/route/158276/icaew_ga/en/Students/Students
英国勅許公認会計士協会（ACCA）の登録学生向けホームページは次のアドレスを参照のこと。
http://www.accaglobal.com/students/
[22] 林大造，前掲講演録，6-7頁。
[23] 同講演録，7頁。
[24] 同講演録，7頁。

[25] 友岡賛・小林麻衣子訳『会計士の歴史』慶應義塾大学出版会，2006年，43頁。
[26] 同講演録，12頁。
[27] 同講演録，14-15頁。
[28] 同書，186-187頁。
[29] 詳しくは，拙著の第5章と第6章を参照のこと。
[30] 拙著，130-133頁。
[31] 同書，152-154頁。
[32] 詳しくは，同書の第5章を参照のこと。
[33] 詳しくは，同書の第6章を参照のこと。
[34] 小林，前掲論文，51頁。
[35] 同論文，52頁。
[36] 同論文，52頁。
[37] 同論文，53頁。
[38] 同論文，53頁。
[39] 同論文，54頁。
[40] 村瀬玄「重大危機に立つわが公認会計士制度」『監査』第2巻第9号，1951年，2-3頁。
[41] 村瀬玄「巻頭言」『監査』第2巻第6号，1951年，1頁。

第4章 1970年 証券取引法会計学と
公認会計士監査論の劣位性

第1節 問題点の所在

　この章の表題に「1970年」という特定の西暦を入れたのは，私が大学生として会計学・監査論を学んでいた当時，という意味である。したがって，入学した1969（昭和44）年であっても，助手に採用された1976（昭和51）年であっても，さほど大きな違いがあるわけではない。当時の大学生，大学院生，そして研究者生活をスタートさせたばかりの学者が会計学・監査論をどのような学問として学習し，研究したのかを振り返るとともに，研究のエネルギーを何に対して傾注したのかについて再確認することを目的としている。

　ここで注意しておきたいことは，この1970年という年は，第3章で検討した戦後の一連の民主化政策の一環としてGHQがわが国にディスクロージャー制度を構築した財務諸表監査のスタート時点からわずか20年しか経過しておらず，ポツダム宣言を受諾して日本が第二次世界大戦に敗れた年からでも25年しか経過していないということである。この25年という期間は，わが国において1990年にバブルが崩壊してから25年が経過した現代を生きている私たちにとって，いつでも25年前のバブルの記憶を呼び覚ますことのできる程度の短い期間に過ぎない。しかし，そのような短い期間であるにも拘らず，改めて1970年当時の会計学・監査論を振り返ると，その25年前の終戦直後の会計学・監査論の議論を承継していることが明らかとなる。それと同時に承継して

いるとは言え，日本国内の固有のしがらみを引きずりつつ視線は遥か先の高みに焦点を当てている，という現実と理想の乖離が次第に明瞭になりつつあった時代だったとも言えるのである。

その現実の問題の典型例として「継続性の原則」を取り上げる。そのことにより，改めて，この当時の学問としての証券取引法会計学と公認会計士監査論の立ち位置の劣位性を浮かび上がらせたい。

第2節　当時の会計学および監査論

1　1970年当時の会計学の論点

大学に入学し，学術団会計学研究会の例会で最初に輪読した会計学のテキストは，黒澤清『会計学の基礎（改訂版）』（千倉書房，昭和42年）であった。奥付に「昭和44年4月1日　5刷」とある版を購入し，次のような目次の内容を，毎週1回3回生をリーダーに2回生が補佐する班活動で輪読した。この時代にプレゼンテーションソフトの代役を務めたのは大きな白い模造紙であった。学生会館会議室の壁に張った模造紙に，カラーのマジックインキでキーワードや関係図を書き込み，近代会計の成立とその社会的役割について説明する上級生の弁舌は実に爽やかで，その当時の「今日の日本社会における会計の役割の重要性」と，「大きな可能性を秘めた公認会計士の将来性」についても熱く議論した。

このテキストの目次は次のとおりである。

第1章　企業会計と財務諸表
　1　企業における会計の役割
　2　財務諸表の体系
　3　貸借対照表と損益計算書との関係
第2章　貸借対照表作成の原則
　1　財産法と損益法

2 決算貸借対照表と財産貸借対照表
3 貸借対照表の様式
4 流動性配列法と固定性配列法
5 貸借対照表科目分類の原則
6 付属明細表と脚注

第3章 損益計算書作成の原則
1 当期業績主義と包括主義
2 発生主義
3 実現主義
4 費用収益対応の原則
5 損益計算書の様式

第4章 剰余金計算書
1 利益剰余金計算書
2 損益及び利益剰余金結合計算書
3 剰余金処分計算書
4 資本剰余金計算書

第5章 資産評価問題
1 貸借対照表評価論
2 棚卸資産とその評価問題
3 有価証券とその評価問題
4 受取勘定とその評価問題
5 固定資産とその評価問題

第6章 減価償却問題
1 減価償却の目的
2 減価償却の原因
3 減価償却費の記録
4 減価償却費の計算および期間的配分法
5 総合償却法と個別償却法

6　無形資産の消却（本文では「償却」となっている）

第7章　持分会計問題

　　1　資本的持分と負債的持分

　　2　資本会計

　　3　負債会計

第8章　会計原則

　　1　会計慣行と会計原則

　　2　企業会計の一般原則

　　3　会計処理の原則

付　録

　企業会計原則

　企業会計原則注解

　企業会計原則と関係諸法令との調整に関する連続意見書

　　1　財務諸表の体系について

　　2　財務諸表の様式について

　　3　有形固定資産の減価償却について

　商法抜粋

　株式会社の貸借対照表及び損益計算書に関する規則

　目次には1章ごとに1969年4月16日から6月18日までの日付が書き込まれている。あと2章分が残っていたにも拘らず6月18日で終わっているのは，この頃に同志社大学が全学バリケードストライキに突入したためである。

　実は，本書の執筆にあたって，本当に久しぶりにこの『会計学の基礎（改訂版）』を開いた。一生懸命に勉強したのであろう，今となっては青と赤の区別は判然としないが，下線を引いた箇所が沢山ある。そして，全ページをとおして1カ所だけ，青インクで書き込みをした文字が残っていたのには少々びっくりした。196頁の真ん中あたり「(5)　継続性の原則」の左欄外に，外側を囲んだ 廃止 という文字が書き込まれていたのである。どうして驚いたのかと言う

と，本書における一つの重要なテーマとして「継続性の原則」を取り上げようと考えていたからである。

それにしても，どうして「継続性の原則」のページに 廃止 と書き込んだのだろうか。おそらく，この時期に提案されていた「企業会計原則修正案」で，「継続性の原則」の廃止が議論されていたからであろう。

黒澤教授は，「一般に認められた会計手続および基準のいずれを採用するかは，企業の選択の範囲に属する。しかし一たん，一定の手続方法，および基準を選択適用した場合には，正当な理由なしに，これを変更することは許されないのである。もし，任意に会計処理を変更すれば，利益の過大表示または過小表示を生ずるおそれがあるばかりでなく，毎期の経営成績の比較可能性が失われることになる」[1]と解説しておられる。

全学バリケードストライキが始まってまもなく，御所の休憩所や寺町通のお寺の集会所を例会の場所にして，会計研の例会は復活し，2冊目のテキストの輪読を行った。2冊目のテキストは黒澤清『新版 財務諸表論』（中央経済社，昭和41年，奥付 昭和44年2月15日 新版45版）であった。目次は次のとおりである。目次には，「24」から「29」の数字が書き込まれており，7月24日からの6日間で輪読したことを示している。この日程が推測できるのは，その1週間前の7月17日に商工会議所の会議室で日商簿記検定の2級商業簿記の勉強会をしていたのを中断して，烏丸御池まで祇園祭の山鉾巡行をみんなで観に行ったことをおぼろげながら記憶しているからである。

第1章　企業会計制度における財務諸表論の位置
　Ⅰ　財務諸表の役割
　Ⅱ　財務諸表と企業の責任
　Ⅲ　真実公正な財務諸表
　Ⅳ　財務諸表の体系
　Ⅴ　会計学の体系における財務諸表論の位置について
第2章　有価証券報告制度と財務諸表

Ⅰ　有価証券届出制度
　　Ⅱ　有価証券報告書
　　Ⅲ　有価証券報告書の例示
　　Ⅳ　公認会計士による財務諸表の監査
　　Ⅴ　監査報告書の例示
　第3章　会計公準論
　　Ⅰ　一般に公正妥当と認められる企業会計の基準
　　Ⅱ　企業会計に関する基本的要請と会計公準
　　Ⅲ　企業実体の公準
　　Ⅳ　会計期間の公準
　　Ⅴ　貨幣的評価の公準
　第4章　企業会計の一般原則
　　Ⅰ　真実性の原則
　　Ⅱ　正規の簿記の原則
　　Ⅲ　資本取引と損益取引との区分の原則
　　Ⅳ　明瞭性の原則
　　Ⅴ　継続性の原則
　　Ⅵ　安全性の原則
　　Ⅶ　単一性の原則
　第5章　会計処理の基準
　　Ⅰ　会計原則の構造
　　Ⅱ　会計諸基準
　第6章　発生主義と実現主義
　　Ⅰ　発生主義会計と現金主義会計
　　Ⅱ　発生主義の原則
　　Ⅲ　狭義の発生主義
　　Ⅳ　実現主義の原則
　第7章　費用収益対応の原則

Ⅰ 発生主義及び実現主義と費用収益対応の原則との関係
Ⅱ 原価計算における対応（客観的対応）
Ⅲ 損益計算における対応（期間的対応）
Ⅳ 費用収益対応の原則と費用配分の原則

この目次から推測できるように，こちらの方はなかなか勉強のやりがいのあるテキストだった。メイの『財務会計』およびムーニッツの『会計の基本的要請』からの引用や，ギルマンの企業実体の公準の紹介とその批判など，学術書のレベルの記述があるのに加えて，有価証券届出書・報告書や公認会計士の財務諸表監査の社会的意義の説明，そして監査報告書のひな形までもが示されている。プライス・ウォーターハウス会計事務所内　鮒子田公認会計事務所　公認会計士鮒子田俊助氏が三菱石油株式会社藤岡慎吾取締役社長宛の監査報告書に「概ね適正に表示しているものと認める」[2]とあり，また，太田哲三公認会計士と中村保公認会計士が日本石油株式会社上村英輔取締役社長宛の監査報告書に「おおむね適正に表示しているものと認める」[3]とあるのは，この当時の監査報告書の実情を示していて，おもしろい。

なお，随所に用意されている設問は，その大半が公認会計士第2次試験もしくは税理士試験の問題である。前者の例は，
「問　下記の会計用語
（a）継続企業（ゴウイング・コンサーン）
（b）わが国企業会計原則にいう継続性の原則
（c）貸借対照表継続性
について，次の事項を明らかにしなさい。
Ⅰ　各用語の意義
Ⅱ　(a)と(b)との関係
Ⅲ　(a)と(c)との関係
Ⅳ　(b)と(c)との関係　　　　　　　　（公認会計士第2次試験，昭和34年）」
であり，後者の例は，

「問　会計処理の原則及び手続の継続性について，次の問題に答えなさい。
1. 内容の継続性とは，具体的にどういうことか
2. 形式の継続性とは，具体的にどういうことか
3. 会計処理の原則及び手続の適用について，継続性に従わないときは，企業会計にどのような影響を及ぼすか
4. 正当な理由があれば，会計処理の原則または手続に変更を加えることができる。その「正当な理由」とはどういうことか
5. 会計処理の原則または手続に重要な変更を加えたときは，どうしなければならないか　　　　　　　　　　　　　　（税理士試験，昭和28年）」
である[4]。

　今，読み返して驚くのは，わずか231頁の本書を読み込んで勉強すれば，公認会計士試験にも税理士試験にも受験対応できるということと，第3節で検討する継続性の原則についての問題が公認会計士試験にも税理士試験にも出題されているが，法務省の考え方に立てば合格答案を書くことはできない，という事実である。しかしながら，会計学の勉強を始めたばかりの私は，よもや「継続性の原則を認めない考え方」が存在していたとは，この時点では考えていなかったのである。

　ただ，『会計学の基礎』の付録の「企業会計原則と関係諸法令との調整に関する連続意見書」を読んで[5]，全面的に調整が必要だというのは一体どういうことなのか，と議論した記憶がある。後年，国際会計基準と国内基準との調和化の問題を議論するようになったが，この当時は国内の関係諸法令との調整の必要な状況が相当あり，付録の例示を見ると，それが実にはてしない作業だったことが想像できる。

　夏休みの合宿では，木内佳市『企業会計の一般原則概説』（税務経理協会，昭和44年）を読んだ。目次は次のとおりである。（節は省略）

第1章　会計公準
第2章　会計原則

第 4 章　1970 年 証券取引法会計学と公認会計士監査論の劣位性　　137

第 3 章　一般原則
第 4 章　真実性の原則
第 5 章　正規の簿記の原則
第 6 章　資本取引と損益取引との区分の原則
第 7 章　明瞭性の原則
第 8 章　継続性の原則
第 9 章　保守主義の原則
第 10 章　単一性の原則
第 11 章　会計諸則における一般原則
付　　録

　目次から明らかなように，このテキストは，企業会計の一般原則についての記述だけで 255 頁を埋めている。実に詳細な議論が展開されていたのである。
　継続性の原則については，第 8 章においてたんに一般原則上の意義を説明するだけでなく，関係諸法令との関連についても言及されていた。1966（昭和 41）年 10 月に大蔵省企業会計審議会特別部会の公表した「税法と企業会計との調整に関する意見書」，同年 8 月に日本租税研究協会が公表した「税制簡素化に関する意見」に加えて，商法，監査，に関連させて 19 ページにわたって議論したうえで，さらに，第 11 章において，商法と継続性の原則の関連について 9 ページにわたって解説しているのである。まさに研究書のレベルである。
　後期に入って全学バリケードストライキは継続されていたが，会計研の例会では，山下勝治『会計学一般理論—決定版—』（千倉書房，昭和 43 年）と，山下勝治『新訂　財務諸表原則論』（中央経済社，昭和 41 年）の 2 冊を輪読した。前者は 13 世紀イタリアの勘定記録から説き起こし，後者は企業資本の流れから説き起こしていた。会計学が歴史的にどのように学問として成立してきたのか，また，現実の企業においてどのように重要な機能を担っているのかを学ぶにつけ，大学 1 回生の私の頭の中は，公認会計士という資格に対する憧れとともに，少々オーバーな言い方をすれば，会計学という学問に対する畏敬の念が

形成されたのであった。

2 1970年当時の監査論の論点

一方,監査論のテキストも,論点は,多岐にわたっていた。

2回生になって,最初に読んだのは,佐藤孝一『新講 監査論』(中央経済社,昭和43年)であった。目次は次のとおりである。(節は省略)

第1章　総　説
第2章　監査人
第3章　監査基準
第4章　監査手続
第5章　監査報告
第6章　新監査基準
第7章　新監査実施準則
第8章　新監査報告準則
付　録

目次で明らかなように,このテキストの後半約半分は,1965 (昭和40) 年に公表された新監査実施準則と,1966 (昭和41) 年に公表された新監査基準と新監査報告準則の解説に充てられていた。他方,第1章においては,アメリカにおける会計士監査の発展がイギリス人会計士の伝えた精細監査から始まって,1910年代の信用目的の貸借対照表監査を経て,1930年代の財務諸表監査に至ったとして,アメリカの証券二法や『統一会計』(1917年)から『監査手続書　39号　監査調書』(1967年)までのAICPAの研究成果の一覧の紹介,および3ページにわたるアメリカにおける監査関連の重要事項の年表を示したあと,日本における発展の記述に移っている。そして,その冒頭に,「多くの事物が,今次の戦争を契機として大きく変動したが,監査の方面においても,戦前の低調さに較べて格段の相違を生じ,国民経済の適切な運営及び公益並びに

一般投資大衆の保護に資するため，企業経理を指導誘掖し，もって企業の健全な発展を促進することを主眼として，わが国においても，公正な第三者たる公認会計士による監査証明制度の実現が強く要請され，その実現を可能とする社会的機運も大いに醸成されるに至った。かくして昭和23年7月，わが国でも米国の事例に倣い，長年の懸案であった〈公認会計士法〉が制定され，公認会計士が財務書類の監査又は証明を行なうことになった」[6]と述べたあと，「そこに様々な議論や反対があったが，とにかく昭和26年3月8日，証券取引委員会から（中略）証券取引法第193条の2の規定に基づく〈財務書類の監査証明に関する規則〉（中略）が公布され，昭和27年7月1日以降に始まる事業年度から，一定条件の上場会社に対し，公認会計士による法定監査を実施する段取りとなった」[7]と述べ，さらに日本における監査関連の重要事項の年表を示している。その年表は，1907（明治40）年の「森田会計調査所設立」から始まり，1914（大正3）年の「会計監査士法案提出」，1916（大正5）年の「東会計人事務所設立」，1927（昭和2）年の「〈計理士法〉制定」[〈会計士法案〉として大正3年以来8回提出] などの説明が行われているが，この年表にも本文にも，上記の証券取引委員会がどうなったかについての説明は見当たらない。

ただ，さすがに監査論のテキストなので，「『概ね適正』なる意見表明の可及的排除」という項目を設けて，新監査報告準則の「三　財務諸表に対する意見」の後段において「概ね適正」という曖昧な意見表明を排除する規定が設けられていることについて記述されている。佐藤教授は，さらに，監査報告書の実態調査を紹介し，1965（昭和40）年下半期まで「概ね適正」意見が全体の40%程度を占めていたものが1966（昭和41）年上半期は11%，下半期は6%，翌年上半期は3%にまで激減している[8]ことを紹介し，そのための努力が実を結んで「著者としても，努力の甲斐があったと悦んでいる」[9]とまで記述されているのは微笑ましい。当時はまったく気に留めなかった部分である。それにしても，同時期の『会計学の基礎（改訂版）』で依然として「概ね適正」報告書が紹介されていることと比較すると，監査論の立ち位置が会計学の分野からは軽んじられていたのではないかという気がしないでもない。

このテキストを今読み返すと，アメリカでの議論の紹介や日本の制度構築の困難さに関する記述も見られるので，決して入門書のレベルではないと改めて感じているが，「新講」シリーズが公認会計士試験受験者用のテキストと考えられていたのは事実であり，それとの比較で，監査論のバイブルと考えられていたのが日下部與市『新会計監査詳説』（中央経済社，昭和47年2月25日　新版62版）であった。目次は次のとおりである。（節は省略）

第1章　総　説
第2章　監査の種類
第3章　わが国の監査制度
第4章　監査基準
第5章　監査人
第6章　監査証拠
第7章　監査技術と監査手続
第8章　試　査
第9章　監査の開始
第10章　内部統制組織の調査
第11章　監査計画
第12章　監査調書
第13章　貸借対照表の監査（その1）
第14章　貸借対照表の監査（その2）
第15章　損益計算書の監査
第16章　剰余金計算書の監査
第17章　剰余金処分計算書の監査
第18章　監査報告書
附　録

全418頁，まさに何でも載っている決定版のテキストであり，当時の同志社

大学商学部の監査論の講義は，このテキストを最初のページから1行ずつ読み上げるというものであった。随所に内外の監査論の専門書や雑誌論文，およびAICPAの監査基準書や出版物からの引用が示された非常に手強いテキストであった。上で述べた会計学のテキストで学んで感じたのと同様に，公認会計士という資格に対する憧れとともに，監査論という学問に対しても畏敬の念が形成されたのであった。

　大学院に進み，私が監査論の研究者を志す契機となったのは，同志社大学大学院商学研究科の嘱託講師として監査論の講義を担当しておられた久保田音二郎先生の講義であった。久保田先生は，毎週，私との一対一の講義の中で，厖大な量の宿題を課すとともに，厖大な量の煙草を吸いながら厖大な量の話をしてくださった。当然90分では足りないので，講義が終われば決まって近くのわびすけという喫茶店に場所を移して，厖大な量のビールを飲みながら講義の続きとあいなった。先生の鞄の中には厖大な量の書きかけの原稿と翻訳ノートが入っており，それらを取り出して，今先生が何を研究なさっているか，海外で何が議論されているか，熱く語ってくださることもあった。

　私は，助手に採用されたときに久保田先生と同じ鞄を購入し，久保田先生が1970年に書かれた「わが国における監査論の研究動向」[10]という学界展望をコピーした。そして，それを読みつつ，監査論の本格的研究を始めたのである。久保田先生は当時の監査論の研究分野を次の七つに分類したうえで，これらの研究分野に分類される代表的著作を取り上げ，個々の著作に対して寸評を加えることをとおしてこの当時の監査論研究の肝とも言うべき論点を明らかにしておられた。

1　海外諸国における監査の歴史的研究
2　監査の基礎問題についての個別研究と総合研究
3　監査実施をめぐる研究
4　監査報告書と適正表示の研究
5　内部監査としての会計監査と業務監査の研究

6 EDPをめぐる監査研究
7 監査役監査についての研究

本論文で取り上げられていた著作は，取り上げられている順に次のとおりである。

岩田巌『会計士監査』森山書店，1954年。
ウオルタ・A・スタウプ著，大矢知浩司訳『会計監査発達史』中央経済社，1966年。
喜田義雄『アメリカ監査論―生成と事例―』森山書店，1968年。
河合秀敏『監査理論の基礎―試査との関連を中心として―』同文舘出版，1967年。
櫻井弘蔵『会計監査論』中央経済社，1968年。
高柳龍芳『監査報告書論―ドイツ法定監査を主題として―』千倉書房，1967年。
江村稔『財務諸表監査―理論と構造―』国元書房，1963年。
森實『近代監査の理論と制度』中央経済社，1967年。
近澤弘治『マウツの監査論』森山書店，1966年。
E・チムマーマン著，加藤恭彦訳『会計監査基礎理論―ドイツにおける監査思考』中央経済社，1966年。
近澤弘治『改訂　会計士監査の基礎理論』森山書店，1967年。
田島四郎『監査証拠論』同文舘出版，1961年。
田島四郎『監査手続総論』中央経済社，1964年。
日下部興市『新会計監査詳説』中央経済社，1966年。
佐藤孝一他『新監査基準・準則』中央経済社，1966年。
渡邉實他『監査実施要領　第1巻』中央経済社，1961年。
渡邉實他『新監査実施要領　第1・2・3・5巻』中央経済社，1966年。
渡邉實他『新監査実施要領　第4巻』中央経済社，1967年。
辰巳正三『監査調書研究』中央経済社，1966年。
岩村一夫『監査報告書の実態』実務会計社，1967年。

第 4 章　1970 年 証券取引法会計学と公認会計士監査論の劣位性　　*143*

ヴァンス・ネッター共著，三代川正一・三代川正次共訳『サンプリング会計監査論　第一部』税務経理協会，1964 年。

ヴァンス・ネッター共著，三代川正一・三代川正次共訳『サンプリング会計監査論　第二部』税務経理協会，1965 年。

ヒル・ロス・アーキン共著，中瀬宏通訳『監査の統計的手法』中央経済社，1969 年。

ベービス著，熊野實夫訳『現代株式会社会計』同文舘出版，1968 年。

青木茂男監修，日本内部監査協会編『内部監査ハンドブック』ダイヤモンド社，1959 年。

山桝忠恕監修，日本内部監査協会編『業務監査ハンドブック』ダイヤモンド社，1963 年。

神馬新七郎『内部監査』千倉書房，1955 年。

青木茂男『近代内部監査』中央経済社，1959 年。

久保田音二郎『内部監査』ダイヤモンド社，1957 年。

久保田音二郎『内部監査制度』日本経済新聞社，1959 年。

檜田信男『監査要論』白桃書房，1966 年。

久保田音二郎『固定資産管理と業務監査』同文舘出版，1964 年。

久保田音二郎『流動資産管理と業務監査』同文舘出版，1967 年。

レオナード著，青木茂男・石塚博司・前田幸雄共訳『経営の自己評価』ダイヤモンド社，1965 年。

バウテル著，江村稔監訳，今井敬二・吉村成弘・大橋周治共訳『監査業務と EDP』経営出版会，1967 年。

ポーター著，伏見章・前川良博共訳『EDP システム監査』日刊工業新聞社，1969 年。

米国内部監査人協会編，青木茂男監訳『EDP 内部監査のてびき』日本内部監査協会，1967 年。

そうそうたる文献が並んでいる。

久保田先生は，冒頭，戦前の日本の監査論研究が「他の会計学の領域の研究に較べると，たしかに立ちおくれている。これは，わが国の人々の監査思想が低調なために，この方面の研究についての関心もあまりわいてこなかったことに大きな原因がある」[11] が，ようやくここ 20 年足らずの間に監査論研究が進展したとされ，上に並べた著作について寸評を試みられる。

海外諸国における監査の歴史的研究に関しては，この当時の海外の監査史に関する文献が会計士の職業史をもって監査史と考えるものや，監査上の史実を断片的に叙述するのみでこれらを体系的に取り扱わないものが多かった状況から脱皮しつつある頃にわが国の監査論研究が始まったため，研究の方向性を見誤っていないのは幸いだとしても，重要なことは，各国の社会的経済的諸事情の相違を明確に認識したうえで，各国の監査の特異性が生まれた経緯を歴史的に究明することであり，「わが国のようにいたづらに海外諸国の監査論をるつぼに入れて，その真相を究めようとしない欠陥のある現状」[12] を厳しく批判しておられた。私は，海外諸国の監査を研究することは，それが歴史的研究であろうと，現状の監査制度比較であろうと，それによって監査論の真相を究めることがわが国の監査制度の研究およびその改革に資するものでなければならないと強く意識している。久保田先生が指摘しておられたとおり，それは自明の理であるにも拘わらず，しばしば最終目的が忘れ去られてしまい，ただ「紹介」するにとどまる研究が多い状況は現状の改善に結びつかない。

監査の基礎問題については，教科書的なレベルから脱皮して，真の基礎研究を試みなければならないことを指摘したうえで，個別研究と総合研究については，私が先に紹介したこの当時の公認会計士試験受験者のバイブルとも言うべきテキストについては「総論的」との低い評価を下す[13] 一方で，「外国文献に引廻わされずに，自分の立場から自分の思索で基礎問題を理論的に展開しようとする野心作」[14] が存在していることを高く評価された。先にも述べたように，久保田先生は，ご自身は厖大な量の外国文献を翻訳しておられたにも拘わらず，外国文献に引き廻されると，日本の監査論として明らかにしなければならない肝心なことを見失ってしまうと，警鐘を鳴らされたのであろう。監査の基本的

第4章 1970年 証券取引法会計学と公認会計士監査論の劣位性　*145*

諸問題を明らかにすることも，英国監査の基本的諸問題を明らかにすることも，ドイツ監査の基本的諸問題を明らかにすることも，いずれも，後進がそれぞれの領域に参入する際の道標になるだろうとの考え方を示されていた。私自身，やがて英国監査の研究にのめり込み，2回の在外研究は両方ともイギリスに滞在した。そして，帰国後は，とくに滞英中に強く関心を引かれたイギリス会計士のプロフェッションとしての特長を示していると思われる領域の論文を執筆したが，第6章で検討するように，プロフェッションそのもののイギリス会計士の活動についての研究は，あくまでもわが国の監査制度を見るうえで必要だからこその研究である。日本以外の国々の監査の基本問題に関する研究は，その国々の監査の基本問題を明らかにすることが目的であってはならない。日本の監査の基本問題を明らかにすることとのつながりを見失ってはならないのである。

　監査実施を巡る研究については，明治大正時代におけるわが国の監査研究は英国監査論から影響を受けていたが，戦後，証券取引法監査の開始に伴って「数多くの悩みに直面し，またいまもこれが続いている」[15]として，わが国で財務諸表監査制度がスタートして以来この学界展望が書かれた時点まで4半世紀もの時間の経過がありながら，粉飾決算や不正経理などの企業不祥事の続出によって監査実務が混乱しているわが国の当時の状況を明確に指摘したうえで，そのような状況にあって，米国の監査手続書についての研究は「わが国における監査研究に裨益することは特記してもよい」[16]と高く評価するとともに，「監査調書に関する（中略）地に足をつけた」研究や「わが国の今後の監査報告書論の研究課題がなにであるのか，またいかにこれを究めるべきかの問題を提起している」研究，「わが国の商法改正による監査役監査制度が運用される場合には，監査役監査報告書に関連した諸問題の研究には多くの示唆を与える」西独監査報告書についての研究は，いずれも日本社会の求めている研究であると高く評価しておられる。日本社会の求める研究，あるいは，日本社会の求めに応える研究こそが研究である，という久保田先生の研究姿勢が随所で読み取れる。

監査報告書と適正表示の研究については，監査報告書がオピニオン・リポートなのかインフォメーション・リポートなのかという現在でも議論の尽きない監査報告書の性格を巡る議論が，実は「わが国の経済的社会的環境のもとで，したがって，監査制度の充実していない環境のもとでの財務諸表に添付する監査報告書の問題であることを忘れるべきではない」[17]と，ここでも公認会計士による財務諸表監査制度がスタートして4半世紀もの時間が経過しているにも拘らず，あいかわらず日本では監査制度が充実していないとの立場に立っておられる。そして，ご自身が本論文の2年後に『適正表示の監査』（中央経済社，1972年）を出版する準備をなさっていたためであろう，この段落の後半は検討するべき著作を挙げないまま，わが国の現今の経済的社会的環境のもとでの適正表示というテーマについてかなり詳細に論じておられる。さらに，この領域に関して今後も積極的な研究発表がなされることを期待しておられるが，このことも，まさに，わが国の社会的経済的環境が変化するにつれて変化すると思われるわが国の監査制度を研究することに必須だからである。

　内部監査としての会計監査と業務監査の研究については，わが国においても，戦前から一部の会社では実施されていた内部監査であったが，全般的には，戦後の証券取引法監査を実施するための受入条件として整備された面が強く，本来の経営の内部的要請の面が置き去りにされている印象があると指摘したうえで，経営監査といった新しい用語に惑わされることなく，「その基礎的諸問題を根深く究めることがなによりも必要であるといいたい」と，この領域でもわが国の社会的経済的状況のもとでの基礎的研究の重要性を説いておられる。ここでも，わが国における財務諸表監査論の研究が外国文献の影響を受けることが多いことを批判しつつ，内部監査論が実務界の問題に左右されていることを戒めておられる。再度繰り返すが，わが国の社会的経済的状況のもとでの学問的研究が極めて重要なのである。

　EDPを巡る監査研究については，この学界展望の書かれた年が1970年であったから，当時のコンピュータ・システムが内部牽制組織のどの部分とどの程度置き換わるかの見込みが明瞭にならないまま，少なくとも，インプットに

対する管理，処理方法に対する管理，アウトプットに関する管理の問題が出現するだろうという程度の議論に留まっていた[18]。そして，EDP の発展が監査に及ぼす影響として，アメリカの財務諸表監査において組織監査が台頭していること，EDP を内部監査の問題として捉えるべきでないこと，などが指摘されていた。今日ではもはや EDP や電算機処理などという用語はすっかり古くさくなってしまい，日常生活の私的な部分にまで IT や AI が浸透している状況においては，それらの発展によって今後 10 年の間にこの世の中がどれだけ大きく変化するのかを予測するのは難しいほど，この間の IT および AI の進歩は著しい。

　監査役監査の研究については，商法の立場からの研究は多いが，監査論の立場からの研究は少ない。監査論の立場からの研究は，会計監査人の商法上の監査報告書と証券取引法の監査報告書との調整や企業会計原則と商法上の計算規定との調整を取り上げることはあるものの，監査役監査を正面から取り上げる研究が少ない。監査役監査が外部監査なのか内部監査なのかについてすら議論の余地がある点は論外である。財務諸表監査のような研究しやすい領域だけでなく，手がかりの少ない領域にも監査論からの研究が必要であると，結ばれている[19]。

　この学界展望で共通している強調点は，「わが国の監査論研究」という視点である。それは言うまでもないことであるかもしれない。監査論が社会科学の一領域である以上は，この日本社会を研究の場として，わが国の社会システムの改善・向上に寄与するとともに，そのことをとおして日本国民の福利を増進させることにも寄与しなければならないはずだからである。

　そのような視点で研究課題を見つけようとすれば，研究課題は，案外，身近なところに存在していることに気づくはずなのである。ただ，学会での常識や一般的方法論に捉われてしまえば，見落としてしまう可能性がある。あるいは，身近なところに存在している研究課題は，遥か遠くにあって現実と結びついていない研究課題と比較したときに，安っぽく見えてしまうおそれがある。研究のための研究が行われる主因は，その辺りにあるのかもしれない。

いずれにせよ，久保田先生が本論文において，繰り返し警鐘を鳴らしておられたように，理論研究をたんなる理論研究と考えて，現実の日本の問題点との関連に目を向けないでいると，問題点は解決されないまま問題点として残ることになる。

次節においては，この当時のそのような論点として，「継続性の原則」を取り上げて，会計学・監査論対商法の議論を振り返り，その議論から浮かび上がる，会計学・監査論が商法よりも劣位の関係にあることを明らかにする。

第3節　劣位性の証拠としての「継続性の原則」

大学に入って学んだ会計学のテキストによってアメリカ流の会計学が身に染み込むとともに，大学院に入って学び研究したアメリカ流の監査論の考え方も身に染み込んでいた私にとって，「継続性の原則」は会計と監査の両領域と密接に関連した極めて重要なルールであった。それにも拘らず，「継続性の原則」が無視され，不当にないがしろにされつづけているのではないかという問題意識のもと，私は1984年とその翌年に1本ずつ論文を書いた。

今から30年以上も前の論文を再録することには若干の躊躇を覚えるものの，私が書いた論文のなかでは珍しくわが国の会計と監査の両領域に関連した論文であるとともに，本書がテーマにしているわが国における会計学と監査論の立ち位置を理解するためには最も適したテーマであると考え，最小限の加筆修正で再録する[20]。

1　企業会計原則上と監査報告準則上の継続性の原則についての二重規定

論文執筆当時のわが国の監査基準は，「報告基準の二」において，「財務諸表に対する意見の表明は，財務諸表が企業の財政状態及び経営成績を適正に表示しているかどうかについてなされなければならない」と規定していた。

そして，財務諸表が企業の財政状態および経営成績を適正に表示しているかどうかを記載するための具体的な内容として「監査報告準則の三の (1)」にお

第4章　1970年　証券取引法会計学と公認会計士監査論の劣位性　　149

いて，次の事項を列挙していた。それらは，

1. 会社が採用する会計処理の原則及び手続が「企業会計原則」に準拠しているかどうか
2. 会社が前年度と同一の会計処理の原則及び手続を適用しているかどうか
3. 財務諸表の表示方法が，一般に公正妥当と認められる財務諸表の表示方法に関する基準又は法令に準拠しているかどうか，であった。

　さらに，これらの企業会計原則への準拠性，その継続的適用性，および表示の妥当性，の三つの記載に関して重要な除外事項がある場合には「当該除外事項を明示し，かつ，それが財務諸表に与えている影響を記載しなければならない」とも規定していたのである。

　ところが，わが国の企業会計原則は，一般原則の五において「企業会計は，その処理の原則及び手続を毎期継続して適用し，みだりにこれを変更してはならない」とする継続性の原則の規定を設けている。そのため，監査報告準則において，企業会計原則への準拠性を問題にしたうえでさらにその継続的適用を問題にするというのは継続的適用に関する重複規定になるのではないかという疑問を生じさせていた。

　一例を挙げれば，江村稔教授は「継続性の原則が会計原則のなかにふくまれており，かつ，解釈上，この原則が，きわめて重要な原則であるとされているならば，会計原則の準拠を検討の第一のポイントとし，あわせて，継続性の原則の遵守を第二のポイントとしてあげることは，無用のくりかえしにすぎないのではないかという疑問は，当然に生じてくるであろう」[21]と述べられ，また，山桝忠恕教授も「継続性の原則はもともと企業会計原則それ自体の内容の一部を占めるものである。したがって継続性の吟味もまた，合原則性の検討のなかに当然に含まれてしまう関連にあり，理屈の上では重ねてこれを掲げなくてもよいはずである」[22]との疑問を呈しておられた。さらに，高田正淳教授も，「『企業会計原則』の一般原則には，この継続性原則が掲げられており，第1の

個別意見においても当然この点にふれることになるから継続性原則に関しては重複がみられる。これをつきつめていけば，意見表明方式の全体に対する疑問もでてくる」[23]とまで言い切っておられたのである。

　他方，これらの重複規定ではないかという疑問を呈する立場に対して，黒澤清教授は，会計原則の遵守の「要件をよく吟味してみると，当該監査年度における監査対象たる財務諸表の作成にあたって企業が採用した会計処理の原則が『企業会計原則』に準拠したかどうかを問題にしているのである。なるほど継続性の原則は，企業会計原則のひとつであるが，それは内容的な原則すなわち会計処理の原則そのものではなくて，会計処理の原則に関係する原則すなわち会計処理の原則の適用における継続性の原則である。したがって第一の要件がみたされた場合でも継続性の原則に準拠しているかどうかは，かならずしも明白になっているとはいえない。そこで当年度に採用した会計処理の原則と前年度以前に採用して来た会計処理の原則とを比較して，継続性が守られているかどうかを（吟）味しなければならないのである」[24]（カッコ内引用者）と述べて，継続性の原則は会計処理の原則そのものではないから，会計処理の原則および手続の企業会計原則への準拠性を内容としている第一番目の規定からは外れることとなり，第二番目の継続性の遵守性の規定が必要とされるとの立場に立っておられた。

　また，岩田巌教授は，企業会計原則の一般原則についての解説をされるなかで「第五原則にはまず『企業会計は，その処理の原則及び手続を毎期継続して適用し，みだりにこれを変更してはならない』とある。これはいわゆる継続性の原則（principle of consistency）である。ここで処理の原則とは貸借対照表原則と損益計算書原則を指すものであろう」[25]と述べて，企業が採用する会計処理の原則及び手続が企業会計原則に準拠しているかどうかを吟味することはすなわち企業会計原則全体に準拠しているかどうかを吟味しているのではなく，企業会計原則のなかの貸借対照表原則と損益計算書原則に準拠しているかどうかを吟味することを要求しているのであって，どうしても継続性の原則の遵守性の規定が必要であるとの考え方を示しておられた。

いずれも，監査報告準則の規定が重複規定だとは考えておられなかったのである。実際，岩田・黒澤両教授が設定に関与された1950（昭和25）年7月の最初の監査基準の監査実施基準の六において「監査人は，企業が採用する会計処理の原則及び手続を検閲して，これが『企業会計原則』に準拠しているか否か及び当年度も継続して適用されているか否かを確かめなければならない」とする規定が設けられていたことから，当然のことながら重複した内容をもつものであるとは考えられていなかったと推測される。

私自身は，「貸借対照表原則と損益計算書原則に準拠する」という規定ではなく「企業会計原則に準拠する」という規定であるかぎり，重複規定だと考えていた。アメリカの会計原則制定のプロセスを跡づければ，わが国の規定が重複規定であることは明白だからである。企業会計原則の一般原則は企業会計原則のなかに含めるのではなく，最初の監査基準の前文と同様に，啓蒙的項目として前文としておくべきではなかったか，とも考えていた。しかし，そのように考えることが正しいとしても，重複していることを追求することがどのような現実的利益を産むのだろうかとも考えるようになった。この論文を執筆した当時の原理主義的な考え方を離れて，むしろ，企業会計原則への準拠性の吟味とその継続性の遵守性の吟味とを，あえて重複させてまでも併記させることとなっていた理由を，先に引用した重複するのではないかとの疑問を示しておられた三教授の重複の理由づけを支持したいと考えるようになったのである。

すなわち，江村教授は「この（無用の繰り返しにすぎないのではないかという）疑問は，同じ考え方によって，反論される性格のものであるといえる。すなわち，継続性の原則が会計原則のなかでも，とくに重要な原則であるとされる以上，むしろ，これを強調して，会計処理の当否の判定の基準とすることこそ，妥当であるとも考えうるからである」[26]（カッコ内引用者）と述べ，山桝教授は「あえて並列させる挙に出ているものは，この継続性をとりわけ重視し，その吟味の必要を特に強調しようとしてのことにほかならない」[27]と述べ，高田教授は「継続性原則に関して一つの個別意見があげられているのは，その原則がとくに重要であることによると考えることができる」[28]と述べ，いずれも，継

続性の原則のもつ重要性こそが,あえて重複してまでもこれを併記することとなっている理由であるとの考え方を示しておられた。

　私も,監査報告準則において企業会計原則への準拠性の吟味に加えて,その企業会計原則に規定されている継続性の遵守性の吟味を,あえて理論的整合性を犠牲にしてまでも併記させる結果となっているのは,会計と監査の両方の領域において継続性の原則がそれほどまでに重要な考え方であるためである,という考え方を支持しておきたい。

2　継続性の原則をめぐる企業会計原則と商法の対立

　このように,会計と監査の領域においては,継続性の原則の重要性は自明の理と考えられており,1949（昭和24）年7月に設定された最初の企業会計原則の一般原則の五において,

「企業会計は,その処理の原則及び手続を毎期継続して適用し濫りにこれを変更してはならない。

　正当な理由により会計処理の原則又は手続に重要な変更を加えたときは,これを財務諸表に注記しなければならない」

という規定が設けられて以来,「継続性の原則は,財務諸表が簿記の記録のみならず,個人的判断と会計的慣行に依存するという事実から当然要求される原則である」[29]として,今日でも一般原則の中で重要な地位を占めている。

　しかも企業会計原則が最初に設定された際の前文において,

「1. 企業会計原則は,企業会計の実務の中に慣習として発達したもののなかから,一般に公正妥当と認められたところを要約したものであって,必ずしも法令によって強制されないでも,すべての企業がその会計を処理するに当って従わなければならない基準である。

　2. 企業会計原則は,公認会計士が,公認会計士法及び証券取引法に基き財務諸表の監査をなす場合において従わなければならない基準となる。

　3. 企業会計原則は,将来において,商法,税法,物価統制令等の企業会計に関連ある諸法令が制定改廃される場合において尊重されなければならないも

のである」

と述べて，企業会計原則の指導原理としての性格をはっきりさせたうえで，企業会計に関係のある諸法令が制定改廃される場合にはこれを尊重しなければならない旨の提言を行っていたにも拘らず，とくに商法からはこの前文に関して肯定的な理解は示されてこなかった。とりわけ，1974（昭和49）年の商法改正以前においては，商法は継続性の原則を認めていなかったのである。

そのため，1969（昭和44）年12月に公表されたいわゆる「企業会計原則修正案」は，

「企業会計原則は，本来，関係法令の将来の改廃に際して提言するための根拠となるべきものであるが，今回の調整に当たっては，商法が強行法規たることにかんがみ，企業会計原則の指導原理としての性格を維持しながら，注解等において商法に歩みよることとした」

と述べるとともに，継続性の原則の第2項である，

「正当な理由によって，会計処理の原則または手続に重要な変更を加えたときは，これを財務諸表に注記しなければならない」[30]

という規定を削除したのである。

つまり，注記すれば正当な理由がない場合でも変更が可能となるように修正する内容を包含していたのである。その理由について，黒澤教授は次のように述べておられた。すなわち，

「商法専門家側から，商法の計算規程には，継続性の原則はふくまれていない，商法との調整をはかるのが目的であるならば『企業会計原則』から『継続性の原則』を削除すべきであるという要求があり，それに対する妥協をはかることにあった」から，「第2項を削除しても，第1項が残るので継続性の原則は否定されたことにならないが，第2項の削除によって継続性の原則は緩和されることになる」という「はなはだ非論理的」な解釈をとった，と酷評しておられたのである[31]。

実際，大蔵省証券局企業財務第2課々長補佐の奥村光夫氏は，明確に「修正案では，本文では従来の考え方をさらに強いかたちで残した結果となったが，

実質的には注解において商法に歩みより,注記すれば変更理由の当否は問わないことになったわけである」と述べておられたのである[32]。

その新たに設けられた注解3は,

「企業会計上継続性が問題とされるのは,一つの会計事実について正当と認められる二つ以上の会計処理の原則又は手続が存する場合である。このような場合に,企業が選択した会計処理の原則及び手続を毎期継続して適用しないときは,同一の会計事実について異なる利益額が算出されることになり,財務諸表の期間比較を困難ならしめ,この結果,企業の財務内容に関する利害関係者の判断を誤らしめることになる。

したがって,いったん採用した会計処理の原則又は手続について重要な変更が行なわれた場合には,変更が行なわれた旨及びその変更が財務諸表に与えている影響額を当該財務諸表に注記しなければならない」と述べており,まさしく,内川菊義教授が指摘しておられたように,「変更が行われた場合には,その変更の行われた旨およびそれの財務諸表に対する影響額のみ注記して,その変更の理由については,これを注記する必要がないこととなっているために,企業は,その欲するときに自由に変更を行うことが可能となって,継続性の原則は,実質的には守られない結果となっている」[33]わけであり,「企業会計原則修正案」は,商法に妥協することによって,会計・監査の魂とも言うべき継続性の原則を放棄するという重大な結果をもたらすおそれがあったのである。

ところが,1974(昭和49)年の商法改正に際し,その第32条第2項において,「商業帳簿ノ作成ニ関スル規定ノ解釈ニ付テハ公正ナル会計慣行ヲ斟酌スベシ」という,いわゆる包括規定が新設されたことに伴い,上記の企業会計原則修正案の文言は再び修正されることとなった。

それは,商法改正法案が国会を通過する際の付帯決議の一つとして,企業会計原則修正案が「企業の真実な会計に関する報告の作成の根拠となり,かつ,商法第32条第2項に規定する『公正な会計慣行』を意味するに値するものとなるよう十分な見直しを加えなければならないという勧告をうけた」[34]ことによるものであり,したがって,先の企業会計原則修正案が継続性の原則の第2

項を削除した理由が「継続性の原則を否定する法解釈論への妥協」[35]にすぎなかった以上は,「『公正なる会計慣行』の解釈に基づいて,商法もまた継続性の原則を尊重するという立場を貫くことになった」[36]からには,当然のことながら,見直しが必要となったからである。その結果,上記の企業会計原則修正案の注解3の第3項は,新企業会計原則において次のように修正されることとなった。

「従って,いったん採用した会計処理の原則又は手続は,正当な理由により変更を行う場合を除き,財務諸表を作成する各時期を通じて継続して適用しなければならない。
　なお,正当な理由によって,会計処理の原則又は手続に重要な変更を加えたときは,これを当該財務諸表に注記しなければならない。」

その結果,1974(昭和49)年の商法改正についての参議院での審議における法務省川島民事局長の「その内容がやはり『公正なる会計慣行』というものを反映しているというふうにいたしますと,その企業会計原則で継続性の原則を守らなければならないということがはっきりしております以上,商法の解釈といたしましても,この32条のしんしゃく規定を通じまして,継続性の原則を守らなければならないと,こういうことが出てまいると思います」[37]という答弁や,田中誠二教授が「私は,従来の商法の下でも(中略)継続性の原則を認めるべきものと解釈していたが,(中略)このことは49年改正法により明白となった」[38]と述べておられること,および大隅健一郎・今井宏高教授が「いわゆる継続性の原則が商法上の原則として認められるかどうかについては従来から議論がある。(中略)これを否定する見解も少なくなかったが,しかし貸借対照表および損益計算書の作成を要求する法の趣旨(財産状態および損益の状況の真実・公正な表示)および商業帳簿の作成に関する規定の解釈については公正な会計慣行を斟酌すべきこと(商32Ⅱ)からみると,これを肯定すべきものと考える」[39]とはっきり述べておられたように,商法側でも継続性の原則を受

け入れる姿勢が見られるようになったのである。

　しかしながら，他方，依然として継続性の原則を認めることはできないという立場に立つ有力な論者も存在していた。

　当時の法務省民事局参事官の味村治氏は「公正な会計慣行とは会計上ならわしとして行なわれているものであって，商業帳簿作成の目的に照らして公正なものをいう」とされ，それが「公正な会計慣行を重視するが，新しい合理的な会計処理を妨げないように配慮されたものである。もちろん，そのような新しい会計処理の方法は商法の解釈上許容される範囲内であることを要し，そのためには公正な会計慣行と同様に合理的であって商法上許容される範囲内にあるということが客観的に首肯できるものであることが必要である」[40]（傍点引用者）と述べておられたのである。また，同じく田辺明参事官も，「公正な会計慣行とは，会計の実務において行なわれている公正なならわし，しきたりである」とされるものの，それは「企業会計原則そのものではないが，これを含むものと考えられ」，「会計慣行の公正性は，商法の目的理念によって判断される」[41]（傍点引用者）と述べておられたのである。いずれも，企業会計原則をそのまま公正な会計慣行と看做すのではなく，あくまでも商法の目的理念に照らして判断しなければならない，したがって，継続性の原則が商法上認められるかどうかは自動的に決まるものではない，という主張であった。さらには，「企業会計原則は，その前文において，（指導原理性をうたっているが），実は少数の審議会の委員の考えを調整してできた作文に過ぎないのがその実体であると思う」[42]（カッコ内引用者）とまで言い切り，会計学の立場を一顧だにしない主張も存在していたのである。

　これらの主張によれば，たとえ斟酌規定があっても企業会計原則をそのまま公正な会計慣行と看做すわけではないので，企業会計原則上の規定であっても商法上認めることのできないものが存在することとなる。味村氏は，別稿において「企業会計原則の記述する継続性の原則が会計慣行というに足りるほど成熟しているということはできない」から「継続性の原則は，商法の計算規定の解釈にあたって斟酌すべきものでもな」く，「商法第32条第2項が新設された

第4章　1970年 証券取引法会計学と公認会計士監査論の劣位性

ことによって，継続性の原則が商法の要請するところになったとは到底理解しがたいのである」[43]とまで強く否認されていたのである。

それでは，継続性の原則は，味村氏が主張されるように，わが国において会計慣行と呼べるほどには成熟していなかったのであろうか。

味村氏は，前掲論文において「企業会計原則が昭和24年に発表されて以来，継続性の原則は企業会計原則において重要な地位を占めてきたのであるから，慣行となっていると考えるのが自然であるかもしれない」が，「しかし，企業会計原則が継続性の原則を定めていることと継続性の原則が慣行化されていることとは別の事柄である」[44]と述べて，企業会計原則が標榜している一般に公正妥当と認められた慣習を要約したものであるという点について疑問を呈されていた。

その論拠となったのは，岩田教授が，企業会計原則を設定するにあたっては「従来，わが国の会計実務の間に慣習として発達してきたもののなかから一般の人がこれは公正にして妥当だと認めたものはこれを大いに尊重して取り上げた」だけでなく「欧米諸国の会計実務における正当な慣行もなるべくこれを取り入れることにした」[45]と述べておられたこと，あるいは，シャウプ勧告によってわが国の税法が継続性の原則をとり入れたことに関連して，「この継続性の原則は，アメリカの会計学がいいだしたのである」[46]と述べておられたこと，さらには，「今日わが国の会計学において，継続性と呼ばれているのは，アメリカ会計学でいわゆる consistency という言葉を翻訳したものである」[47]と述べられたことなどであった。

味村氏は，これらの「アメリカ由来」説を根拠として，「企業会計原則に定めていることがすべてわが国において慣習として行われてきたものであるとは限らない」[48]（傍点引用者）と，継続性の原則はわが国の慣習ではなかったと主張されたのである。

しかしながら，この継続性の原則は，企業会計原則の設定によって初めてわが国のルールとなった考え方ではない。

まず，1936（昭和11）年2月に臨時産業合理局が公表した「財産評価準則」

は，その前文において「固より之を法規に依りて強制すべき性質のものには非ざるも，苟も財務の公正，事業の堅実を企図する者は宜しく本準則に準拠して評価を為すべきことを希望して已まず」と述べているように，あくまでも任意規定ではあったけれども，減価償却に関して，次のような規定を設けていた。

「五　本準則に於ける減価償却とは，固定資産に付其の耐用命数と残存価額とを測定し，予め定むる方式に依り計算せる減価額を営業成績の如何に拘らず毎期継続的に当該資産の原価より減額し，之を損費に計上することを謂ふ。」
（傍点引用者）

すなわち，あらかじめ選択した特定の方法によって減価償却費の計算を行うにあたって継続性の原則を適用することを要求し，しかも，「営業成績の如何に拘らず」と明記していることは，利益操作を排除するという継続性の原則の本質を明確に認識していたと考えられるのである。

また，1939（昭和14）年に陸軍省令として制定された「陸軍軍需品工場事業場原価計算要綱」は「軍需品工場事業場検査令施行規則第一条ニ依リ軍需品工場事業場検査令第三条ニ定ムル工場事業場其ノ他ノ場所ニ於テ施行スベキ軍需品ニ関スル原価計算ニ付定」めたものであり，その第16条において，減価償却に関する次の規定を設けていた。

「一．減価償却トハ経常ノ減価償却ヲ意味シ固定資産ノ原価，耐用命数及残存価格ヲ測定シ当該固定資産ノ原価ヲ毎期継続的ニ減額シ以テ投下資本ノ回収ヲ為スコトヲ謂フ

減価償却ハ営業成績ノ如何ニ拘ラズ予メ定ムル所ノ計算方式ニ依リテ行フベキモノトス。」

このように，この規定も，あらかじめ定めた減価償却の方法を営業成績に左右されないように「毎期継続的ニ減額」することを要求しているものであり，恣意的な利益操作を排除するという継続性の原則の重要性が明確に認識された規定となっていたと考えることができるであろう。

ところが，これらの継続性の原則が文言にはっきりと現われている規定とは対照的に，その点が曖昧な規定も確かに存在していた。たとえば，1942（昭和

17) 年の閣令・陸軍省令・海軍省令第一号の「原価計算規則」は，定額法か定率法によって減価償却を行うことは求めていたものの，あらかじめそれらのうちのどちらかを選んで継続的に適用することは要求していなかった。さらに，この内容が，1948（昭和23）年3月の総理府令第14号「原価計算規則」に引き継がれたが，やはり継続性の原則を重視する規定は存在していないのである。

ここにおいて，味村氏が，「企業会計原則に定めていることがわが国において慣行となっていることは，証明を要する事柄である」，「企業会計原則が継続性の原則を定めていることと，継続性の原則が慣行化されていることとは別の事柄である」，「継続性の原則が会計慣行というに足りるほど成熟しているということはできない」と断定された状況が生まれていたのである。

このような味村氏の主張がある一方，黒澤教授は次のように主張しておられた。すなわち，アメリカで1917年頃にその後の会計原則の芽生えが見られるのと同様に，わが国において1934（昭和9）年に当時の商工省財務管理委員会が発表した「財務諸表準則」および1944（昭和19）年に企画院財務諸表統一協議会が発表した「製造工業統一財務諸表準則草案」を同様の芽生えだと看做すことができ，そして，そのようなわが国における過去の諸経験と諸外国の先例を参考として1949（昭和24）年に経済安定本部企業会計基準審議会は「企業会計原則」を発表したのであって，「企業会計原則」はアメリカからの輸入品ではなく日本独自の会計原則を中核にして英米独の経験を参酌したものだと主張されたのである[49]。確かに，ここでは継続性の原則を認識していたわが国のルールとして先に引用した「財産評価準則」や「陸軍軍需品工場事業場原価計算要綱」を引き合いに出しておられるわけではない。しかしながら，「企業会計原則」が日本独自の会計原則を中核にして英米独の経験を参酌したものだとしたうえで，「真実性は継続計算を前提として規範しなければならない」ことおよび「継続性の原則は内容的にも，形式的にも，真実の原則と密接な関係を有する」と指摘しておられたのである[50]。

このように，継続的適用を強制しない場合には，期間損益の計算において恣意的な利益操作を行うことが可能になるのは明白な事実であるから，継続性の

原則を会計慣行としないことの方にこそ重大な問題があると，私は指摘したのである。

3 継続性の原則の本質

継続性の原則は必要ないとする味村氏の主張は，次の4点に集約することができた[51]。

1. 商法は資本充実の原則の上に立って，資本に相当する財産を維持することに重点をおいている。したがって，期間比較の維持を目的とする継続性の原則は，商法に明文の規定がない以上，商法がこれを要求していると解することはできない。
2. 継続性の原則が要求されているとするならば，商法が認めている会計処理の方法の間での変更であったとしても，取締役が商法第266条の3による責任を負うことがある（とくに，その変更の結果が違法配当となった場合には，取締役の会社に対する違法配当による損害賠償責任，債権者の株主に対する違法配当返還請求および取締役の違法配当による刑事責任の各責任を生ずることになる）が，これは商法が二つ以上の会計処理を認めた趣旨にそぐわないし，また，継続性の原則の内容が明確でないために法的安定を害する。
3. 継続性の原則は比較可能性の維持を目的とするが，比較可能性を維持することは，注記等の方法によって可能である。
4. 株式会社の計算書類は株主総会で確定するから，商法が継続性の原則を要求するという説は，過去の会計処理の方法を正当な理由がなければ変更することができないという拘束を株主総会に課すことになるが，このようなことは商法の体系に合致しない。

この最後の点に関して，味村氏は，「定款のような会社の根本規則でさえも，株主総会の特別決議をもってすれば，法律に反しない限り，変更することがで

第4章　1970年 証券取引法会計学と公認会計士監査論の劣位性　　161

きるのであって，それについて正当な理由が要求されることはない」から「商法が二以上の会計処理の方法を許容している場合に，その範囲内で方法を変更することは，正当な理由がない限り株主総会の決議をもってしても許されないとすることは，定款変更に比して著しく厳格であって，明文の規定がなくては認めることができない」[52]と述べて，定款変更ですら正当な理由を必要としないのであるから，継続性の変更にも当然に正当な理由は必要としないと主張されていた。

したがって，一方で，味村氏が「どのような理由が会計処理の方法を変更するについて正当な理由とされるのかが不明である」[53]との疑問を提示し，また，吉田昂氏が「(日本公認会計士協会の考えている正当な理由が) 信頼できるものであるかどうかは疑問」[54] (カッコ内引用者) であるとまで批判しておられることについては，どうしても，会計学者・監査論者からの説得力のある説明を行うことが求められていた。その説明は会計学者にとっては極めて単純なことであって，継続性の原則の本質は利益操作を排除することにある，ということである。

この点について，山下勝治教授は「企業会計原則上の継続性の原則は，いわゆる期間損益計算に人為的な『利益操作』の余地を排斥するために考えられたものであって，企業会計における期間損益計算の真実性を支える原則である」[55]と明確に述べておられたし，また，飯野利夫教授も「会計処理の原則等について期間的な継続的適用が要請される真意は，比較可能な財務諸表を得るというよりはむしろ，一方では経営者の利益操作を封ずるためであるとともに，他方では財務諸表の相対的真実性を保証するためである」[56]と，こちらも明瞭に述べておられた。これらの主張で明らかなように，継続性の原則の本質は，経営者の利益操作性を排除することによって「期間損益計算の真実性」あるいは「財務諸表の相対的真実性」を保証するということに存在するのである。

それでは，
「企業会計上継続性が問題とされるのは，一つの会計事実について二つ以上

の会計処理の原則又は手続の選択適用が認められている場合である。

　このような場合に，企業が選択した会計処理の原則及び手続を毎期継続して適用しないときは，同一の会計事実について異なる利益額が算出されることになり，財務諸表の期間比較を困難ならしめ，この結果，企業の財務内容に関する利害関係者の判断を誤らしめることになる」

　という注解3の文言は，どのように評価すればよいのであろうか。

　これについては，内川教授が「継続性の主たる機能は財務諸表の期間比較にある，という理解に導く可能性を含んでいる」[57]と批判しておられたし，また，飯野教授も「継続性の原則の基本的要請である利益操作の防止ないし相対的真実性との関連にはまったくふれられていないものとして適当ではない」ものであって「もしかりに継続して適用しなければ真実性が保証されず，したがって比較可能性が得られないことを主張しようとする趣旨であるとすれば，そのことをはっきり表現すべきである」[58]と，その文言の問題点を指摘しておられたのである。

　これらの主張から明らかなように，継続性の原則の本質を利益操作可能性の排除に求めて期間損益計算における真実性を保証するものととらえるならば，商法の立場の主張である計算書類の表示を工夫することや財務諸表の期間比較を可能にするために注記をすることは，第二義的な意味しかもちえないことになる。そればかりか，注記することは，それによって財務諸表の期間比較は可能となっても利益操作を排除することは不可能であるということに留まるものではなくなる。重要なことは，内川教授がはっきりと指摘しておられたように，「むしろ逆に，その注記によって，この経営者による利益操作の事実を，そのまま財務諸表上において肯定する結果となる」[59]のである。

　したがって，継続性の原則の本質を財務諸表の期間比較の確保に求めるとともに，それが遵守されない場合でも財務諸表に注記することによって十分に補いうるという考え方は，とうてい受け入れることができないのである。

　それでは，「同じ経理内容を有する甲・乙両会社があって，甲会社は固定資産の償却について定率法を流動資産の評価について低価法を，乙会社はそれぞ

れ定額法及び原価法を採用していたところ，甲会社が償却方法又は流動資産の評価方法を変更して定額法又は原価法を採用してようやく配当可能利益が生じたとした場合を仮定すると，甲会社の取締役は民事上及び刑事上の責任を負い，乙会社の取締役は何らの責任を負わないことになる。このような結果は，商法がいずれの方法をも認めている趣旨に反する」[60]と強く主張された味村氏や，「私が理解できないことは，二つ以上の会計処理が認められている場合に，その一つを選択し後にそれを変更したとき，それが違法となるということである。例えば，固定資産の償却方法として，定額法と定率法とが認められており，そのいずれを採用するも差しつかえない（ということは，いずれを採用するも適法だということであろう）とすれば，適法な償却方法をやめて適法な償却方法に変更するとすれば，それがなぜ，違法となるかが理解できないのである」[61]との疑問を呈された吉田氏を説得するには，どのようにすればよいのであろうか。

　それは，あくまでも，継続性の原則の成り立ちを見れば，継続性の原則の本質は経営者の利益操作可能性を排除して期間損益計算の真実性を確保することにあったのだということを説明するしかない。

　われわれには周知のように，この継続性の原則がアメリカの会計学界において初めて取り上げられたのは，1932年9月22日付のアメリカ会計士協会証券取引所協力特別委員会からニューヨーク証券取引所株式上場委員会に宛てた，いわゆるメイ書簡においてであった。

　メイ書簡は，この当時の投資家が貸借対照表と損益計算書が個人的判断を反映したものであることは理解するようになったものの，会計処理方法の重要性と会計処理方法を毎年度継続して適用することの重要性については必ずしも十分理解していないと述べたうえで，次の二つの選択肢を示した。

　「現存する状況を改善する方法について考えてみると，二つの選択可能性が考えられます。第1は，今日用いられている一群の認められうる諸方法のなかから，一定の種類のすべての会社を拘束するようになる一組の詳細な規則を有能な権威者が選択することであります。このやり方は鉄道やその他の規制され

る公益事業に広く適用されてきましたが、…しかしながら、このやり方を産業会社に適用することに対してはきわめて強い反論があります。

　もう一つのより実行可能な方法は、すべての会社に、先に論及した非常に幅広い制約の範囲内において自己の会計方法を選択する自由を残しておくことです。しかし、その採用した方法については開示し、その方法を年々継続して適用することを要求することです。」[62]

　そのうえで、四つの重要なポイントの一つとして、

　「4. かなりよく一般的承認を得ている幅広い会計原則を上場会社に普遍的に受入れさせること。そして、その幅広い原則の範囲内において、会社がそれぞれの要求にもっとも適合すると思う具体的な会計方法を選択する権利を制限しないようにすること。しかし、(中略)

　(b) そのように制定された方法は、毎年継続して用いられること。そして、もし原則についてなんらかの変更がなされるなら、株主および証券取引所は、その変更によって影響をうける最初の財務諸表が提出されるときに、そのことを知らされるよう保証すること」[63] を挙げていた。

　そして、この考え方は、1936年の『独立公会計士による財務諸表の検査』にも引き継がれ、その総説において「企業がその利益を報告するにあたってどのような厳密な原則や方法を適用するかということよりも、それが一定の範囲内にあるならば、採用した原則をずっと継続して遵守するということの方が重要である」[64] と明瞭に述べており、認められた会計処理方法であるからといってその自由な変更を認めてよいというものではなく、それを継続して遵守することが重要であると明記しているのである。

　つまり、山下教授や岩田教授が明確に指摘しておられたように、複数の会計処理方法が認められているのは「唯一の絶対的なものが存しないことに由来する」[65] からに他ならないが、しかしそれは無条件に認められるのではなく、第一には「選択さるべき会計慣行は (中略)『一般に認められた会計原則』に準拠するものでなければならない」[66] という制約をうけるとともに、第二には「一旦採択した以上は、変更を正当と認める事情が発生しないかぎり、毎期一

第4章　1970年 証券取引法会計学と公認会計士監査論の劣位性　　165

貫して同一の手続を適用しなければならない」[67]という制約をうけるのである。すなわち，選択される会計処理の方法が一般に公正妥当と認められたものであるからといって，その自由な変更が認められるのではなく，継続的に適用されなければならないことがはっきりと示されていたのである。それは，岩田教授が説いておられるように，「毎期自由に手続の選択を認めるならば，利潤操作は如何ようにも行いうる」[68]からであって，それによって相対的な真実性が侵害されるからに他ならない。

　しかしながら，この当時の議論を振り返ると，木村重義教授がさらりと説明しておられたように，「いくつかの方法のうちから任意の一つを選択適用する制度そのものが継続適用を前提とするので，この場合，継続性が守られないなら，複数の方法をみとめることは無意味ばかりでなく，有害な混乱をもたらすことになる」[69]という継続性の原則は極めて重要であるという会計学者・監査論者の常識は，商法側の人たちにとっては常識ではなかったため，彼らを説得するのは所詮無理なことだったのかもしれない。

　継続性の原則を認めない例示として，固定資産の減価償却の方法を変更する場合をとりあげて，定額法から定率法に変更することによって生じるかもしれない「利益の差は，定額法と定率法との償却額の差異に基づくものであって償却方法を変更したことに基づくものではない」と述べておられる吉田氏に，次のように説明したとすると，納得されるのであろうか。

　吉田氏が主張されるように，定額法から定率法に変更することによって生じる利益の差は，定額法と定率法の償却額の差にもとづくものではあるけれども，しかし決定的に重要なことは，その差は，償却方法を変更しなかったなら決して表面化しなかった差だということである。言い換えれば，この利益の差は，実際の経済活動から産み出された利益ではなく，たんなる帳簿上の操作にもとづいて創出された利益，つまり，一種の架空利益以外の何者でもないのである。

　味村氏が例示される「甲会社が償却方法又は流動資産の評価方法を変更して（中略）ようやく配当可能利益が生じたという場合」[70]も，まさしく，従来の方

法では配当可能利益が算出されなかったにも拘らず，減価償却方法の変更という帳簿上の操作を行うことによって利益を創出するという，文字どおり架空利益を捻出したわけであるから，たとえ変更後の方法もこれまでと同様に認められた方法であったとしても，帳簿上の操作によって架空利益を創出するという行為そのものが，その目的からしても絶対に正当化されるものではないのである。

　さらに言えば，たとえ一般に公正妥当と認められた会計処理の方法相互間の変更であったとしても，その変更によって計上される利益がたんなる帳簿上の操作による架空利益であるならば，草島清氏が主張しておられたように，「粉飾決算・虚偽記載は，利益操作の手段の可否をいうものではないから（中略）架空売上，架空売掛金による2億円の架空利益と，減価償却費を2億円削減することによる架空利益とで差異を設けるべきいわれはない」[71]のである。すなわち，会計処理の方法を変更することによって計上される利益は，架空利益であるという性格においては粉飾によって計上される利益と同一視されることになるのである。

　この点については，内川教授も「（会計処理の方法を変更することによって計上される利益は）その企業の取得した実体利益をあらわさず，たんに帳簿上の操作にもとづく架空利益である，という点においては（粉飾によって計上される利益と）まったく同一の性格をもつものとなっている」[72]（カッコ内引用者）ことを指摘しておられた。

　このように，会計処理の方法を変更することによって計上される利益はその期においては架空利益の性格をもつものであり，そのような架空利益を計上させないために継続性の原則が存在していることを理解するならば，先に引用した継続性の原則を不要と考える商法の立場の主張のうちの「商法は資本充実の原則の上に立って，資本に相当する財産を維持することに重点をおいている」との主張に対しても，継続性の原則を遵守しなければ相対的真実性が維持できないのであるから，それによって資本充実の原則が侵害される場合があると反論しうるし，また，「取締役が商法第266条の3による責任を負うことがある

のはおかしい」という主張に対しても，会計処理の方法を変更することによって粉飾による利益と同様の性格をもった架空利益を計上すれば，その責任を問われるのは当然のことである，と反論しうるのである。

　この点については，田中教授が「継続性の原則を認めると，たとえ変更の注記をしても客観的に相当と認められる理由なくして変更をすると，取締役の責任を生ずる」[73] と述べられ，また，サンウェーブ事件の判決が「企業がその財産の評価について一定の方法を採用しこれを継続していながら，ある時期において，決算操作や決算粉飾のためにその評価方法を変更することは，たとえそれが法の認める方法であったとしても許されない」[74] と述べて，いずれもはっきりと取締役の責任の生ずることを認めていたのである。

　しかしながら，会計処理の方法を変更することによって計上される利益は，全体利益の観点からは，粉飾によって計上された利益とは明らかに異なる。内川教授が指摘しておられたように，会計処理の方法の「変更にもとづく財務諸表上の計上利益は，それが，期間利益としては（中略）粉飾にもとづく計上利益と同様に，企業の実体利益をあらわさず，たんなる帳簿上の操作による架空利益をあらわすことになるけれども，全体利益としては，後者のそれとは異なって，企業の実体利益をあらわして架空利益のままには終わらない」[75] という特徴をもっているのである。

　この点については，黒澤教授も，「会計処理を毎期継続しなくても，一方では前期からの繰越額をそのまま今期の計算に用いるとともに，他方ではいわゆる包括主義的な利益概念をとるかぎり，シュマーレンバッハのいわゆる期間利益の総和と全体利益との合致がえられる」[76] と説明しておられるように，かりに，会計処理の方法が毎期変更されて，その結果期間損益計算の相対的真実性が維持されなかったとしても，全体的には何ら問題を生じさせないという極めて不都合な結果となってしまうのである。

　しかしながら，全体利益は，企業が継続企業であることをやめて，最後に清算する場合に計算される利益であるのに対して，ここで議論してきたのは，期間損益計算における毎期の相対的真実性の議論である。したがって，たとえ継

続性の変更が全体利益の観点からは問題を生じさせないとしても,継続性の原則の本質である恣意的な利益操作可能性を排除することによって期間損益計算における毎期の相対的真実性を保証するという重要な役割はいささかも低められるものではないのである。

　それにしても,この当時の証取法会計・監査と商法会計・監査との間のギャップと優劣関係の解消に費やされたエネルギーは相当なものであったと,当時を振り返るのである。しかも,商法の立場のなかには,継続性の原則を認める田中教授のような少数意見もあったし,上記のサンウェーブ事件の判例もあったが,他方,味村氏に代表される法務省民事局の考え方は,それと真っ向対立する立場で継続性の原則を認めていなかったのである。

4 継続性の変更とその「正当な理由」

　継続性の原則は,一つの会計処理方法を長期にわたって継続的に適用することを通じて利益操作可能性を排除するとともに相対的真実性を支える重要な原則であるが,それだからと言って,企業会計原則は会計処理の方法の変更を全面的に禁止しているわけではない。一般原則の五において,

　「企業会計は,その処理の原則及び手続を毎期継続して適用し,みだりにこれを変更してはならない」(傍点引用者)と規定するとともに,注解の3において,

　「いったん採用した会計処理の原則又は手続は,正当な理由により変更を行う場合を除き,財務諸表を作成する各時期を通じて継続して適用しなければならない」(傍点引用者)と述べているように,会計処理の方法を変更することに関して「正当な理由」のある場合に限って,それが認められることとなっている。

　そして,ここで注意しておかなければならないことは,先述したように,会計処理の方法を変更した場合にはそれによって相対的真実性が破壊されることになるのであるから,この「正当な理由」については,相対的真実性を犠牲にしてまでも会計処理の方法を変更せざるをえないだけの強力な根拠が必要とさ

れるということである。

　ところが，このように「正当な理由」については強力な根拠が必要とされるにも拘らず，企業会計原則それ自体は，その設定の当初から今日まで，「正当な理由」についての具体的な解釈指針を与えてきていない。

　そのため，先にも引用したように，継続性の原則を認めない立場からは「会計上の継続性の原則は，その内容が必ずしも明らかでなく，ことにどのような理由が会計処理の方法を変更することについて正当な理由とされるのかが不明であって，これに法律上の効果を結びつけることは法的安定を害する」とか，「(日本公認会計士協会の考えている正当な理由が) 信頼できるものであるかどうかは疑問である」といった批判の対象となっていたのである。会計学・監査論の立場からも，当然，「正当な理由」の有無は会計処理の方法を変更して期間損益計算における相対的真実性を破壊することを可とするかどうかを判断する重要な判断基準なのであるから，企業会計原則が「正当な理由」という用語を使用していながらその解釈指針を具体的に提示していないということは，そのこと自体が一つの重要な問題を孕んでいたということができるであろう。

　しかし，企業会計原則が設定された当初は，この「正当な理由」についてそれほど大きな注意が払われなかったのではないかと想像できるのである。たとえば，1950 (昭和25) 年3月に中央経済社から刊行された『企業会計原則 (黒澤清教授訳解付)』では，その副題が示しているように，その前年に黒澤教授が『財政経済広報』に連載された「訳解」を採録したものであるが，「(継続性の原則は) 企業会計が今期と次期とを比較可能にするように，一貫した会計基準又は手続を採用することを要求するものである」(カッコ内引用者) という説明は行われているものの，当時の一般原則の五の後段である「正当な理由により，会計処理の原則又は手続に重要な変更を加えたときは，これを財務諸表に注記しなければならない」という文章に関してはまったく触れられていなかった[77]。また，黒澤教授とともに企業会計原則の立案者であった岩田教授も，『会計原則と監査基準』において「正しい処理が重要でないというのではない。が，処理を変更しない方がより重要なのである。だからといって処理手続の変

更を禁止するわけではない。正当な理由があれば変更もまた已むをえない」[78]と述べて,「正当な理由」がある場合には会計処理の方法を変更することがありうるとの考え方を示しておられるものの,説明はそれだけに留まり,「正当な理由」そのものの内容については触れておられないし,後段については,「ここにいわゆる重要性の原則（principle of materiality）が頭を出していることは注意すべきである」[79]と述べて,「正当な理由」よりもむしろ「重要性の原則」に着目しておられるほどである。

その岩田教授が「継続性はアメリカでは最も重要な原則と認められている」[80]と述べておられるそのアメリカにおいて「継続性の原則」を最初に取り上げたメイ書簡の書かれた当時,会計処理の方法を変更することはどのように捉えられていたのであろうか。メイ書簡を受けて,ニューヨーク証券取引所々長であったリチャード・ウイットニーは,同取引所に上場されている各社の社長宛に6項目の質問事項を送付し,各社の監査人からそれぞれの項目について回答を得るように要望したが,その第5番目の質問事項は,「財務諸表は監査人の意見によれば,会社が正規に採用している会計方法を継続的に適用して,適正に決定されているかどうか」[81]という継続性の原則に関するものであった。

これに対して,その当時の9大会計事務所は次のように回答した。まず,継続性の原則そのものについては,「われわれは証券取引所と同じように,方法の継続性に大きな重要性を認めます」と述べてその重要性を認めているものの,さらにつづけて,「この問題に対してさらにわれわれの意見が求められていると思われることは,原則がたとえ継続的に守られているとしても,経営成績の決定において必然的に判断が重要な役割を果たすということです。監査人の意見では,経営者の判断が年度初めにおけるよりも年度末において多少保守的であっても,あるいはその逆であったとしても,会計士が第5の質問に（会計方法を継続的に適用して,適正に決定されている,と）肯定的に答えることに反対することはない,とわれわれは考えます」[82]（カッコ内引用者）と答えて,継続性の原則を遵守することに関して,多少の融通をきかせうるとの考え方を示

しているのである。この点に関しては，メイ自身も，「監査報告書において継続性が強調されていることはまったく望ましいことである」と述べて，継続性の原則を重視するという考え方を示しながら，さらにつづけて，「しかし，普通法と同様に，会計も安定性とともに弾力性と適応性との要素をもたなければならない。それゆえ，継続性の絶対的なルールは存在しえないのであって，ただ，継続性が通常のばあいは維持されなければならないという一般的な勧告と，継続性からの重要な離脱とその結果とは，適当に明示されなければならないというルールとが存在するのである」[83]と述べて，やはり，継続性の原則を遵守することに関して，弾力的な取り扱いをすることが許されるとの考え方を示していたのである。

とすれば，わが国において企業会計原則を設定するさいに，継続性の原則の重要性を認識する程度が上述のような低いものであったとしても，それはあながち責められるべき筋合のものではないのかもしれない。しかしながら，企業会計原則が設定された当初の状況はどうであれ，「正当な理由」の有無が期間損益計算における相対的真実性を犠牲にしてまでも継続性の原則を遵守しないことを認めるか否かの鍵となる程の重要性をもっている限りは，その内容を検討しないで済ませることはできないのである。

しかも，この当時，細田末吉氏がはっきりと指摘しておられたように，「利益の捻出または圧縮を意図もしくは目的としたことが明白な会計処理方法の変更事例は枚挙にいとまがなく，その会社数，件数ともに夥しい数にのぼっているにもかかわらず，それらの変更事例のすべてが『正当な理由』のある変更とされているのが現今の偽らざる現実である」[84]ならば，「正当な理由」の内容の検討を通じて「継続性の原則」の意義を再認識することは，われわれ会計学者につきつけられている当面の大きな課題であるということができるであろう。このように，私は当時書いたのであるが，今でも同じことを書かなければならない現状の存在していることが一つの重要な本書の執筆動機なのである。

それでは，企業会計原則それ自体は説明していない「正当な理由」の具体的例示は何によって知ることができるのであろうか。

たとえば、この当時すでに「旧」をつけられていた財務諸表規則取扱要領第179は、棚卸資産の評価基準および棚卸方法の変更の認められる場合として「経済事情の著しい変動、経営規模の変更等に基く正当な理由がある場合」と規定していた。また、同様に「旧」をつけられていた法人税法取扱基本通達179は「経済事情の激変、事業の規模の著しい拡張又は縮小等により従前の評価の方法によっては適当な評価をなすことができないと認められ、且つその後変更した方法を相当期間内に再び変更するようなことがないと認められるとき」と規定していた。これらによれば、「正当な理由」の内容は「経済事情の著しい変動」や「経営規模の著しい変更」と考えることができる。

また、この当時は生きていた日本公認会計士協会監査委員会報告第20号「正当な理由にもとづく会計処理の原則又は手続の変更について」(1999年9月7日廃止) は次のように列挙していた。

(1) 従来、慣行的に採用されていた会計処理の原則又は手続から明らかに合理的であると認められる会計処理の原則、又は手続に変更する場合

(イ) 税法に規定する方法から他の一段に認められた合理的な方法への変更

(ロ) 現金主義による会計処理の方法から発生主義による会計処理の方法への変更

(2) 従来、採用されていた会計処理の原則、又は手続によった場合にくらべ、会社の財務内容をより適正に表示することとなる場合の変更

(3) 会社の財務状態に著しく不利な影響を及ぼす可能性のあるときに、保守主義の原則を適用し会計処理の方法を変更する場合、たとえば、たな卸資産の時価が取得原価より著しく下落する傾向ある場合における原価基準より低価基準への変更

(4) 会計処理について規制する法令、又は税法の所得計算に関する規定の改正等にともなって変更する場合

(5) 会社の業務を監督する行政庁における関係法令等の解釈、運用方針等にともなって変更する場合

そして，この当時，これらの場合のすべてやその一部が会計学の教科書等において，継続性の変更を認める「正当な理由」として例示されていた。しかしながら，これらの例示については，それらをそのまま受け入れることのできない問題点が伏在していたのである。

それは，会計事実と会計環境を混交していたことにあった。

まず，先に掲げた「経済事情の著しい変動，経営規模の変更等に基く」場合とする旧財務諸表規則取扱要領第179の規定について，味村氏が「（正当な理由の）定義づけを行ったのではない」（カッコ内引用者）とされながらも，「正当な理由を例示した」[85] ものととらえられ，また，木内佳市教授が，「いずれも真実性の原則および明瞭性の原則を害する場合に限定されている」との条件をつけておられながらも，「正当な理由」による変更の例示としてとらえてもよいとの考え方を示しておられた[86] のに対して，監査委員会報告第20号は「正当な理由」による変更の例示としてはとらえていなかったのである。

すなわち，その「解説」の6「会計事実の変動により会計処理の方法を変更する場合について」において，「経済的事情の変化にともない会計処理の方法を変更する場合は，会計処理の原則又は手続の変更には該当しない」として，次の3つの場合を例示していた。

1) 為替変動等著しい経済情勢の変化にともない，従来の会計処理の方法からより妥当な会計処理の方法へ変更する場合
2) 陳腐化等の理由により設備資産の耐用年数を短縮する場合
3) 関係会社の新設，工場買収，合併等著しい企業規模の変化にともない，従来の会計処理の方法では実態に即し得なくなった場合において，より妥当な新しい会計処理方法を採用する場合

この「解説」には，「わが国における監査実務の面から見ると，上記各項目を正当な理由にもとづく継続性の変更としてとらえてもよいのではないかとした意見もあった」という限定はつけられているものの，基本的には，監査委員

会報告第20号の前年に発表された日本公認会計士協会副会長通牒「当面の証券取引法監査実施に関する留意事項」（以下，副会長通牒と略す）において示されていた「会計事実に変動があったため，従来採用している会計処理方法をそのまま適用することにより財務諸表の適正性を害することが明らかな場合には，当然のことにその会計事実に適応する会計処理の方法に改めなければならないのであるから，この場合は，会計処理の原則又は手続の変更には該当しない」との考え方を踏襲していた。すなわち，会計処理の方法を「当然に」変更しなければならない場合というのは，変更するかしないかの判断の余地がないのであるから，継続性の原則を適用する以前の問題であり，したがって，変更に際して「正当な理由」を考慮する必要がないのである。

ところが，この考え方は，監査委員会報告第20号と同じ1975（昭和50）年5月7日に発表された日本公認会計士協会会計制度委員会報告「『継続性の原則』『特定引当金』等と商法監査の実施との関連について」（以下，会計制度委員会報告）において示された考え方とは必ずしも一致していないのである。

まず，監査委員会報告が例示していた二つの事例のうち，後者の「関係会社の新設，工場買収，合併等著しい企業の規模の変化」が生じた場合については「従来の会計処理の方法では実態に即し得なくなった場合において，より妥当な新しい会計処理方法を採用する」という条件が付されているのであるから，この場合には，会計制度委員会報告が「会計事実に変化が生じたような場合，あるいは，当期より新しく発生した会計事実に対し，従来と異なった方法を採用してもこれは継続性の問題とはならない」と述べているように，継続性の原則を適用する以前の問題と考えてもさしつかえないであろう。

ところが，他方，前者の「為替変動等著しい経済情勢の変化」に伴なって会計処理の方法を変更する場合については注意する必要がある。すなわち，会計制度委員会報告が「会計環境と会計事実とは異なるものであることに留意する必要がある。会計事実とは，会計上の取引が存在し会計仕訳を行う対象となる事実であり，会計環境とは，このような会計事実をとりまいている，そして，この事実に対して採用する会計処理の原則又は手続の選択に影響をおよぼすよ

うなもろもろの要因をいうのであって，これを混交すると，すべての変更を会計事実の変更に帰着させ，継続性原則の適用を免れさせることとなる」と述べて注意を喚起していた．その会計環境と会計事実の混交に相当すると考えられるのである．会計制度委員会報告は，つづけて，「棚卸資産の受払いという会計上の取引について継続記録を行い，（中略）従来，先入先出法を採用してきたものについて，インフレの亢進という経済情勢の変化に応じて（中略）後入先出法に変更したような場合を想定してみると，棚卸資産の受払いを継続記録をもって行っているという事実が会計事実であり，会計環境は，インフレの亢進という経済情勢をいう」との会計事実と会計環境の定義づけを行ったうえで「これを，かりに，会計事実と会計環境を混同し，インフレの亢進という経済情勢の変化を会計事実の変化と見るときは，会計事実が変化したのであるから，同一の会計事実でなくなり，したがって，もはや継続性原則の適用対象ではないとされるおそれが生じる」と述べているとおり，「著しい経済情勢の変化」というものは会計事実の変化としてではなく会計環境の変化としてとらえなければならない．つまり「著しい経済情勢の変化」が生じたとしても，それは，監査委員会報告第20号が述べているような，無条件で「会計処理の原則又は手続の変更には該当しない」と考えてもよいものではなくして，まさしく「正当な理由」の有無についての判断を行わなければならない場合に相当すると考えられるのである．黒澤教授は，継続性を遵守しなくてもよい「正当な理由」について「いちじるしい情勢の変動（すなわち景気の変動，戦争の発生，インフレーションの激化等）があった場合」[87]を挙げておられたが，しかし，資本主義経済体制においては日常茶飯事とも言える「景気の変動」を「正当な理由」としてとらえたり，まして会計事実の変動と見なした場合に生じる弊害は，深く考えるまでもなく自ずから明らかであろう．

　すなわち，著しい経済情勢の変化があったからと言っても，その場合に行われる会計処理方法の変更が無条件で，「会計処理の原則又は手続の変更には該当しない」としてそのまま認められるものでもなければ，「正当な理由」にもとづく変更と看做されるわけでもない．内川教授が指摘しておられたよう

に[88]、著しい経済情勢の変化があったにも拘らず、「従前の会計処理の方法が、なお、これまでと同様に、一般に公正妥当と認められる企業会計の基準に照らして、会社の財政状態および経営成績を適正に表示していると認められる」場合も存在しうるのであるから、そのような状況において会計処理の方法の変更が行われたなら、「その変更は、公正な会計基準の観点、つまり、会社の財政状態および経営成績を適正に表示するとはいえないものとなっている」のである。

以上述べたように、会計事実と会計環境とを混交することは、継続性の原則の効果を実質上無効にしてしまうほど重大な問題を含んでいるが、現実に監査委員会報告第20号の「解説」の記述においてそれが見られるということは、「正当な理由」に関する日本公認会計士協会の当時の考え方の曖昧さを如実に物語っていると言えるであろう。

さらに、監査委員会報告第20号の「解説」において、「会計処理の原則又は手続の変更には該当しない」場合すなわち継続性の原則を適用する以前の問題として例示されている項目のなかには、その意図に反して、会計事実の変動と会計環境の変動を混交したものが含まれている。しかし、そのことについては一応考察の外におくこととするならば、監査委員会報告第20号は、「当然に変更しなければならない場合」については継続性の原則を適用する以前の問題と捉えているのであるから、監査委員会報告第20号それ自体が例示している五つの事例については、当然のことながら、それらが「当然に変更しなければならない場合」に該当すると考えているはずはないであろう。ところが、この監査委員会報告第20号の本文と解説とを読み比べて検討するならば、それが必ずしもそうとは言いきれないのである。

まず、「会計事実に変動があったため、従来採用している会計処理の方法をそのまま適用することにより財務諸表の適正性を害することが明らかな場合には、当然にその会計事実に適応する会計処理の方法に改めなければならないのであるから、この場合は、会計処理の原則又は手続の変更には該当しない」とする副会長通牒に示された考え方に関しては、これをその文面どおりに捉える

ならば，異論をとなえる余地はない。というのは，財務諸表の適正性を害することが明らかな会計処理の方法というのは，その状況においては一般に公正妥当な会計処理の方法と看做すことができないから，その状況に合致する一般に公正妥当な会計処理の方法に変更しなければならないことになり，変更するかしないかという判断の入り込む余地はないわけであり，これは継続性の原則が適用される以前の問題であると考えられるからである。

この点については，新井清光教授が，「変更された新たなる原則等がその変更の背景となった情況に正しく合致するという事由（中略）が積極的に明示できるならば，その変更は『してもよい』といったものではなく（中略）つまり継続性原則上の変更（2号限定にかかわるもの）ではなく（中略）『しなければならない』といった会計原則本来の適用問題（1号限定にかかわるもの）になるはずである」[89]と述べておられるとおりである。

それならば，監査委員会報告第20号が「正当な理由」にもとづく変更と認めるものとして列挙している例示のうち「(1) 従来，慣行的に採用されていた会計処理の原則又は手続から明らかに合理的であると認められる会計処理の原則，又は手続に変更する場合」においても，その文面上，上記の副会長通牒において示されていた「財務諸表の適正性を害することが明らか」という判断基準と同様の明白な判断基準が示されているのであるから，これもまた「正当な理由」の判断を行う以前の「当然に変更しなければならない場合」と捉えるべきではないだろうか。すなわち，これら両者には，ともに「明らかに合理的な方法」が存在しているのであるから，両者をことさらに区別する必要はまったくないのであって，両者とも継続性の原則に拘泥することなく当然に明らかに合理的な方法に変更しなければならない場合に相当すると考えられるのである。

他方，監査委員会報告第20号が「当然に変更しなければならない場合」として例示している「為替変動等著しい経済情勢の変化にともない，従来の会計処理の方法からより妥当な会計処理の方法へ変更する場合」という文章には，先の副会長通牒が示していたような明白な判断基準が示されているわけではない。すなわち，経済情勢に著しい変化が生じたために従来の会計処理の方法が

公正妥当なものでなくなったから新しい方法に変更するのではなく,「より妥当な」という表現が示しているように,従来の会計処理の方法も依然として公正妥当な方法ではあるけれども,変化後の経済情勢にとってはその方法よりも妥当と思われる（が,しかしそれを客観的に示すことのできない）方法が存在するという状況を想定していると考えられるのである。つまり,この場合は,一般に公正妥当と認められる会計処理の方法相互間の客観的には明示しえない相対的な優劣を問題にしていると言えるであろう。

そして,このように一般に公正妥当と認められる会計処理の方法相互間の相対的に劣った方法から相対的に優った方法へと行われる変更でありながら,その優劣については客観的に明示することのできない場合についても,監査委員会報告第20号が考えていたように「会計処理の原則又は手続の変更には該当しない」として継続性の原則の適用以前の問題と捉えることが可能であるのならば,同じく監査委員会報告第20号が「正当な理由」にもとづく変更と認めるものとして列挙している例示のうち,「(2) 従来,採用されていた会計処理の原則,又は手続によった場合にくらべ,会社の財務内容をより適正に表示することとなる場合の変更」もまた,その判断基準は曖昧なものであるけれども「正当な理由」にもとづく変更の事例ではなくして,変更しなければならない場合の事例すなわち継続性の原則を適用する以前の問題と捉えられることになるのではないだろうか。つまり,これら二つの例示をことさらに区別しなければならない理由は見当らないように考えられるのである。

さらに,吉田氏もまた,監査委員会報告第20号の例示を詳細に検討されたうえで,次のように明確に批判しておられるのである。すなわち,監査委員会報告第20号「に掲げる正当な理由に基づく会計処理の変更の場合は,(5)の場合を除いては,変更しなければ,違法となる場合であるから,正当な理由に基づく会計処理にはちがいないのであるが,これでは,会計処理を変更しなければ違法となる場合以外には,会計処理の変更は許されないということになりそうだ（もっとも,行政官吏の指導があるときはそれが妥当であると否とに関係なく正当な理由に基づく変更となっているが）。とすると,会計処理の原則または手

続の変更は従来正当でない原則または手続を採用していた場合に，これを変更して適正な処理に変更する場合にのみ正当の理由があると認められるのであって，したがって，会計処理の原則または手続の変更が認められる場合は殆んどないということになる。」[90]

そして，監査委員会報告第20号の示している5つの事例が相対的に優劣のつけられる場合であって，その場合には当然に最適の方法を選択適用しなければならないという考え方を支持するにせよ，あるいは，正当でない方法から正当な方法への変更の場合であるという考え方を支持するにせよ，いずれにしてもこれらの事例は当然に変更しなければならない場合の事例であると考えられるであろう。とすれば，内川教授が，「企業会計原則の注解3において問題となっている継続性の変更は，選択適用の認められている方法相互間の変更，つまり，変更前の方法に対して変更後の方法が，より合理的あるいはより適切であるとはいえない場合の変更であるのに対し，(監査委員会報告第20号)に示されている，正当な理由にもとづく変更として認められている五つの事例の場合は，いずれも，変更前の方法に対して変更後の方法がより合理的あるいはより適切であるといいうる場合の変更であるから，(中略)その正当な理由についての説明は，(注解3で問題となる場合の変更についての正当な理由に関しては)少しも説明を与えたことにならない」[91]（カッコ内引用者）と批判しておられたとおりであると考えられるのである。

しかしながら，ここで注意しなければならないことは，内川教授が自ら疑問を呈しておられるように，「変更前の方法と変更後の方法とが，同様に，企業会計上合理的であり適正であると認められる場合において，その変更が企業会計上『正当な理由』にもとづくものであるという場合が，はたして，企業会計原則注解等で一般的に規定しうる形において存在しうるであろうか」[92]という疑問が生じるということである。

すなわち，客観的に優劣の明らかな会計処理の方法相互間においては，相対的に劣った方法から相対的に優った方法へと変更することについて，それを正当化する基準が客観的に示しうるのに対して，客観的に優劣のつけがたい会計

処理の方法相互間においては,どちらかを選択適用することについての客観的な判断基準が存在しえないのであるから,当然のことながら,優劣のつけがたいある方法から優劣のつけがたい別の方法に変更することについても客観的な判断基準が存在するはずはないのである。しかも,継続性の原則というものは,本来,一つの会計事実について二つ以上の優劣のつけがたい会計処理の方法の選択適用が認められている場合に機能すべき原則であるから,変更についての「正当な理由」が必要とされるのは,その優劣のつけがたい会計処理の方法相互間の変更であるにも拘らず,その場合には上述のように客観的に「正当な理由」を提供することができず,逆に,「正当な理由」を客観的に思考しうる場合というのは,上述のように,会計処理の方法相互間に優劣のつけられる場合であり,その場合には優れた方法を選択する判断が客観的に行いうるのであるから,継続性の原則を適用する必要がなくなってしまうというまったく奇妙な事態を招来することとなるのである。

そのことをふまえたうえで企業会計原則の注解3を読めば,その意味するところは,内川教授が指摘しておられるように,「企業会計原則の注解3における(中略)変更においては,たとえ,その会計上においては(種々の正当化される)理由が述べられているとしても,それらの理由は,さきの一般に公正妥当と認められる企業会計の基準に照らして,会社の財政状態および経営成績をより適正に表示する,という意味における『正当な理由』ではなくして,たんに『財務の健全化』あるいは『事務の合理化』さらには『経営環境の変化に伴う減価償却費の合理的な期間配分』等,その変更を行った企業自身にとっての『正当な理由』したがって,より正確にいえば,企業自身にとってより有利でありより適切であるという意味における『正当な理由』となっているのである」[93](カッコ内引用者)と結論づけざるをえないことになる。

ところで,企業が最初にある会計処理の方法を選択適用する基準は何であろうか。

企業会計原則の注解1-2は,「財務諸表には,重要な会計方針を記載しなければならない」として七つの会計方針を例示したうえで,「会計方針とは,企

業が損益計算書及び貸借対照表の作成に当たって，その財政状態及び経営成績を正しく示すために採用した会計処理の原則及び手続並びに表示の方法をいう」と規定している。これによれば，会計方針を選択適用する際には，その会計方針が財政状態と経営成績を正しく示すことをその判断の基準とすべきことが要求されている。また，会計制度委員会報告が，「企業会計が一つの会計事実について二つ以上の会計処理の原則及び手続の選択適用を認める理由は，企業の多様性に即しその時の事情に最適の方法を採用させるためである」と述べているところから，正しく示すことに優劣の順位のつけられる場合にはそのうちの最適の方法を選択適用すべきであるとの考え方が示されている。それでは，「正しく示す」あるいは「その時の事情に最適の」という判断がかりにあらゆる場合において「客観的に」行いうるとすれば，繰り返し述べたように，継続性の原則は不要であるということになってしまうのである。なぜならば，客観的に優劣の明らかな会計処理の方法相互間においては，優った方法を選択する基準が客観的に示されているわけであるから，当初の選択適用に際してその優った方法を選択しなければならないのは当然のことであるし，それ以降においてもその方法が相対的に劣った方法になってしまったなら，その時点で優った方法へと変更しなければならないことになり，本来一つの会計事実について二つ以上の優劣のつけがたい会計処理の方法の選択適用が認められている場合に機能する原則である継続性の原則というものは必要がないからである。

　他方，企業会計原則において相互に優劣をつけがたい二つ以上の合理的な方法が認められている場合には，そのいずれを採用するかは企業にとってまったく自由である。すなわち，企業は選択可能な会計処理の方法のうち，自己にとってもっとも都合のよいあるいは有利な方法を選択することが可能なのである。

　この点について，木村重義教授は，「もともといくつかの方法のうちからある方法が選ばれるのは，その方法が当該企業にとって（イ）有利であるか（ロ）実情に即しているか（ハ）技術的に最も簡単であるか，によるであろう」[94]と述べて，会計処理の方法を選択適用する際の判断基準が当該企業の主

観にもとづくという考え方を示しておられる。熊野實夫教授は,「会計方針の決定はすぐれて経営的な決定であり,会計のなしうることは,経営者の決定を財務諸表に映しとることだけである」[95]と述べて,会計方針の決定が経営方針の決定に準ずるという考え方を示しておられた。

一方で,河合信太郎氏のように「主観的判断が専断であっていいということはなく,むしろその判断は客観的に合理性をもつことが要請されるのである。そして慣習の採用についても,よるべき慣習は,できるだけ真実表現のために役立ち得る方法を採用することが義務づけられている」[96]と主張される立場もあるが,ここでは,企業会計原則が設定された当初に,黒澤教授が「継続性の原則が一方において企業経理の自由を認めている根拠は,いかなる会計処理の原則でも,それが合理的方法であるかぎり,これを長期間継続的に適用するときは,それらの間の誤差が減少し,異なる方法によって求められた結果が,ほぼ一致するにいたるものである」[97]と述べておられたように,どのように自由に決定されようとも,それが一般に公正妥当と認められた方法であるならば,継続的に適用されている限り,問題は生じないと考えるのが妥当であろう。

ところが,上述したように,一般に認められた会計処理の方法の範囲内において企業が自由に自己の会計処理の方法を選択することができるのであれば,しかもその適否を客観的には判断しえないのであれば,各企業の経営者が法に反しない限り自由に決定しうる経営方針の変更にもとづいて,あるいは,たえず変動している経済環境の変化に応じて,それらに適応すべくこれまでの会計処理の方法から別個の会計処理の方法に変更することは,それらがいずれも一般に公正妥当と認められた会計処理の方法の範囲内であれば自由に行いうることとなるのではないだろうか。ただし,この変更によって継続性は切断されることになるから,変更の理由と影響額等の注記は当然に行わねばならないことになる。

この点を重視される新井教授は,「本来,正なる原則等には必ずその正当性を裏づける論拠があり,しかもその正当性は変更理由の正当性と結びついているために,正なる原則等の変更については,これらの『正当な理由』を適宜あ

てはめることにより，変更の正当化は随時可能になるものと考えられる」[98]と主張しておられた。これは，一般に公正妥当と認められる方法相互間においては，当初の選択適用が自由に行えるのと同様に，その後の変更もまた自由に行えるとする考え方である。

　もしもこの考え方が是認しうるものであるとするならば，1956（昭和31）年12月に設定された旧監査報告準則が「監査人は，次に掲げる場合には，その旨及び理由並びに第二号若しくは第三号の場合にはその財務諸表に及ぼす影響を記載しなければならない」と規定していた項目のうち，第三号の「企業の採用する会計処理の原則及び手続について，当期純利益に著しい影響を与える変更が行われた場合」の後段に「但し，正当な理由による期間利益の平準化又は企業の堅実性を得るために行われている場合を除く」と記述されていたことに端的にあらわれているように，例えば，「会社の決算というものは景気の変動による影響を受けるから，企業会計の現場では毎年度ごとに絶対的真実をつらぬくことは難しい。会社の信用を維持し企業の安定経営をはかるためには各年度の利益の平準化ということを考えなければならない」[99]という主張や，「たまたま利益が多いので，むしろ健全なる，ベターな方法へ変えていく。それはむしろ好ましいことではなかろうか」[100]という主張を読むと，この当時は会計処理の方法を変更することが安易に行われていたことが想像できるのである。そして，さらに，新井教授が述べておられるように，「監査意見の表明に関し，しばしば原則違反（1号限定）よりは継続性違反（2号限定）のほうが罪が軽い？と俗にいわれる」[101]状況があるのであれば，「この原則は事実上『尻抜け』になっているといわざるをえない」[102]という状況へとつながっていくこともまた，十分に想像できるのである。

　それにも拘らず，会計学者はなぜ継続性の原則を重視し，「正当な理由」がない限り会計処理の方法を変更すべきでないと主張するのであろうか。しかも，一般に公正妥当と認められた会計処理の方法相互間においては変更することについての「正当な理由」を客観的には明示することができないにも拘らず，みだりに変更してはならないと執拗に主張しているのであろうか。

その理由は，繰り返すが，自由な継続性の変更を認めるならば，利益操作を容認することとなるからに他ならない。木村教授が指摘しておられるように，複数の方法の中から任意の一つを選択適用する制度は継続適用を前提とするので「継続性が守られないなら複数の方法をみとめることは無意味なばかりでなく，有害な混乱をもたらすことになる」[103]のである。

　継続性の原則が選択可能な複数の会計処理を認める大前提であるならば，「継続性の原則における変更とは，常に正なる原則等間の変更であり，かつ，それらの正なる原則等の背後には，それらを正当化する理由が必ず用意されているはずであるから，（それが用意されていなければ原則等そのものの正なることの主張はできないはずである），これらの原則等間の変更には，どのような変更であっても当然，それを正当化する論拠・理由が存在していると考えられる」[104]という主張は，会計処理方法の公正妥当性をそのまま変更の正当性と結びつけておられる点において謬見と言わねばならないであろう。細田氏が主張しておられるように，「新たに方法を選択することと，すでに選択し，適用してきた方法を他の方法へ変更することを同一視することは，後者には従来適用してきた方法を廃棄するという重大なプロセスが含まれている点を全く無視するものであって到底首肯しがたいところである。変更によって新たに選択される方法がいかに正当と認められるものであるからといって，ただそれだけで従来の方法を廃棄することを当然に正当化することはできない」[105]からである。

　したがって，たとえ現実が，「会計処理方法の変更によって利益の捻出又は圧縮という魔法にも似た絶大な効果が期待され，しかも監査上もフリーパスということであれば，利益の平準化，安定配当が強く要請される今日の企業において敢然と伝家の宝刀が抜き放たれ，魔法の杖が振られるのはむしろ当然のこと」[106]であるとしても，そのことを是認してしまって，新井教授が主張しておられるように，「継続性の原則は，正なる原則等間における変更を対象とし，かつ，その目的は期間比較の確保にあるのであるから，変更が行われた場合には，過年度との比較ができるような措置を会社側に要求することこそ有意義な措置であって理由の正当性をうんぬんすることは余り実質的な意味をもたな

い」[107]と考えることは，たとえ注記するなどの措置をとったとしても，かりに経営者によって利益操作が行われた場合に，その利益操作を排除することができないということだけに留まるものではなくして，さらに重要なことには，「むしろ逆に，その注記によって，この経営者による利益操作の事実を，そのまま財務諸表上において肯定する結果とさえなる」[108]からとうてい首肯しえないし，また味村氏が主張しておられるように，「正当な理由」の不明瞭さを根拠として，これに法律上の効果を結びつけることに反対し，もって法的安定性を得ようとすることは，久保欣哉教授が，「不当な利益操作→違法配当→刑事責任の関連性を，継続性の原則適用の否定によって断ち切り，結果として現状を承認することで法的安定性を確保しようと目論みることが，実は企業理事者の対社会的責任を糊塗し，ひいては法秩序に対する真摯なる信頼感を阻害し，むしろわが国社会の一般的道義の頽廃を助長するに至る」[109] おそれがあると述べておられるように，これもまた認めることはできないのである。

ところで，味村氏は，「株式会社の計算書類は，最終的には，株主総会の決議によって確定するのであるから，商法が継続性の原則を要求するという説は，過去における会計処理の方法を正当な理由がなければ変更することができないという拘束を株主総会に課することになるが，そのような結論は，商法の体系に合致しないということである。すなわち，定款のような会社の根本規則でさえも，株主総会の特別決議をもってすれば，法律に反しない限り，変更することができるのであって，それについて正当な理由が要求されることはない。商法が二以上の会計処理の方法を許容している場合に，その範囲内で方法を変更することは，正当の理由がない限り株主総会の決議をもってしても許されないとすることは，定款変更に比して著しく厳格であって，明文の規定がなくては認めることができない」[110]と述べて，継続性の変更については，ことさらに「正当な理由」を必要とするものではないという主張をしておられる。ここで，定款変更については，法に反しない限り「正当な理由」がなくてもそれを行いうることはそのとおりだとしても，重要なことは，定款変更は将来に向かって効果を有するものであって，過去の事実を遡及的に修正することを目的

にしたものではないということである。すなわち，定款にせよ，経営方針にせよ，それらは，いずれも将来に向かって効果を有しているのである。そして，同時に「いったん採用した経営方針を，その結果をみて遡及的に変更するということは，客観的な歴史的事実を覆すことであって，とうてい不可能である」[111]ということに注意しなければならない。

　ところが，会計上の決算は各会計年度末に行われるところから，「経営者が，そのこうむった損失あるいは不当に過大な利益を，従来採用していた会計方針のその期末における変更によって糊塗しあるいは隠蔽しようと試み」[112]ることはしばしば実務上で見られるところであって，これは，会計方針の場合には，技術的に修正が可能であるところから，期末において会計方針の変更，すなわち継続性の変更を行って，結果として経営方針を事後的に修正しようとしていることに他ならない。すなわち，経営方針の変更あるいは味村氏の主張される定款変更の場合には，その変更は将来に向かってなされるにすぎないが，会計方針の変更の場合には，その変更が過去に遡及して行われうるということである。言い換えるなら，先の味村氏の主張は，定款変更のように将来に向かって効力を有する変更と，会計方針の変更のようにすでに生じてしまっている過去に向かって遡及的な効果をもたらしうる変更とを，同一の性格をもった変更として捉えるという過ちを犯しておられると言わざるをえない。

　すなわち，期末において会計処理の方法を変更することは，それがすでに生じている事実に対して，それを修正するという遡及的効果をもたらすからこそそれを認めることができないという意味で，会計学者は継続性の原則を重視し，「正当な理由」のない限り変更してはならないと主張しているのである。

　しかしながら，本節における考察をとおして「正当な理由」というものを客観的には提示することのできないことが明らかとなった。

　そのような現状においてはどのような改善策が考えられるであろうか。一つの方法として，内川教授は，「選択の認められている会計処理の原則または手続相互間の変更については，前期末において選択適用された会計処理の原則または手続が，当期首においてそのまま受け継がれた場合には，その当期末にお

いては，その受け継がれた会計処理の原則または手続の変更は，企業会計上適正な変更としては認められるべきではない」[113]と主張しておられる。

　それは，本節における考察から明らかになったように，会計方針の選択が経営方針の一端として各企業の自主的な判断において任意に行いうるという性格をもつものである以上は，その変更が，公正妥当と認められた会計処理の方法相互間の変更である限り，その変更についての「正当な理由」に関していくら議論を重ねたところで，客観的に認められる「正当な理由」の具体的内容を明示することはできず，その「正当な理由」は当該企業にとっての「正当な理由」としか考えることができないのであるから，けっきょく，「正当な理由」の具体的内容を明らかにすることが継続性の原則を厳格に適用することの助けとはなりえないということである。そのことはまた，むしろ，会計方針の選択およびその変更が経営方針の一端であるというその事実の方に目を向けることによって，継続性の原則を捉え直した方が実状に即しているのではないか，ということに他ならない。

　そして，会計方針と経営方針とを同一視するのであれば，結果を見て経営方針を遡及的に変更することが絶対に不可能である以上は，会計方針もまた，結果を見て遡及的に変更することを認めるべきではないと考えるものである。

　ただし，翌期からの変更では手遅れとなってしまうような場合，すなわち，当期末において会計処理の方法を変更しないならば企業の存続が危うい場合には，企業自体の継続性を優先させるために会計方針の継続性の変更を例外的に認めてもさしつかえないであろう。けだしそのような緊急の場合には利益操作の余地はないであろうと思われるからである。

　一方，定款の変更と同様に，将来に向かって会計方針を変更することは当然に認められるが，しかしその場合でも，みだりに変更することは認められないであろう。というのは，一定の方法を継続的に適用することによって各期間が相互的に真実であるという意味での相対的真実性が維持されているわけであるから，たとえ翌期からであっても，会計方針を変更することによって期間損益計算における相対的真実性に分断が生じることになる以上は，やはり，そこに

も変更するだけの十分な根拠が必要とされるからである。が，その場合の「正当な理由」は，その企業にとっての「正当な理由」であっても，それを認めるべきであろう。なぜならば，その場合の変更は利益操作を目的として行われるのではなくして経営方針の変更の一環として行われるのであるし，また，そうであるならば，たとえ相対的真実性に分断が生じたとしても，それは変更の理由やそれの与えている影響額等を財務諸表に注記することによって補いうると考えられるからである。

　以上のように，若き日の私は，継続性の原則の重要性を証券取引法会計学・公認会計士監査論的に純粋に論じたのであった。

第4節　ま　と　め

　本章で考察したように，大学で学んだ証券取引法会計学と公認会計士監査論は，上場企業を中心とする大規模株式会社が証券取引法に基づいて企業会計実務を行うとともに公認会計士による財務諸表監査を受けるというディスクロージャー・システムを支える理論的基盤であった。

　ディスクロージャー・システムは，大規模株式会社の発展に必要な資本の調達と，国民が豊かになるための投資ポートフォリオの一翼を担う証券投資との仲立ちをして，わが国の国民経済を発展させるという重要な社会的機能を担っていた。企業が発展すれば雇用の機会が増大するとともに従業員の所得も増加する。従業員の所得が増加すれば，日本国民の財産運用の多様性が高まり，投資ポートフォリオの重要性が高まるわけである。つまり，証券取引法会計学と公認会計士監査論は日本国民が豊かな未来を手に入れるためにはどうしても必要とされる学問領域だったのである。したがって，それを実務の面から支える専門的な職業としての公認会計士に憧れを抱いた学生も，商学部・経営学部・経済学部には少なからず在籍していた。ただ，現実には，司法試験と並ぶ二大国家試験と言われ，5%程度の合格率という高い難易度を誇っていた公認会計士試験であったので，早々にあきらめた学生も多かった。

公認会計士は，また，国際的な仕事をするというイメージが強かったので，まだ海外旅行には多くの制限があったこの当時，証券取引法会計学と公認会計士監査論の勉強は非常に国際的な学問をしているという印象を与えた。国際的とは言うものの，わが国のディスクロージャー制度のお手本はアメリカであったので，アメリカにおけるディスクロージャー制度の展開に重要な役割を果たしていた会計士会計学と，その延長線上にあったわが国の企業会計原則を土俵の中央に置いて，その周りを多くの会計学の理論が取り巻くという構造で，勉強を進めたのであった。

とくに，アメリカにおいて，1920年代の中心的考え方であった静態論が1930年代に入って動態論と主役を交替するに至った社会的経済的要請が，大規模株式会社の出現による資本の有機的構成の高まりと，個人投資家の増大による企業を取り巻く利害関係者の大きな変化と捉えていたので，身をもって高度経済成長を体験していたわれわれは，このようなアメリカの社会的経済的要請が日本においても同様に当てはまるだろうと考えていた。

したがって，当時のカリキュラムのなかにはドイツ経営学が残っていたし，マルクス経済学が一大勢力を形成していたにも拘らず，われわれはアメリカの会計士会計学を中心に熱心に勉強したのであった。監査論も同様に海外の知識・学説を積極的に吸収しようとしていたことについては，第2節で見たとおりである。

しかしながら，わが国の証券取引法会計学と公認会計士監査論の立ち位置が，実は，われわれが一生懸命に勉強し研究したアメリカの社会的経済的要請を受けて発展していたアメリカの証券取引法会計学と公認会計士監査論とは異なっていたということに，少しずつ気づかされるようになったのである。最初の気づきは，アメリカのGAAPもGAASもこんなに大部なのに，どうして日本の企業会計原則も監査基準もこんなに薄っぺらいのか，ということであった。また，GAASの分冊を購入する際に，どうして"Code of Professional Ethics"がくっついてくるのか，はじめは解せなかった。

やがて，わが国の証券取引法会計学と公認会計士監査論は，証券取引法とい

う法律の裏付けがあったにも拘らず，実際には，商法という別の法律側からは，とりわけ法務省の官僚の考える商法会計から見下されていることに気づかされたのである。第3節で私の昔の論文を振り返ったが，商法側を説得することに研究上のエネルギーを使わなければならなかったわが国の証券取引法会計学と公認会計士監査論の立ち位置は，われわれが憧れを抱いて勉強した主流を形成する学問領域ではなく，傍流とも言うべき立ち位置であることに次第に気づくようになったのである。

　前章では，戦後のディスクロージャー制度の構築が，GHQのお膳立てによってアメリカの制度とよく似た制度として構築されたように見えるものの，実際には極めて日本的な，大蔵省の手のひらのうえに構築された制度だったと主張したが，そのうえ，法務省からはまま子扱いされていたのである。

　もしも会計学者の主張に耳を傾ける姿勢が法務省側にあったとしたら，第3節のように長々と論じる必要はなかったであろう。会計学の立場からは，継続性の原則の重要性が真実性の原則を支えることにあるのだということは，自明の理だからである。自明の理だからこそ，先に紹介した『企業会計の一般原則概説』において，木内佳市教授は，「第11章　会計諸則における一般原則」「第3節　商法上の一般原則」「3　継続性の原則」において，商法側の主張を次のように一刀両断に切り捨てておられたのである。

　「商法に（中略）明文規定がないからといって，継続性の原則に関し，その原則が存在しないという解釈に対しては，賛成できない。（中略）正確性の原則における真実性が，当然に商法においても広義に解釈されなければならず，企業会計そのものの目的からいって，商法に明文の規定がない場合であっても，継続性の原則にもとづいて会計処理および表示方法を継続的に適用することが，真実性の原則を保証することになるのである。

　このように，商法においても継続性の原則が生かされていなければ，それによって作成される財務諸表は政策のために歪められる結果となる可能性が多分にあることになる。もちろんこの場合，商法が配当可能利益の算定を目的とし，当期業績主義である期間損益計算をその目的としていないという点はある

が，企業の経理内容の報告を利害関係者をして正確な判断を誤らせないように明瞭表示するために継続性の原則が存すると考えることは当然である。したがって，商法においてもすべての継続性の変更，すなわち会計処理の原則および手続の不当な変更を容認していると解してはならないものである。」[114]

この主張が1970年当時に商法側に受入れられていたなら，第3節の論文およびそこで引用した諸論文は不要だったのである。何というエネルギーの浪費であろうか。ひょっとすると，他にも存在していると思われる無駄の積み重ねが本来はわれわれの研究の対象とすべき領域に力を注ぐことを阻害し，そのことが第1章で考察した今日の諸現象につながる流れを形成することとなったのではないだろうか。ちなみに，私は，イギリス留学中の1991年8月2日付日本経済新聞の「アサヒ今期，営業利益5割増に，定額法で減価償却軽減」という見出しの次の記事を読んで腰を抜かさんばかりに驚いた。

「アサヒビールは91年12月期6月中間決算から，生産設備の減価償却費の計上方法を定率法から定額法へ変更する模様だ。ここ数年の積極的な設備投資により（中略）定率法のままでは（中略）利益を圧迫するため。これにより今12月期の営業利益は当初見通しを上回り，前期比5割増の230億円前後になるとみられる。(以下略)」

利益が圧迫されるのを避けるために減価償却の方法を変更するというのは，まさに継続性の変更による利益の捻出そのものではないか。公認会計士が2号限定をつけるだろうと予想したが，そうではなかったようで，1991年11月16日付日本経済新聞では，「一方苦戦が目立つのがアサヒ。(中略)営業利益は180億円前後と前期比2割増えるが，これは減価償却の計上方法を定率法から定額法に変更，コストが従来より約120億円軽減された結果であり，実質的には約6割の大幅営業減益となる」と報じられていたのである。

注

[1] 黒澤清『会計学の基礎（改訂版）』千倉書房，1967年，196-197頁。
[2] 黒澤清『新版 財務諸表論』中央経済社，1966年，49頁。

[3] 同書, 69 頁。
[4] 同書, 158 頁。
[5] 同書, 付録 21 頁。
[6] 佐藤孝一『新講 監査論』中央経済社, 1968 年, 27 頁。
[7] 同書, 28 頁。
[8] 同書, 118 頁。
[9] 同書, 170 頁。
[10] 久保田音二郎「わが国における監査論の研究動向」『国民経済雑誌』第 121 巻第 1 号, 1970 年, 74-93 頁。
[11] 同論文, 74 頁。
[12] 同論文, 77 頁。
[13] 同論文, 79 頁。
[14] 同論文, 78 頁。
[15] 同論文, 80 頁。
[16] 同論文, 80 頁。
[17] 同論文, 83 頁。
[18] 同論文, 88-90 頁。
[19] 同論文, 90-93 頁。
[20] 初出は, それぞれ,「継続性の原則の本質に関する一考察」『同志社商学』第 36 巻第 4 号, 1984 年, 89-121 頁, および,「継続性の変更とその『正当な理由』に関する一考察」『同志社商学』第 37 巻第 3 号, 1985 年, 29-57 頁。
[21] 江村稔『財務諸表監査―理論と構造―』国元書房, 1963 年, 289 頁。
[22] 山桝忠恕『近代監査論』千倉書房, 1972 年, 220 頁。
[23] 高田正淳『最新監査論』中央経済社, 1979 年, 263 頁。
[24] 黒澤清『監査基準解説』森山書店, 1957 年, 60 頁。
[25] 岩田巖『会計原則と監査基準』中央経済社, 1955 年, 257 頁。
[26] 江村, 前掲書, 289 頁。
[27] 山桝, 前掲書, 220 頁。
[28] 高田, 前掲書, 263 頁。
[29] 岩田, 前掲書, 264 頁。
[30] 大蔵省企業会計審議会「商法と企業会計原則との調整について」(昭和 44 年 12 月 16 日)
[31] 黒澤清編著『新企業会計原則解説』税務経理協会, 1975 年, 8 頁。
[32] 奥村光夫「企業会計原則修正案について」『商事法務研究』第 511 号, 1970 年, 5 頁。
[33] 内川菊義「継続性の原則と商法計算規定 (1)」『同志社商学』第 35 巻第 4 号, 1983 年, 7-8 頁。
[34] 黒澤『新企業会計原則解説』13 頁。
[35] 同書, 8 頁。

36 同書, 14 頁.
37 同書, 13 頁.
38 田中誠二『再全訂　会社法詳論（下巻）』勁草書房, 1982 年, 715 頁.
39 大隅健一郎・今井宏『新版　会社法論　中巻Ⅱ』有斐閣, 1983 年, 335 頁.
40 味村治「『商法改正案要綱』について」『企業会計』第 22 巻第 4 号, 1970 年, 87-88 頁. なお, 味村氏は, 東京高等検察庁検事長, 内閣法制局長官, 最高裁判所判事を歴任された.
41 田辺明「商法の一部を改正する法律案について」『商事法務研究』第 517 号, 1970 年, 3 頁.
42 『商事法務研究』第 522 号, 1970 年, 62 頁.
43 味村治「継続性の原則の現実」『現代商法学の課題（中）』有斐閣, 1975 年, 1015-1016 頁.
44 同論文, 997 頁.
45 岩田, 前掲書, 268 頁.
46 同書, 392 頁.
47 同書, 389 頁.
48 味村「継続性の原則の現実」997 頁.
49 黒澤清・山下勝治・飯野利夫・江村稔・木村重義・沼田嘉穂・佐藤孝一・阪本安一『企業会計の一般原則詳説』同文舘, 1955 年, 11-13 頁.
50 同書, 132 頁.
51 味村「継続性の原則の現実」993-994 頁.
52 同論文, 994 頁.
53 同論文, 994 頁.
54 吉田昴「会社の計算規定改正について」『商事法務』第 834 号, 1979 年, 4 頁.
55 山下勝治『会計学一般理論―決定版―』千倉書房, 1968 年, 160 頁.
56 飯野利夫「継続性の原則について」（黒澤清編著『新企業会計原則解説』税務経理協会, 1975 年, 所収）, 85 頁.
57 内川, 前掲論文, 23 頁.
58 飯野, 前掲論文, 87 頁.
59 内川, 前掲論文, 25 頁.
60 味村「継続性の原則の現実」995 頁.
61 吉田, 前掲論文, 3 頁.
62 AIA, *Audit of Corporate Accounts*, 1934, p. 7.（加藤盛弘・鵜飼哲夫・百合野正博共訳著『会計原則の展開』森山書店, 1981 年, 69-70 頁.）
63 *Ibid.*, p. 9.（同英訳書, 73 頁.）
64 AIA, *Examination of Financial Statements*, 1936, p. 3.（同英訳書, 108 頁.）
65 山下, 前掲書, 158 頁.

66 岩田,前掲書,323頁。
67 同書,323頁。
68 同書,324頁。
69 木村重義『会計原則コンメンタール』中央経済社,1958年,62頁。
70 味村「継続性の原則の現実」995頁。
71 草島清「粉飾決算の現状とその背景」『法律の広場』第23巻第1号,1970年,41頁。
72 内川,前掲論文,31頁。
73 田中,前掲書,717頁。
74 矢沢惇「継続性の原則とサンウェーブ事件判決」『商事法務』第695号,1975年,18頁。
75 内川,前掲論文,32頁。
76 黒澤清『新経済学演習講座 会計学』青林書院,1959年,98-99頁。
77 黒澤清『企業会計原則(黒澤清教授訳解付)』中央経済社,1950年,56頁。
78 岩田,前掲書,265頁。
79 同書,257-258頁。
80 同書,265頁。
81 AIA, *Audit of Corporate Accounts*, 1934, p. 16.(加藤盛弘他,前掲共訳書,81頁。)
82 *Ibid.*, p. 25.(同共訳書,92頁。)
83 G. O. May, *Financial Accounting*, Macmillan, 1946, pp. 44-45.(木村重義訳『財務会計』同文舘,1970年,47-48頁。)
84 細田末吉「継続性原則の本質的機能―利益操作を意図した会計処理方法の排除に関する提言―」『JICPA NEWS』第284号,1980年,20頁。
85 味村,前掲論文,1011頁。
86 木内佳市『企業会計の一般原則概説』税務経理協会,1969年,121頁。
87 黒澤清『監査基準解説』森山書店,1957年,68頁。
88 内川菊義「継続性の原則と商法計算規定(2)」『同志社商学』第35巻第5号,1984年,23頁。
89 新井清光「企業会計の一般原則」(黒澤清・番場嘉一郎監修『体系 制度会計 1』中央経済社,1978年,所収)130-131頁。
90 吉田,前掲論文,5頁。
91 内川,「継続性の原則と商法計算規定(2)」,21頁。
92 同論文,21頁。
93 同論文,22頁。
94 木村,前掲書,62-63頁。
95 熊野實夫「会計方針の変更と継続性の原則」『企業会計』第34巻第8号,1982年,82頁。
96 河井信太郎『会計上の粉飾と法律上の責任』同文舘出版,1979年,23頁。
97 黒澤清『近代会計学』春秋社,1951年,308頁。
98 新井,前掲論文,134頁。

第 4 章　1970 年 証券取引法会計学と公認会計士監査論の劣位性　　195

[99] 井口茂『基礎商法　会社編（新版）』東京法学院出版，1982 年，341-342 頁。
[100] 川北博他編『改正商法』財形詳報社，1981 年，251 頁。
[101] 新井，前掲論文，131 頁。
[102] 新井清光「商法計算規定の改正と会計上の諸問題」『商事法務』827 号，5 頁。
[103] 木村，前掲書，62 頁。
[104] 新井，「企業会計の一般原則」，134 頁。
[105] 細田，前掲論文，21 頁。
[106] 同論文，25 頁。
[107] 新井，「企業会計の一般原則」，142 頁。
[108] 内川「継続性の原則と商法計算規定 (1)」25 頁。
[109] 久保欣哉「再び継続性の原則について」『青山学院創立 90 周年記念法学論文集』1964 年，114 頁。
[110] 時村，前掲論文，94 頁
[111] 内川，「継続性の原則と商法計算規定 (2)」，27 頁。
[112] 同論文，24 頁。
[113] 同論文，24 頁。
[114] 木内佳市『企業会計の一般原則概説』税務経理協会，1969 年，189-192 頁。

第5章 企業不正事件に対する米国大統領の素早い対応

第1節 問題点の所在

　2001年秋から2002年夏にかけて，ディスクロージャー・システムのフォアランナー，あるいは会計・監査システムのデファクト・スタンダードとすら考えられてきていたアメリカで，長年にわたって築き上げられてきた会計・監査の名声・信用を地に落とす重大企業不正事件が次から次へと明るみに出た。

　実は，私は，1999年に出版した拙著『日本の会計士監査』において次のように指摘していた[1]。すなわち，アメリカの会計士監査は，もともと経営者目的監査として生成し展開したために，「驚くべき長期間」にわたって経営者不正もしくはコーポレートガバナンスを意識しない構造を内包していたのである。この「驚くべき長期間」というのは，後に述べるように，実は文字通りの「驚くべき長期間」であった。

　19世紀末にイギリスからアメリカに伝えられた会計士監査は，母国のイギリスでは会社法上の会計監査役監査として発展したものであった。それは，会社法を特許主義から準則主義へと移行させる際に，南海泡沫事件などに代表される経営者不正から株主を保護するためのチェックシステムとして生成し，やがてはイギリスで新しい専門職として勢力を拡大しつつあった会計士を監査の主体として巻き込みながら発展を遂げていた。

　ところが，アメリカにおいては，各州の会社法に会計監査役監査に関する規

定が存在していなかったために，会計士監査は，比較的規模の大きな企業の経営者のために従業員の不正や誤謬を摘発し防止するというサービスを提供することからスタートすることとなった。

それだからこそ，やがて企業内に内部統制組織が整備運用されるようになると，会計士は，監査業務を内部統制に委譲するとともに，内部統制が機能しているかどうかを確かめることそれ自体を監査業務としていったのである。これが内部統制組織の整備運用と密接な関係を有する試査監査の成立のプロセスであった。

やがて，アメリカにおける会計士監査の展開は，図表5-1に示したように二つのラインで同時並行的に進むこととなる。

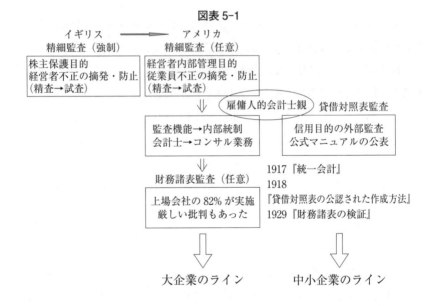

中小企業のラインは，いわゆる貸借対照表監査として展開した。この監査は，信用目的の監査であったから，その目的を達成するのに必要な項目の監査を実施した一方で，期中取引記録の監査の重要性はそれほど高くなかった。その期中取引記録の監査を省略するための説明要件として，内部統制組織に依存

する監査がさらに推し進められることとなった。また，SEC監査が始まるまでの会計・監査のマニュアルはこの中小企業の監査の流れに沿って整備された。そのため，貸借対照表監査という用語が広く用いられたのであった。

　他方，大企業のラインでは，一貫して経営者のための監査が行われていた。いわゆる「雇傭人的会計士観」[2]が形成されたのはこのためであった。そして，世紀転換期の企業合同運動を経てアメリカにビッグビジネスが誕生するようになると，それらの巨大企業は積極的に証券市場をとおして資本の調達を行うようになり，当初の秘密主義がやがて公開主義へと形を変えていく。ここに至ってようやく会計士の監査を受けた財務諸表を公開するというディスクロージャーの慣習が広まったと考えられる。

　たとえば，ウォレス[3]は，今日われわれが目にしているように，多くの企業や行政単位において監査が行われているということは，監査の消費者が監査というサービスを高く評価していることに他ならないと指摘する。しかし，たとえ1934年の証券取引所法によって財務諸表監査が強制されているという現実があるとしても，規制すなわち政治プロセスだけが監査に対する需要の生まれる唯一の説明ではないとして，SECによる要求が課せられる以前にすでに自由市場において監査が存在していたことをその証拠の一つとして挙げている。

　まず，証券二法の制定される以前の1926年にニューヨーク証券取引所上場会社の82%が公認会計士の監査を受けていたことが『ムーディーズ・マニュアル』から知ることができるが，この比率は1934年の証券取引所法を制定するための公聴会開始直前には94%にまで達していた。また，1930年から32年にかけてアメリカ会計士協会とニューヨーク証券取引所株式上場委員会は，共同して財務諸表の作成と監査に関するガイドラインを作成していた[4]。そして，証券取引所法が制定される前に，自主規制として，ニューヨーク証券取引所は監査済財務諸表の提出を要求していたし，アメリカン証券取引所も同様のディスクロージャーに関する規則を設けていた。さらに，1880年代と90年代にアメリカ企業が自発的に監査契約を締結していたとも述べているのである。

他方,これらの自発的監査を担当する会計士の数が十分であった証拠として,1887年にアメリカ公会計士協会が創設されたことと,その協会が入会試験や教育の基準を設定する努力をしたことが,やがて,1896年にニューヨーク州でアメリカ最初の公認会計士法が制定されることにつながったとする。そして,1899年に開業していた職業会計士の人数はニューヨークで183人,シカゴで71人にのぼり,その全員が主として監査業務に関わっていたとも述べているのである。

　他方,このようなウォレスの主張に真っ向対立する主張も見られる。例えば,ホーキンスは,1900年以前のアメリカ企業のディスクロージャーについて,次のように指摘している[5]。

　すなわち,ディスクロージャーが競争相手を利する恐れがあるという理由で経営者が秘密主義をとったこと,州の会社法もそのような経営者の秘密主義の考え方を受け入れたこと,企業の証券を購入する投資家の判断基準は財務内容ではなく発起人や仲介の投資銀行の名声であったことに加えて,会計士の数も少なく会計理論も確立されていなかった。また,今日のような教育訓練の水準を上げ,偽会計士を締め出す会計士協会は存在していなかったし,会計教育も低水準であった。これら以上に重要だったのは,会計士の提供するサービスの内容が誤解されており,会社が帳簿の調査を外部の監査人に依頼するということは「虚偽,不正,損失,不健全さの象徴であると大衆は受け取った」[6]と述べている。したがって,財務情報のディスクロージャーのレベルが低かっただけでなく,「たとえそれが公表されても,その価値は疑わしい」[7]とまで言い切っているのである。

　巨大企業が生まれて製造企業の投資家数が急増した1900年以降1933年までの状況についても,次のようにウォレスとは対照的な実態を列挙している。

　まず,第一次世界大戦以前においては,1900年に産業委員会がディスクロージャーの改善について勧告を行ったにも拘わらず,1902年のアニュアル・レポートで32ページの財務資料を提供したUSスチールの例にならう会社はなかった[8]。また,1920年から27年にかけてアメリカ投資銀行協会は少なく

とも6回にわたってディスクロージャーに関する勧告を発表したが,「この勧告のほとんどが,投資銀行家またはその取引会社によって実施されなかった」[9]のである。そして,職業会計人は,ディスクロージャーと貸借対照表監査の指針として連邦準備制度理事会と協力してまとめた『統一会計』や,上場会社のディスクロージャーと財務諸表監査の指針としてニューヨーク証券取引所と協力して報告した『会社会計の監査』などの特記すべき活動を行っていたものの,そのような改善の動きの裏には1920年までに約20州がいわゆる青空法を制定していたことや,連邦政府が1918, 19, 21年に証券法案を提出していたことがあると指摘している[10]。

そして,1926年に「連邦取引委員会は,今後,適正で明瞭なディスクロージャーの問題に積極的に取り組むことを言明し,同時に,それを実施に移す有力な機関を設立せよ」と主張したリプリーや,1932年の著作の中で「経営者の公共責任を示すものとして,とくに投資家に対する会社業務の完全公開を要求した」バーリに代表される大企業のディスクロージャーを辛辣に批判した学者が存在していた。有力な公認会計士であったメイも「会計士と経営者の間に意見の不一致が生じたら会計士は監査契約を破棄されてしまい,その財務諸表は別の従属的な会計士によって監査証明されて公表される」[11]と回顧し,バーリ&ミーンズは「取締役とそのお抱え会計士は,好きなように利益数値をでっち上げることができる」[12]とまで酷評していたのである。つまり,会計士が経営者と密接な関係を有するという重大な欠陥を内包する状況のもとで,長期間にわたって会計士監査が行われていたのである。

そして,アメリカの証券市場が異常なほど過熱した1920年代は,1929年10月24日に始まるニューヨーク証券取引所のクラッシュで幕を閉じることとなる。

直接金融市場における一般投資家(アメリカにおいてはアメリカ国民と同義語)保護の重要性を認識していたアメリカ政府は,1933年と34年に有価証券法と証券取引所法を制定し,34年には連邦取引委員会の一部局を独立させて証券取引委員会を創設した。そして,すでに一大勢力を形成していた会計士を監査

主体として，上場会社を主たる監査対象とする会計士監査制度をスタートさせるに至った。ここにSEC監査が開始されたのである。

ところが，会計士と経営者とが密接な関係を有するというアメリカの会計士監査システムが形成していた重大な欠陥は，SEC監査開始以降も改善は見られなかった。図表5-2に示したように，アメリカにおける会計士監査の展開プロセスで，会計士監査は，不正とくに経営者の不正・不法行為を積極的に取り上げてはこなかったのである。すなわち，1988年の監査基準書（SAS）53号において，職業的専門家としての懐疑心（professional skepticism）という用語が用いられるようになるまで，アメリカにおいては，経営者不正を強く意識しない会計士監査がずっと続いていたと言えるであろう[13]。

そして，1988年以降においてもこの問題点が完全に改善されたわけではな

図表5-2

背景となっている出来事	具体的な会計士のマニュアルなど	不正に関する記述の例示
1934年 SEC監査の開始	1936年 『独立公会計士による財務諸表の検査』	不正や誤謬の摘発を主目的とするものではないとの『財務諸表の検証』（1929年）の基本的考え方を踏襲した。
1938年 マッケソン・ロビンス事件	1939年 『監査手続の拡張』	共謀に注意するよう警告したが，「経験によれば，企業組織の人格はごく少数の例外を除けば正直である」という態度は変えなかった。
1939年 監査手続書委員会の設置	1951年 『監査手続書総覧』	「財務諸表に関する意見の表明を目的とする通常の監査は，不正を発見することが多いとしても，そのことを期待されるものではない」との態度を変えなかった。
1969年 コンチネンタル・ベンディング・マシーン事件	1972年 『監査基準書（SAS）1号』	経営者の意図的な虚偽記載を取り上げたものの，その摘発に関する会計士の責任は勧告しなかった。
1973年 エクイティ・ファンディング事件	1977年 『監査基準書（SAS）16号』	財務諸表に重要な影響を及ぼす不正を追及するように監査計画を立てることを要求したものの，「経営者は正直である」という前提は変えなかった。
1980年代 金融機関の経営破綻続出	1988年 『監査基準書（SAS）53号』	職業的専門家としての懐疑心（professional skepticism）という用語を初めて使った。

かったということが，エンロン事件やワールドコム事件をとおして明らかになった。わが国の会計士監査システムのスタート以来ずっとお手本と信じて見習うとともに，世界標準とすら考えてきたアメリカ型の会計士監査は，当然と言えば当然のことではあるのだけれど，実はアメリカの社会的経済的コンテクストのもとで展開してきたのだということを如実に物語る極めてローカルな一面をもっていることをわれわれはこれらの事例で思い知らされたのである。

　後に明らかになったところによれば，一連の重大企業不正事件の中身は，驚いたことに，例えば医学の領域でこれまで実務界も学界も想像すらしていなかった新種のウイルスが蔓延し始めたために誰もがその対応に頭を抱えてしまうといった類いのものではなかった。手法こそデリバティブを使ったりして目新しかったものの，今日の監査システムをもってすれば摘発することも決して不可能ではなかったはずのレベルのものだったのである。

　一連の企業不正事件の発端となったエンロン事件には，経営者によるオフバランス取引とそれから生じた損失を隠すための利益操作だけでなく，本来はそれをチェックする役割を担っていたはずの取締役会および監査委員会によるモニタリングの失敗と，外部監査を担当していた大手会計事務所による監査の失敗とが組み合わさっていた。そして，この取締役会と監査委員会によるモニタリングと大手会計事務所による外部監査は，アメリカのコーポレートガバナンスおよびディスクロージャー・システムの高品質性を保証する「扇の要」に他ならなかったのである。

　思い返せば，この当時，わが国の会計・監査システムは日本国内のルールで動いているから国際的には注意を払わなければいけないという，いわゆる「レジェンド問題」をアメリカから突きつけられていた。そのアメリカの会計・監査システムが機能していなかったというのである。まさに天地がひっくり返らんばかりの大事であった。日本は，バブル崩壊以降のいわゆる失われた10年の間に数多く明らかになった上場会社の粉飾決算や企業不正に対処するために，アメリカのコーポレートガバナンスをお手本にして，商法改正案に象徴される様々な改革のまっただ中にあった。これまでのようにこのままアメリカを

お手本にしてその後ろをくっついて歩いていて大丈夫なのだろうかと疑問が沸々とわいて出た本家の為体であった。

　しかし，本章は，エンロン事件に象徴されるアメリカの一連の企業不正事件について，監査論的アプローチから企業不正の手段やその防止のための監査手続について検討することを目的としていない。本章では，一連の企業不正事件そのものについては概観するに留め[14]，焦点を当てて考察するのは，一連の企業不正事件を受けてブッシュ政権が見せた素早い対応の方である。ブッシュ大統領の素早い対応は，まさにアメリカ国民の多数が関わっている証券投資に関連した政策を大統領が非常に重要視していることを示しているのである[15]。わが国の政府は，これまでの企業不正事件の対応において，アメリカの大統領と同様の対応を採ってきたであろうか。そのことを考察することによって，GHQが証券の民主化政策とセットでわが国に整備したディスクロージャー・システムのもともとの目的が，その後の大蔵省の手のひらでの発展プロセスで維持されてきているのか，それとも，そうではないのかについてヒントが得られるであろう。

第2節　エンロン，ワールドコム事件の経緯

　一連の企業不正事件の表面化の始まりは2001年11月29日のことだった。この日，アメリカの大手エネルギー会社ダイナジーが同業大手のエンロンとの買収合意（11月9日締結）を破棄すると発表した。この発表により，エンロンは簿外金融取引に伴なって発生した巨額の簿外債務によって経営危機に直面していることを白日の下にさらしてしまうこととなったのである。そして，そのわずか3日後に，エンロンは倒産した。

　2001年始めにはフォーチュン誌によって全米第7位の企業にランクされていたエンロンの倒産はアメリカ史上最大規模（グループ全体の債務残高は11月中旬時点で約160億ドル，資産総額は633億ドル。1987年に破産したテキサコの資産総額は359億ドル）だったので，当然ニューヨーク証券取引所の株価は下落

した。それにも拘らず、わが国では、エンロンの経営破綻の影響は金融市場に対するいわば限定的なものに留まると考えられていた。それは、これほどの規模の倒産を深刻に受け取らなくなるほどこの数年の間に大型倒産は日本においてはありふれた出来事になってしまっていたからに他ならない。

実際、エンロンが発行した円建て債を組み入れている短期公社債投信に元本割れの懸念が出る一方で、同社が計画していた日本での発電所建設が白紙撤回されるとの見通しが強まったとの報道はなされた。複数のMMFに解約の注文が殺到したものの、そのことによって大規模金融機関が経営破綻に追い込まれるわけでもなければ、自治体や電力会社の屋台骨を揺るがすわけでもなかったのである。2001年8月15日から2001年12月27日までの同社関連の日本経済新聞の見出しの主なもを図表5-3にまとめた。

これらの見出しの推移を追う限り、その規模の大きさを別にすれば、通常の企業破綻とさして変わるところはなかったと言えるかもしれない。しかしながら、このようなわが国における反応とは異なり、アメリカにおいては、この事件は遥かに深刻に受けとられていたのである。

これらの見出しの裏側では、次のような動きが起こっていた。すなわち、2001年8月にCEOのスキリングが突然辞任した。そして、10月には元CFOのファストウが設立して経営していたLJM2との間の取引で第3四半期に54,400万ドルの特別損失が計上されることを発表し、さらに11月になると1997年から2001年までの間の公表利益について97,900万ドルもの下方修正を行ったのである。さらには、エンロン本体にそのような巨額の損失が発生していたにも拘らず、ファストウは3,000万ドル以上の個人的利益を得ていたことも発表された[16]。

そして、ニューヨーク証券取引所の上場維持基準を下回っていたエンロン株や同社関連の有価証券が2002年1月15日に売買停止されて以降、さらに様々な問題点が明るみに出されることとなった。エンロンの「破綻」はやがて「疑惑」と呼ばれるようになり、その様相を大きく変貌させ始めることとなったの

図表 5-3 エンロン事件に関する日本経済新聞の新聞報道の見出し
(2001 年 8 月 15 日～12 月 27 日)

8月15日	朝刊	米エンロン, 半年で CEO 交代, レイ会長の兼務発表――「経営巡り対立」は否定
10月25日	朝刊	米エンロン, CFO 更迭, 不明瞭取引絡み
10月29日	朝刊	米エンロン, 松山に小規模発電所――帝人工場内に, 2004 年メド
10月30日	朝刊	米エンロン株, 7 年ぶり安値――前 CFO 取引に不信感
11月1日	朝刊	エンロンの金融取引, SEC が公式調査
11月2日	朝刊	米エンロン, 10 億ドル新規融資枠
11月8日	朝刊	米エンロンが合併交渉, 信用不安回避――ダイナジーと
11月10日	朝刊	米ダイナジー, エンロンを買収, 78 億ドル――エネルギー卸最大に
11月14日	朝刊	米ダイナジーのエンロン買収, 実現になおハードル
11月22日	朝刊	エンロン, 債務返済計画見直し
11月22日	朝刊	エンロン, 日本撤退検討, 社員に解雇の可能性通告
11月23日	朝刊	米エンロン格下げ, 株価も下落, ダイナジーの買収に暗雲――市場に破談観測
11月29日	夕刊	米電力大手ダイナジー, エンロン買収を撤回――簿外金融取引債務嫌う
11月29日	夕刊	エンロン債大幅下げ, MMF, 元本割れの公算――4 社, 損失計上へ
11月30日	朝刊	エンロン欧州法人, 法的整理手続き
11月30日	朝刊	エンロンショック広がる――投資家, MMF 元本割れ 5 本, 投信 4 社, 解約 1 兆円超す
11月30日	朝刊	エンロンショック広がる――米金融市場, 資産解消売り懸念
11月30日	朝刊	エンロンショック広がる――長短金利が上昇, MMF 元本割れ, 信用リスクに敏感
11月30日	夕刊	米エンロン, 経営危機の影響調査――米議会, 公聴会も開催へ
11月30日	夕刊	日銀, 資金供給 5 兆円増やす――当座預金 14 兆円, エンロン問題に配慮
12月1日	夕刊	対エンロン, 資産保全けん制――ダイナジー, 破たんを想定
12月3日	夕刊	エンロン, 破産法申請, 負債 160 億ドル, 米最大級, ダイナジーを提訴「契約違反」
12月3日	夕刊	エンロン破たん, 破たんまで 1 カ月半――監査法人などに批判も, 経営リスク見抜けず
12月4日	朝刊	エンロン破たん, 日本の金融揺さぶる――大手銀, 取引残高 1000 億円規模
12月5日	朝刊	米 SEC, アンダーセンを調査――エンロン監査の適否判断
12月6日	朝刊	5 大会計事務所, エンロン破たん受け, 共同で改善策
12月13日	朝刊	エンロン破たん, 「重要情報隠された」――監査法人会長, 議会で証言
12月13日	朝刊	エンロン経営破たん――米下院, 真相解明急ぐ, 会計処理中心に調査
12月19日	夕刊	「エンロン資金調達, 監査の後に変わる」, 米上院でアンダーセン側証言
12月20日	朝刊	米 SEC, 企業の開示義務を強化, エンロン破たん受け――「将来の損失」など
12月23日	朝刊	エンロン前 CEO, 「悪いことしなかった」
12月27日	朝刊	問われる監査の質, 国際基準作り来年本格化――「日本の枠組み」は通用せず
12月27日	夕刊	エンロン, 破たん直前に米民主党に献金

図表 5-4　エンロン事件に関する日本経済新聞の新聞報道の見出し
　　　　（2002 年 1 月 10 日～1 月 31 日）

削除		
1 月 10 日	夕刊	米司法省もエンロン調査
1 月 10 日	朝刊	エンロン破たん――米大統領，SEC などに，情報開示見直し指示
1 月 10 日	夕刊	米司法省もエンロン調査
1 月 12 日	朝刊	米エンロン問題，ブッシュ政権かく乱要因にも――中枢の親密関係次々浮上
1 月 14 日	朝刊	エンロン会長らが破たん前に株売却，米紙報道，総額 11 億ドル
1 月 14 日	夕刊	エンロン幹部株売却，米議会批判広がる――有力議員「インサイダーの証拠」
1 月 15 日	朝刊	エンロン問題，政府対応に問題なし，米商務・財務長官が見解
1 月 16 日	朝刊	アンダーセン，エンロン監査担当解雇――文書破棄，意図的と確認
1 月 16 日	夕刊	エンロンの会計処理，破たん前社内でも問題視――幹部に株価操縦疑惑も
1 月 17 日	朝刊	米財務会計基準審，企業会計透明化，「簿外取引」盛らず――エンロンで不備指摘
1 月 18 日	夕刊	監査法人を調査・処罰，米 SEC，新機関――強力な権限付与
1 月 18 日	夕刊	米エンロン，アンダーセンとの監査契約解消発表
1 月 19 日	朝刊	米大統領補佐官，エンロンから年俸，米紙報道
1 月 21 日	朝刊	エンロン破たん，米市場の欠陥露呈――監査法人への不信
1 月 23 日	朝刊	エンロン元幹部が証言，捜査開始後も書類破棄続く，米 TV 報道
1 月 24 日	夕刊	エンロン会長が辞任，インサイダー取引疑惑，「再建に専念できず」
1 月 26 日	朝刊	英，企業監査法人に交代制，金融当局が検討――「エンロン事件」再発防ぐ
1 月 27 日	朝刊	エンロン問題で副大統領提訴も，米会計検査院，資料提出求め，便宜供与解明強硬姿勢
1 月 28 日	朝刊	エンロン破たん，簿外債務 3 年前指摘，米監査法人，独社と合併破談に
1 月 28 日	夕刊	米副大統領，エンロン問題の報告改めて拒否――民主党は追及姿勢
1 月 30 日	夕刊	NY 株急落，終値 247 ドル安，企業会計に不信感
1 月 30 日	夕刊	米会計検査院，政権提訴確実に――エンロン疑惑，副大統領ら
1 月 31 日	朝刊	米会計検査院，ホワイトハウスを提訴――エンロン事件，政策資料提出求め
1 月 31 日	夕刊	公正な市場へエンロンで揺らぐ監査（上）問われる独立性――サービス報酬に疑惑の目

である。（2002 年 1 月 10 日から 2002 年 1 月 31 日までの同社関連の日本経済新聞の見出しの主なものは図表 5-4 を，2002 年 2 月 1 日から 2002 年 3 月 30 日までの見出しの主なものについては図表 5-5 を参照。）

　エンロン疑惑を解明しようとするプロセスで次のような事実が次第に明らか

図表 5-5　エンロン事件に関する日本経済新聞の新聞報道の見出し
　　　　（2002 年 2 月 1 日～3 月 31 日）

2月1日	朝刊	公正な市場へエンロンで揺らぐ監査(中)苦境アンダーセン——信用失墜で業界再編も
2月2日	朝刊	公正な市場へエンロンで揺らぐ監査(下)情報開示道半ば——投資家保護乏しい意識
2月4日	朝刊	アンダーセン，会計監査の独立性向上，コンサル業務など縮小——監視委新設
2月4日	朝刊	エンロン内部調査報告書，利益1300億円水増し——前会長，きょう公聴会証言
2月5日	夕刊	エンロン，「組織的に会計操作」——調査委員長証言，上院，前会長召喚へ
2月5日	夕刊	米株式市場，企業会計への不信拡大——疑惑続出，投資意欲そぐ
2月6日	夕刊	エンロン，負債7億ドル隠ぺい——利益水増し，会計制度の不備つく
2月7日	夕刊	世界5大会計事務所，経営指導と監査分離——エンロン問題，信頼回復狙う
2月9日	夕刊	「エンロン破たん」で企業会計に不信感——新たな信用収縮懸念も
2月14日	夕刊	情報開示制度，米SECが改革——投資家の不信に危機感
2月15日	夕刊	デロイトCEO，「コンサル業報酬監査に影響せず」
2月18日	朝刊	大手監査法人，会計士，企業担当に「任期」——長期化避け透明性確保
1月19日	朝刊	米大統領補佐官，エンロンから年俸，米紙報道
2月19日	朝刊	利益至上主義の挫折——短期的成果にとらわれない改革を
2月23日	朝刊	NY連銀，エンロン問題でJPモルガンを調査
2月27日	朝刊	エンロン疑惑，証言，真っ向対立——公聴会で元CEO・副社長
2月27日	夕刊	エンロン疑惑，米議会の追及不発——元CEOの証言崩せず
3月15日	朝刊	米会計監査制度大揺れ——司法省が起訴へ，アンダーセン，破産法検討報道も
3月30日	朝刊	「エンロン」教訓に米，市場改革へ——議会，監査法人の監督を強化

になった[17]。

① エンロンとLJMとの間の取引は会計上のリスクのヘッジにあると言われていたが，結果的には2000年第3四半期から2001年第3四半期の間に10億ドル近い利益が水増しされることとなった。

② これらのヘッジ取引にはエンロンの外部監査を担当していたアーサーアンダーセンが広範に関与するとともに，そのアドバイス料として監査報酬を上回る高額のコンサルタント料を受け取っていた。

③ エンロンの取締役会は，2名の執行役員兼取締役に加えて12名もの社

外取締役をメンバーに加えていたにも拘らず,モニタリング機能を果たしていなかった。

　これらのうち,本節との関係で言えば,アーサーアンダーセンによる外部監査がどうして機能しなかったのかが問題となろう。この点に関して,中田氏のインタビューに答えたボストン大学ロースクールのフランケル教授は,「会計,ディスクロージャーに関する規則遵守に関し,より有効なモニターは,弁護士,会計士といった専門家であり,取締役会,監査委員会のモニターとしての有効性はそれよりも一段下のレベルのものである。今日,弁護士,公認会計士といったプロフェッショナルのゲートキーパーとしての機能不全を招いたのは,より多くの収益を上げるための競争である。すなわち,これらの専門家がかつては顧客にノーといっていたのが,次第に『この方法ならば可能である』というプロブレム・ソリューションを売りとするようになり,これらのもののプロフェッショナルとしてのサービスの本質的要素である,顧客に法,規則を遵守させるという役割が軽視され,あたかも靴屋が客の足に合った靴を売るように,商品の売買と同様の形でビジネスが行われている」[18]と厳しく批判しているのである。

　一方,コロンビア大学ロースクールのコフィー教授は,会計士が企業経営者の行動のゲートキーパーであるという仮説が,ゲートキーパーであることに対する会計士のモチベーションが低下したために成立しなくなっているとして,次の4つの原因を指摘している[19]。

① 　会計原則が不明確であったり監査証明が不明瞭であるために会計士監査が失敗したかどうかが一般の人には観察できない。不正や詐欺の中には摘発不能のものも存在しているが,大半のものは制度の精緻さに依存している。したがって,監査証明に限定や条件がつくほど,金銭上・名声上のペナルティーを受けることなく被監査会社の不正行為を見逃す可能性が高くなる。言い換えるならば,被監査会社が選択できる会計原則の許容範囲が広くなればなるほど,監査人が法的責任を負うリスクは低下し,名声の傷つく程度が小さくなる。

② 株主の忠実な番犬でいるよりも経営者の要請に対して柔軟に配慮するほうが，監査人は仕事を獲得しやすい。本当の競争が株主のためではなくて経営者の歓心を買うことであったなら，不正に異議を唱えないことによって被る名声の低下も受け入れられるかもしれないのである。さらに，大手の会計事務所がすべて同様の戦略をとるような寡占産業においては，それぞれが他事務所も同様の名声の低下を被ると仮定するので，結局どこも抜け駆けをしないことになる。ただし，これは訴訟による法的責任を問われた際のコストを負担できる場合に限られるが，Private Securities Litigation Reform Act（PSLRA）がそれを可能にしたと言えるかもしれない。

③ 監査契約以外に高報酬のサービス提供契約を締結することにより，もしも監査人が経営者の望む会計政策を承認しないならばそれらの契約を解除すると圧力をかけることによって，経営者は監査人を黙らせることが可能となる場合もある。これを防ぐには，会計事務所が監査以外のサービスを被監査会社に提供することを認めなければいいのであるが，SECがこの政策を採るためには議会を説得しなければならない。そして，会計士業界のロビー活動は非常に活発なのである[20]。

④ たとえ会計事務所が不正の見逃しを思い留まったとしても，事務所内の担当会計士が同じように思い留まるとは限らない。そのことから発生するエージェンシーコストが存在している[21]。

ところが，エンロンを巡る疑惑はエンロン一社に留まらなかったのである。6月28日には米ゼロックスが1997-2001年の5年間に収入の前倒し計上などで総額64億ドルの売上高を水増ししていたと発表した。また，米医薬品大手メルクでは，薬剤給付管理部門のメドコで計上してきた売上高の一部（1999年からの3年間で計124億ドル）が複数の同業他社では売上高と看做されていないということが7月7日に明らかになった。さらに，7月28日には米通信大手クエスト・コミュニケーションズが1999年から2001年にかけて実施した会

計処理が不適切だったことを認め,決算の中身を修正すると発表したのである。

そして,このような一連の動きに決定的な追い討ちをかけたのが,米国第二

図表5-6 ワールドコム事件に関する日本経済新聞の新聞報道の見出し
(2002年2月8日～7月31日)

2月8日	朝刊	米ワールドコム,経営危機説,CEOが否定――「現金・融資枠が100億ドル」
2月17日	朝刊	米企業会計,不信一段と――SEC,IBMの決算にも疑問,マイクロソフトを調査
2月25日	夕刊	米証取法違反,情報提供が急増,SEC向け1月45%増――企業会計に高い関心
5月1日	朝刊	ワールドコム,CEOが辞任――会計疑惑でSEC調査
5月1日	夕刊	米ワールドコム,自力再建へ負債圧縮――新CEO,資金繰り不安否定
5月8日	夕刊	会計不信,株価の重しに
5月10日	夕刊	ワールドコム債格下げ
5月10日	夕刊	通信大手のワールドコムが9日夕,説明会を開催
6月26日	夕刊	米ワールドコム,38億ドル粉飾決算
6月27日	朝刊	米大統領表明,不正会計を徹底追及
6月27日	夕刊	SEC,ワールドコム提訴,粉飾決算,米司法省も調査――長期債格下げ相次ぐ
6月28日	朝刊	ワールドコムを提訴,SECなど強硬姿勢――企業会計不信に危機感
6月28日	夕刊	ワールドコム追及本格化,米下院,幹部を召喚
6月29日	朝刊	揺らぐ米国資本主義,粉飾続発,信認回復急ぐ
6月30日	朝刊	米襲う企業会計不信――迅速処理へ市場の圧力
7月2日	夕刊	ナスダック5年ぶり安値,ピーク比4分の1,米景気の重荷に――会計不信響く
7月2日	夕刊	ワールドコム粉飾決算,米大統領「厳罰で対処」,集団提訴相次ぐ
7月4日	朝刊	粉飾決算企業,米,関与の経営者訴追――大統領,司法当局に指示へ
7月8日	朝刊	米ワールドコム問題,前CFOら呼び下院あす公聴会
7月9日	夕刊	米大統領,不正会計新法で厳罰,SECの権限強化
7月11日	朝刊	米不正会計,民主党が攻勢――中間選にらみ揺さぶり,大統領の防止策を批判
7月14日	朝刊	会計事務所監督に新機関,米上院,不正防止法案可決へ
7月15日	夕刊	大統領株取引,疑惑は「決着済み」――SEC委員長,自身の辞任否定
7月16日	夕刊	米上院,企業不正に禁固最高10年,厳罰法案を可決
7月17日	朝刊	「企業改革法案」上院で可決――投資家保護へ動き拡大
7月22日	夕刊	ワールドコム破産法申請,負債総額は410億ドル,資産規模,米最大の破たん
7月31日	夕刊	米国型企業統治の破たん

位の長距離通信会社ワールドコムの粉飾決算と経営破綻であった。ワールドコムの経営破綻は，先のエンロンの規模をさらに上回り，資産規模は1038億ドルであった。(2002年2月8日から2002年7月31日までの見出しの主なものについては図表5-6を参照。)

　ここにいたって，これらの一連の事件には「会計スキャンダル」あるいは「不正会計問題」といった名称が与えられるところとなった。他の大企業もこれらと同様の粉飾決算をしているのではないかという疑惑がアメリカで急激に広がったのである[22]。

第3節　ブッシュ大統領の対応と新立法

　一連の企業不正事件を受けて，ブッシュ大統領は，素早く反応し，行動した[23]。当時，ホワイトハウスのホームページに存在していた「会社の責任」(Corporate Responsibility) というタイトルのポータルサイト[24]は，2001年のいわゆる同時多発テロの際に，CNNの画面にいつも「テロに立ち向かう戦争」(War against Terrorism) というスローガンが掲げられていたのと同様に，ホワイトハウスが企業の不正問題を撲滅するという強い決意を抱いていることを示していた。なお，このポータルサイトは，現在はアーカイブに移動しているものの，今でも記録を参照することができる。

　このアーカイブによれば，ブッシュ大統領は，まず2002年1月10日に「年金に関する規制と株式会社のディスクロージャーに関する規則の再調査」と題する記者会見を行った[25]。

　その中で，ブッシュ大統領は，企業破綻のあおりを受けて年金を失う労働者が多数生まれている実態を憂慮し，その対応についての検討に入ったことを説明したが，その直接の契機となったのがエンロン事件であること，そして，アメリカや海外の株主が保護されていることを確信するためにディスクロージャーのルールの再調査が必要であること，および，エンロンの破産の経緯に

ついて詳細に調査する用意があることに触れて、最後に、その破産が経済と市民生活におよぼす悪影響について深い関心を寄せていると締めくくったのである。

それに対する質問は、エンロンの経営者とブッシュ大統領とのとくに資金面での人的つながりに関するものがいくつか続いたあとは、話題はアフガニスタンを中心とする中東問題に移り、わずか8分で会見は終了したのである。全体としてそれほど緊張感の高くない記者会見だったとの印象を受ける。

つづいて、3月7日には、ワシントンのヒルトンホテルで開催されたマルコム・ボールドリッジ記念賞の授章式でのスピーチの中で株式会社の責任を改革することについて触れたのである[26]。そのスピーチは、1981年から1987年にかけてレーガン政権の商務長官だったボールドリッジ氏の名前を冠する記念賞に関する話題で始まったものの、やがて、この賞が個人ではなく組織に与えられることについて触れてからは、以下に箇条書きで示したように、株式会社の経営者の責任、監査を担当する公認会計士の責任、そして政府の責任について述べることに演説の大半の時間を割いたのである[27]。

① 組織というものは、いい考え、いい生産物、いいサービスを提供する必要があるが、そのためには、戦略的プランを立てる以前に、公共の利益に対する責任を自覚した誠実な人物を必要としていること
② 自由市場経済は責任を持って行動する人たちに委ねられているが、経営者は、市場や自己の欲求に応えるだけでなく、良心の欲求に応えなければならないこと
③ 企業は社会に対して誠実でなければならないし、環境を大切にしなければならないこと
④ アメリカのビジネスの大半はそれを自覚しているし、善悪の区別もつけていること
⑤ とくに公開会社については、法律が、会計事務所の監査を受けたうえでのディスクロージャーの基準を定めていること

⑥ 基準を守らないことによる弊害を目の当たりにしているが，それに対しては法的措置が講じられており，今はっきりしていることは，株主と投資家に適切な情報を提供するために，アメリカの株式会社の会計実務とディスクロージャーの基準と法的規制を改善しなければならないこと

⑦ たった一つの企業破綻[28]がこのように注目を集めるのは，8000万人にものぼるアメリカ国民が株式投資を行っており，過去20年間に豊かになったのはこの株式所有によってアメリカ経済の成長の分け前を手にすることができたからだということ

⑧ 企業経営者は投資家に適切な情報を提供しなければならず，公開会社の真の所有者である株主の利益に注意を払わなければならないこと

⑨ 会社法は州法であるが，連邦政府にも責任があるので，SECに対して，現行法をより明瞭にすること，罰則をより厳しくすることを命じたが，これによって期待できる改革が，投資家の信頼を回復し，アメリカ経済の繁栄と成長を促進すること

⑩ われわれの行動の目的が，第一に，利害衝突，疑心暗鬼，不信行為を取り除くためのルール制定であること

⑪ 改革は企業トップの説明責任の履行から始めなければならないこと，

⑫ 現在は財務諸表に名目だけの意味しかないCEOの署名は，将来，経営者の個人保証を意味するようになること

⑬ 報告利益を基礎にして経営者のボーナスが支払われている場合，その利益が虚偽だと判明した際には，そのボーナスは会社に返金されなければならないこと（拍手）

⑭ 企業経営者は秘密裏に自社株の売買をしてはならず，売買した場合には2日以内に公表しなければならないこと（拍手），SECは職権を濫用した経営者を公開会社の経営者の地位から永久に追放する権限を有するべきであること（拍手）

⑮ アメリカには最高レベルのディスクロージャー・システムがあるが，投資家の権利を守る方策をさらに推進しなければならないこと

⑯ 資本主義の原点に立ち返って，投資家がリスクの内容を知ったうえでリスクを負担することができるように，経営者には弱点を巧妙に隠すのではなくて<u>適切な情報を誠実に提供</u>する義務があること
⑰ 情報がさらに信頼できるものとするために，アメリカでもっとも尊敬を集めている<u>専門職</u>の一つである<u>会計士</u>には，<u>経営者を厳しくチェック</u>する基準を開発し強化することを確実にすること
⑱ 会計士は<u>最高レベルの倫理規定</u>を遵守するための独立した規制機関を保有すべきであるし，SECは会計原則を監視するためにもっと効果的で広範な権限を行使するとともに，<u>外部監査</u>を担当しているクライアントに対して<u>内部監査</u>を提供できないようにするなど，<u>毅然たる行動</u>をとるべきであること（拍手）
⑲ <u>監査人</u>は最低レベルのルールを守ればいいのではなく，<u>業界最高レベルの実務</u>と比較して監査委員会に意見を具申すること

（下線部は筆者）

そして，最後には，テロに対する戦争の遂行が悪に対する戦いであることを強調した後にも再度，聴衆に対して「諸君が会社を経営する立場についた際には，株主に奉仕する責任を負うとともに，従業員に正直であるべき責任を負う。法律に従う責任と真実を報告する責任を負う」と述べて，ここでも再び拍手を受けたのである。

そして，企業の不正行為を取り締まるための具体的対策の骨子を10項目にまとめて「大統領の10ポイントプラン」として3月7日に公表[29]したのである。（図表5-7参照）

この10ポイントプランの内容は大きく三つにくくることができる。

その第1は投資家に対する情報提供を改善するためのもので，ポイントの1と2がこれに含まれる。上場会社は自社の「真実かつ公正な外観」（true and fair picture）を「分かりやすい言葉」（plain English）で投資家に提供する責任

図表 5-7　大統領の 10 ポイントプラン

1. 投資家は，会社の財務上の業績，現状，リスクを判断するのに必要な情報を 4 半期ごとに入手できなければならない。
2. 投資家は，重要な情報を迅速に入手できなければならない。
3. CEO は，自社の財務諸表などの開示情報の正確性，適時性，公正性を個人的に保証しなければならない。
4. CEO その他の役員が，虚偽の財務諸表から利益を得ることを許してはならない。
5. CEO その他の役員が明らかに権限を濫用した場合には，会社幹部の地位に就く権利を剥奪しなければならない。
6. 会社幹部は，個人的な利益のために自社株の売買を行った場合には，必ずその旨を迅速に公表しなければならない。
7. 外部監査人の独立性と誠実性に関して，投資家の信頼性を完璧に確保しなければならない。
8. 独立の規制機関をとおして，職業会計士が最高水準の倫理基準にしたがっていることを保証しなければならない。
9. 会計基準の設定主体は，投資家のニーズに応えなければならない。
10. 会社の会計システムは，最低限の基準に反しないということに満足するのではなく，もっとも望ましい実務と比較しなければならない。

を負っていること，今日のディスクロージャー実務は最先端の企業財務上の技術に対応していないために投資家が直面する本当のリスクを隠すことを可能にしており，一般に認められた会計原則を遵守するだけで適切なディスクロージャーを行っていると誤解している会社が多いことも指摘している。

　第 2 は会社役員の説明責任を果たさせようとすることに関連している。ポイントの 3 から 6 までがこれに含まれる。

　第 3 は監査システムをさらに強固で独立性のあるものにしようというものである。ポイントの 7 から 10 がこれに含まれる。

　この 10 ポイントプランが発表された時点においては，まだ会計士が提供している非監査業務に関して次のような比較的穏やかな指摘をするに留まっていた。すなわち，「会計事務所は，伝統的な監査業務に加えて，税金の計算や IT システムの設計などをも行うようになっている。実際，会計専門職は会社の統制を強めるための様々なサービスを提供するのに適任であると考えられており，そのようなサービスを遂行することをとおして監査の質を高めることも可

能となっている」と現状を分析したうえで,「しかしながら,そのようなサービスの提供から得られる報酬が独立監査の高潔性を疑惑の目にさらすようなことがあってはならない」と指摘している。しかし,そのレベルに留まっていたのである[30]。

さらに,4月22日の演説においては,ブッシュ大統領は,議会に対して,企業の社会的責任を改善するとともに株主の利益を守るための具体的な施策をできるだけ早く通過させるよう要請した。その際に,上記の10ポイントの三つの分類を再度強調した。そして,このように強調されたのは,8000万人にのぼるアメリカ人株主のために,より高度な基準,強固なディスクロージャーに関する規定,正確な情報を提供しなければならないからだということを明瞭に意識しているのである[31]。

さらに,7月9日には,ワールドコム事件の発覚を受けて以下に示す「包括的会社改革アジェンダ」が公表された[32]。

▽会社改革アジェンダの柱
・不正行為の摘発とその処罰
・会社役員の説明責任の強化
・個人投資家と年金保有者の保護
・企業会計の透明性の向上
・より強固で独立性の高い外部監査システムの構築
・投資家に対するさらに質の高い情報の提供

▽不正行為の摘発と処罰,および,会社役員の説明責任の強化
・郵便・通信による詐欺に対する禁固刑の最高刑期を現行の2倍の10年とする。会社幹部の不正行為については,その刑期を重くする。
・詐欺などの犯罪行為の捜査・訴追に関する司法省の監視・調整機能を強化するために,会社不正摘発特別機動隊(タスクフォース)を新設する。
・会社が捜査を受けている間は,会社幹部に対する不適切な金銭の支払を凍結する権限をSECに付与する。

・会社役員が会社から融資を受けることを禁止する。
・CEO その他の役員が虚偽の財務諸表から利益を得ることを禁止する。
・CEO その他の役員が明らかに権限を濫用した場合には，会社幹部の地位に就く権利を剥奪する。
・会社幹部が個人的な利益のために自社株の売買を行った場合には，必ずその旨を迅速に公表させる。
・文書破棄その他の司法妨害を刑事罰とする法律を強化する。
・アメリカの CEO に対して，SEC ルールの精神に完全に従うとともに，自分の報酬の取り決めが会社の最善の利益に適っている理由をはっきりと明瞭な言葉で説明することを要求する。
・SEC がもっと多くの監査人を雇用するとともに訴追活動の改善ができるように，2003 年度に 1 億ドルの追加予算を請求することにより，SEC を強化する。

▽企業会計の透明性の向上
・独立の規制機関をとおして，職業会計士が最高水準の倫理基準に従っていることを保証しなければならない。
・CEO は，自社の財務諸表などの開示情報の正確性，適時性，公正性を個人的に保証しなければならない。
・会社の会計システムは，最低限の基準に反しないということに満足するのではなく，もっとも望ましい実務と比較しなければならない。

▽個人投資家と年金保有者の保護，および，投資家に対する情報提供の改善
・財務諸表・アニュアルレポートその他の重要な開示書類は，簡潔に分かりやすく作成しなければならない。
・投資家は，重要な情報を迅速に入手できなければならない。
・投資家は，会社の財務上の業績，現状，リスクを判断するのに必要な情報を 4 半期ごとに入手できなければならない。
・外部監査人の独立性と誠実性について，投資家の信頼性を完璧に確保しなければならない。

- 会計基準の設定主体は，投資家のニーズに応えなければならない。
- 従業員は，401kプランをとおして取得した株式を3年間保有後はその売却および他の投資商品への分散投資を行えるよう保証されなければならない。
- 従業員は，401kプランの投資および分散投資に関して健全な助言が受けられるよう保証されなければならない。

そして，7月30日には「企業改革法（サーベンス・オクスリー法：SOX法）」が一気に成立したのである。何というスピードの速さであろうか。

サーベンス・オクスリー法の概要
▽企業幹部らに対する禁固刑・罰金など（禁固刑の数字は最長期間，罰金は最高額）

項　目	現　行	新　法
○証券詐欺	5年	25年
○捜査に絡む書類破棄・改竄	—	20年
○郵便・通信詐欺	5年	20年
○決算報告虚偽記載など	5年	20年
○財務報告証明違反	—	20年
		民事制裁金500万ドル

▽投資家や内部告発者の保護

○投資家への不正収益返還	SECの権限	暫定的な資産凍結可能に
○内部告発者の保護（新設）		

▽監査法人への監視強化
○不正会計などを調査する独立監視機関の設置
○監査法人に対し同一顧客への非監査業務の提供を禁止
○米国顧客を持つ海外監査法人も監視

▽その他
○SECは企業の即時情報開示義務規則を180日以内に制定
○不正をした企業幹部が他企業の幹部に就くことを差し止め

第4節　日本との比較　希薄な当事者意識

　本章で述べてきたような，新しい法律の制定を含む一連のブッシュ大統領の機敏な動きは，企業不正を防止し企業のコーポレートガバナンスを実効あるものとするためにはどうすればよいかを，大統領も議会も，ともに真剣に検討した努力のプロセスを物語っている。周知のように，ブッシュ大統領にはエンロンとの密接な関係について脛に疵持つ過去があったために，とにかく急いで処理しようとしていたという指摘もある。ブッシュ大統領とケネス・レイ会長はお互いを「ジョージ」「ケニー・ボーイ」と呼び合う密接な関係にあり，巨額の政治献金などのお金の流れを巡って当時から黒い噂が囁かれていたのである。また，カリフォルニア州の電力危機を巡る一連の疑惑からホワイトハウスは調査の対象になっていた[33]。

　とくにカリフォルニア州の電力危機を巡って，エンロンの社員が様々な戦略を用いて電力の価格操作を行っていた[34]ことについては，ドキュメンタリー映画『エンロン　巨大企業はいかにして崩壊したのか？』（ENRON : THE SMARTEST GUYS IN THE ROOM, 2005, Magnolia）を見ると非常に驚かされるとともに，この事件の奥深さを理解することができる。とりわけ，エンロン事件を契機として再び内部統制が脚光を浴びるようになった理由についても納得することができる。

　いずれにせよ，モラルハザードを抑止するために企業幹部に対しては法を犯した場合の罰則を強化し，投資家に対してはその利益を保護するために不正利益の返還を盛り込み，会計士に対しては監査に対する信頼性を高めるために監査業務と非監査業務を分離することを，ブッシュ大統領は極めて短期間に実現してしまったのである。まさに，企業と投資家と会計士監査の間の利害対立構造に焦点を当てて，そこにおける重要な問題点を抽出するとともに，その防止策を提示したものとなっていると言えるであろう。

　実際に，アメリカの会計士監査の展開を跡づけると，大きな粉飾決算事件が

明るみに出た場合であっても、経営者不正や企業のコーポレートガバナンス、および会計士の監査業務と非監査業務の分離の問題などについては、長年にわたって重要な論点とはなったものの、積極的にそれらに対処するための法律を策定したり新しいルールを模索したりするような、前向きの具体的な動きを伴うものとしては取り組まないで済まされてきた問題点だったのである。

そのような対応が許容されてきた理由は、第1節で指摘したように、アメリカにおいては、会計士監査のスタート時点において経営者にサービスを提供することを会計士の業務としたことが大きく影響し、長らく経営者の脳裏に「雇傭人的会計士観」が強く焼き付くとともに、会計士の側にもそのことを特段に問題視するような雰囲気は存在していなかったからである。

実際、1880年代には多数のイギリス人会計士が渡米してアメリカにおける会計士監査の基礎を築いた。ところが、この当時のアメリカにおいては、発展途上の各州が企業誘致を目的として競って緩やかな会社法を制定していたためにイギリス流の会計監査役の規定を会社法に取り入れる州は少なかった。そのため、アメリカの会計士監査は、イギリス人の会計士が業務を行っていたにも拘らず、イギリスのように経営者不正を正面から取り上げるような展開プロセスをたどることはなかったのである。

ちなみに、イギリスでは、経営者が不正を働き、それによって出資者が損害を被るかもしれないという現実の問題を前提にして、1844年に制定された最初の準則主義会社法（登記法）のもとで会計監査役の制度がスタートした。それまでの特許主義にかわる準則主義による会社の設立を認める条件として、株式会社の設立に際しての登記と設立後の会計監査役による監査が義務づけられたのである。これは、その1世紀以上前の1720年に起った南海泡沫事件によって生じたバブル崩壊後の不況により辛酸をなめたイギリス政府が、企業経営者が他人の資本を運用することによって成立する株式会社制度固有の欠陥（リスク）を補おうと工夫した揚げ句の産物であった。

このイギリスで展開した監査が一般に「精密監査」と呼ばれていることは、監査論を学習した人なら誰でも知っている学習要点である。しかしながら、注

意しておかなければならないことは，この精密監査が決して歴史上の遺物ではないということである。すなわち，イギリスにおいては，監査手続は当初の「精査」から「試査」に変わったものの，今日に至るまで，精密監査の考え方に立脚した監査の延長線上で会計士監査は発展を遂げてきているのである。

一方のアメリカの会計士は，大企業においてはまず経営者のための（内部）監査サービスの提供からスタートし，1900年前後にはM＆Aに際しての合併監査サービスの提供，1910年代には中小企業が銀行から必要資金を借り入れる際の信用判定情報の提供などを業務としてきた。

その後，1920年代のバブルとその崩壊を経て，連邦証券二法の制定，SECの設置などの周辺整備の進捗とともに，現在のわが国の会計士監査の直接のルーツがアメリカで成立することとなる。これが証券投資家保護を目的とする「財務諸表監査」である。このシステムが戦後のわが国の証券市場を整備する際にGHQによって移植されたこと，および，このアメリカの会計士監査システムがグローバルな規模で発展を遂げてきたことについては周知のとおりである。

このようなグローバル・スタンダードともいうべきアメリカの会計士監査システムに対する不信感が一連の企業不祥事を受けて増殖し，アメリカの会計士監査システムが存亡の危機に瀕したのである。

それでは，この存亡の危機にあたってホワイトハウスが素早い行動をとったのはどのような理由によるものであろうか。この理由が明らかになったとき，日本が常に外国からの影響に対処しつつ会計・監査システムに修正を加えてきている理由が理解できるとともに，その修正が実を結ぶ類いのものかどうかを判断する一助になると思われる。

アメリカにおける一連の改革で，そのことがもっともよく現れていると思われる文章を次に引用しよう。すなわち，

「一国の強さはその国の国民の価値観に左右される。正直，勤勉，思いやりは物質的にも精神的にも豊かな社会を作るために必要な要素である。わが国で

第5章　企業不正事件に対する米国大統領の素早い対応　*223*

は自由が高く評価されるので，国民一人ひとりの責任に大きく依存している。企業，慈善団体，公益事業を問わず，アメリカの指導者たるものは能力と誠実さの両面においてアメリカが提供しなければならない最善のものを反映しなければならない」

という文章で始まる「ブッシュ大統領の10ポイントプラン」の「前文」[35]は，さらに次のように続く。

「とくに公開会社は気骨のある指導者を必要としている。公開会社はアメリカの経済システムに欠くことのできない一部だと言えるが，それは普通のアメリカ国民が日々の経営には参画しなくてもアメリカ経済を支えている会社の一部を所有することを認めるからである。多様性があって安全なポートフォリオを組むこととおして一介の労働者でも何百も存在している会社の一部を所有することが可能となる。ボイシに住む教員は，現場を訪れなくても，ダラスの病院の一部を所有することができるし，マイアミの製造業の一部を所有することも，サンフランシスコのソフトウエア会社の一部を所有することも可能なのである。アメリカはいつでも健全な長期投資の対象であり，すべてのアメリカ人はアメリカの成功の分け前にあずかる可能性を有している。

しかしながら，この広範な所有権は，公開会社の役員や取締役に特別の責任を課すこととなる。誠実に全力を尽くして自分の責務を果たすだけでなく，会社の本当の所有者である株主に対して適切な事実を情報公開しなければならないのである。正確でタイムリーな情報がなければ，投資家は情報に基づく投資意思決定を行うことはできない。したがって，大統領は，果てしなく続く訴訟を招来することなく，会社のディスクロージャーを改善しなければならず，会社の役員にもっと説明責任を自覚させなければならず，より強固で独立性の高い監査システムを構築しなければならないと信じているのである。

これらの目標の大半はSECが現在有している権限の範囲内で達成することが可能であろう。SECがさらに必要だと決定するならばその追加的な法律上

の権限を議会と共同して立案する用意がある。もしもこれらの提案が実行されたならば，そして公開会社の経営者が最高レベルの経営姿勢を貫いたならば，アメリカの株式会社はわれわれのもっとも重要な価値観を反映することになるであろう。」

　この文章を読むと，アメリカ社会における公開会社の重要性がよく分る。公開会社の株主になることでアメリカ国民は誰でもアメリカの繁栄を共有できるという考え方が示されているのである。それだからこそ，その株式会社の財務システムがうまく機能するうえで必要とされる情報の提供と結びついた会計・監査システムのリフォームが強く求められるわけである。

　それに対して，わが国はどうであろうか。第2章で考察したように，戦前のわが国において活発に行われていた会計士制度の創設を巡る議論において，国民経済に対して証券市場が有している積極的な役割についての認識は示されたものの，当時の政府は，本章で考察したブッシュ大統領のような，極めて前向きの姿勢を示すことはなかった。1916（大正5）年2月3日の衆議院本会議において会計監査士法案と会計士法案の第一読会が行われたときに，経営者不正の摘発防止を怠ると英米のような企業的性格が芽生えないで，「所謂主トシテ債権国ニナリ終ル」との指摘がなされて，英米のように証券市場を通して資本が移動するシステムの方が銀行金融よりも国力を強くするという指摘は行われたものの，制度化はならなかったのである[36]。それは，第2章で論じたようにこの当時のわが国の株式市場においては，投資家側は取り立ててディスクロージャーを求めなかったし，大規模株式会社側はディスクロージャーを忌避したことが影響していたのであろう。

　戦後も似たり寄ったりであり，大手証券会社による1991年の損失補填問題，1997年の総会屋への利益供与問題は，日本の証券市場の問題点を露呈した。日本の証券市場を日本国民が安心して証券投資を行うことのできる市場とするためには，そのことを明確に意識した市場改革が常に求められているのである。

第5章　企業不正事件に対する米国大統領の素早い対応　225

したがって，第3章で紹介した林事務官の計理士に対する批判中の，

(3) 監督当局に良い計理士制度を育てる熱意が足りなかった
(4) わが国には監査証明の業務に対する要求がほとんどなかった
(5) 国が計理士というものを積極的に利用しようとしなかった

といった3点の指摘は，本来であれば，新しく作られるディスクロージャー・システムの構成要素としての公認会計士とその業務である監査証明に向けるのではなく，証券市場そのものの適正な運営そのものに対して向けられるべきものだったと考えられるのである。

第5節　ま　と　め

エンロン事件およびワールドコム事件に代表されるアメリカの会計・監査システムを巡る大混乱とその後の改革への積極的な動きは，われわれの会計・監査システムがつい最近まで（そしてその一部は現在も）グローバル・スタンダードに調和する努力を強いられてきたのと同様に，やがて日本の会計・監査システムの見直しを要求するであろうか，そして，その際，わが国は，これまでがずっとそうであったように，今回もアメリカにおける動きを見習い，忠実に後追いするであろうか，とその当時書いた論文[37]のなかで私は自問自答した。

　この自問自答に対して，当時，私は二つの可能性を提示した。
　その一つは，第二次世界大戦後の占領時代にGHQが創設し，講和条約発効後は大蔵省が引き継いだわが国の会計士監査制度は，これまで一貫してアメリカを見習い，アメリカの動きを忠実に後追いしてきた。したがって，今回もまたアメリカを後追いするだろうという可能性である。その根拠は次のとおりであった。
　すなわち，明治時代の末にわが国で公許会計士の調査が必要とされたコンテクストや，大正時代を通して会計（監査）士が必要であると国会で議論された

背景には，当時の数多くの企業不正や経営破綻の存在があった。この多数の企業不正や経営破綻があった状況は，バブル崩壊後のわが国において上場会社が次々と経営破綻するとともに，破綻に伴なって粉飾決算や企業不正が数多く露呈していた状況を髣髴させるし，エンロン・ワールドコム事件に象徴される当時のアメリカの状況をも髣髴させたのである。つまり，エンロン・ワールドコム事件に象徴される一連の企業不祥事が続出したアメリカの当時の状況と，その当時バブル崩壊後の「失われた12年間」と呼ばれていた日本の状況と，そして遥か前の明治時代末から大正時代をとおしてのわが国の経済的なあるいは企業社会のコンテクストは，大変似通っていたのである。

　それに加えて，明治維新の国際化のプロセスで熟考された最初の商法のなかに経営者不正に対するチェック機関として厳密な監査役の規定が盛り込まれていたという事実や，明治の末に至って巨大株式会社のコーポレートガバナンスの徹底のための新たな法案の提出が行われたという事実は，本章で考察したアメリカにおける経営者不正を巡る議論およびそれに対する新提案と本質的には同じものと看做すことができるであろうと考えたのである。

　さらに，明治・大正時代に議論された会計士には独立性・専門性に加えて公共性が認識されていたこと，および，そのような会計士の監査を受けることが企業にとってはモニタリングの手段になると同時にシグナリング効果をも持つということが，モニタリングやシグナリングといった専門用語は用いられなかったものの，はっきりと認識されていたのは驚きであった。当然，このような社会的存在としての会計士監査の本質についての考え方は，今日においても十分以上に通用すると考えられるのである。

　これらを踏まえると，わが国においても長い議論の素地がある分だけ，アメリカの動きを後追いすることが容易であると考えたのであった。

　もう一つは，今回に限っては，必ずしも後追いしないのではないかという可能性である。その根拠は次のとおりである。

　上に述べたように，確かに，歴史は，明治時代から大正時代にかけてのわが国において，監査とコーポレートガバナンスに関して本質をついた議論が行わ

第5章　企業不正事件に対する米国大統領の素早い対応　227

れたうえで,具体的な法案の提出まで行われたという事実を教えてくれる。しかしながら,歴史は,同時にもう一つの事実も教えてくれるのである。それは,現実には,会計士運動は実を結ばなかったということである[38]。つまり,今回ばかりは後追いしたくともできないのではないかと悲観的な歴史的根拠を示したのであった。

さて,私はどちらの可能性の方が高いと考えたのであろうか。

実は,私は,一連のブッシュ大統領の素早い対応においては,ブッシュ大統領の演説が強調していた次の部分,すなわち,

「8000万にものぼるアメリカ国民が株式投資を行っており,過去20年間に豊かになったのはこの株式所有によってアメリカ経済の成長の分け前を手にすることができたからだ」

というアメリカ国民と株式市場の密接な関係に着目したのであった。

一般のアメリカ人の多くが個人の財産を増やそうとして関わっている証券市場をリフォームしなければならないというブッシュ大統領の強い信念は,1930年代初頭のアメリカで,バブルの崩壊および大恐慌からの脱却を果たすためにニューヨーク証券取引所をリフォームしなければならないという信念で証券二法を制定し,証券取引委員会を設置し,公認会計士による法定監査制度を構築したルーズベルト大統領の強い思いと共通するものがあったと思えたのである。

ところが,このような直接金融市場における投資大衆としての国民と優良な投資先としての大規模株式会社との間の密接で重要な関係は,第2章で考察したように戦前のわが国の会計士運動の議論で欠けていた条件だったのである。

したがって,エンロン・ワールドコム事件後のアメリカの会計・監査システムを巡る大混乱は,長らくわれわれの社会で必要とされてきたシステムを構築する絶好の機会を提供してくれていると思われるものの,それが実を結ぶかどうかは,われわれの社会においてもホワイトハウスの積極的な姿勢が示してい

るような証券市場と国民との間の密接で重要な関係が認識されるかどうかにかかっている,という考え方を示したのであった。

そして,実際には,どのような成り行きとなったのであろうか。

アメリカでは,このプロセスで大規模国際会計事務所の一つが消滅した。アメリカの会計士監査を取り巻く環境は激震に見舞われるところとなり,翌2002年には企業改革法とも呼ばれるサーベンス・オクスリー法(SOX法)が制定され,内部統制の重要性がクローズアップされることとなった。

一方,日本では,2003(平成15)年5月のりそな銀行に対する公的資金の注入,すなわち実質国有化のプロセスは,繰延税金資産の見積りという「たった一つの会計処理」が巨大株式会社の継続性を左右する力を有していること,および,その見積りの最終的な決定が,経営者ではなく公認会計士によって行われるのだということをわが国の人々の目に焼き付けた。日本社会は,会計士および会計士監査の持っている強大なパワーを,おそらくは戦後わが国に財務諸表監査制度が作られて初めて,このときに思い知らされたのであった。

さらに,同年11月29日に一時国有化されることとなった足利銀行のケースによって,りそな銀行のケースが決して例外的な事例ではなく,いつでもどこでも起りうるのだということを再認識させられることとなった。『エコノミスト』(2003年7月15日号)の表紙に踊っていた大きな活字のように,「監査が企業を追いつめる」という状況を改めて強く印象づけられたのである。少しオーバーに言うことを許されるならば,この当時,日本社会はまさに固唾を飲んで会計士監査の動向を注視していたと言えよう。

ところが,この注視は,一種の「恐れ」を伴っているようにも見えたのである。「次に公認会計士が引導を渡すのはどの会社なのだ?」と。しかし,公認会計士が企業の継続性に関する判断を行うことは事実だとしても,そのために行使されるパワーは「死に神」のそれではない。一般の人々の利益を守るためなのである。そして,それは,法律上の権限を根拠としているように見えるものの,実際には,公認会計士が「専門職(プロフェッション)」としての判断を行ったのである。専門職というものは,一般の人々のためにサービスを提供す

るものだからである。日本の公認会計士にとって，この時期は，その本来の社会的役割を果たしていたように思われる。

そして，わが国でも，歴史ある名門企業のカネボウが2004年10月に経営破綻し，大型粉飾決算が明るみに出た。その後の成り行きは見事にアメリカを後追いするものであった。わが国でも巨大監査法人の一つが姿を消し，日本版SOX法とも呼ばれる一連の企業改革関連法が制定され，そして，内部統制の重要性がクローズアップされたのである。

このように，日本は忠実にアメリカを後追いしたのである。しかしながら，アメリカの場合には多数のアメリカ国民が株式投資をしているという非常に重要なコンテクストを背景に抱えているのに対して，日本はそうではないのである。それでは，アメリカの大統領が機敏に行動した動機づけに相当するものは，日本においては何なのであろうか。

注

[1] 拙著『日本の会計監査』森山書店，1999年。
[2] 久保田音二郎『適正表示の監査』中央経済社，1972年，29〜33頁。
[3] Wallace, W. A., *The Economic Role of the Audit in Free and Regulated Markets*. (Auditing Monographs 1), Macmillan Pub. Co., 1985, (千代田・盛田・百合野他訳『ウォーレスの監査論』同文舘出版，1991年，第2章。)
[4] 加藤・鵜飼・百合野共訳著『会計原則の展開』森山書店，1981年，第3章。
[5] Hawkins, D. F., *The Development of Modern Financial Reporting Practices Among American Manufacturing Corporations, in the History of Modern Management*, Prentice-Hall, 1969, pp. 248-257. (古川栄一監訳『アメリカ近代経営史』日本経営出版会，1972年，152-160頁。)
[6] *Ibid.*, p. 256. (同訳，160頁。)
[7] *Ibid.*, p. 256. (同訳，160頁。)
[8] *Ibid.*, p. 258. (同訳，162頁。)
[9] *Ibid.*, pp. 263-265. (同訳，166-167頁。)
[10] *Ibid.*, pp. 263-271. (同訳，166-174頁。)
[11] May, A Proper Courage in the Assumption of Responsibility by the Accountant, in *Twenty-five Years of Accounting Responsibility*, (Hunt ed.) Price, Waterhouse & Co., 1936, pp. 46-47.

[12] 高寺貞男『会計学アラカルト』同文舘出版，1980年，60頁。
[13] 詳しくは，拙著，第4章を参照のこと。マウツ＆シャラフの監査公準においても，監査人と経営者の間には必然的な利害の対立がないこと，監査対象には異常な不正を含まない，といった考え方が採用されていた。(Mautz & Sharaf, *The Philosophy of Auditing*, AAA, 1961, pp. 42-47.)
[14] エンロン事件の顛末については，例えば次の書籍を参照のこと。フサロ・ミラー著，橋本碩也訳『エンロン崩壊の真実』税務経理協会，2002年。藤田正幸著『エンロン崩壊』日本経済新聞社，2003年。
[15] 法律家の立場からエンロン事件とそれを受けて議論されるようになったコーポレートガバナンスおよびディスクロージャーについて詳細にサーベイした論文としては，中田直茂「エンロン破綻と企業統治・ディスクロージャーをめぐる議論［上］［下］」『商事法務』1629・1630号，2002年，がある。また，その後のワールドコム事件とそれを受けて迅速な反応を示したブッシュ政権の動きについて詳細にサーベイした論文として，河村賢治「米国における企業統治改革の最新動向」『商事法務』1636号，2002年，がある。
[16] 中田直茂「エンロン破綻と企業統治・ディスクロージャーをめぐる議論［上］」『商事法務』1629号，2002年，28ページ。
[17] 同稿，28-30ページ。
[18] 同稿，31-32ページ。
[19] Coffee, J. C., "*The Acquiescent Gatekeeper: Reputational Intermediaries, Auditor Independence the Governance of Accounting*", Columbia Law School Working Paper No. 191, May 21, 2001, pp. 11-14.
[20] 中田氏によれば，「経営陣と監査人に意見の相違があった場合に監査人を変更することは，会計監査に関し問題が存在したことについて市場に示唆する恐れがあるのに対し，監査以外のサービスの受注やその中止を交渉材料として監査人に圧力をかけることは，外部に見えない方法なので有効である」と指摘する論者もいる。実際，「SECが役員を提訴しているWaste Management社事件の訴状によれば，監査を担当したアンダーセンのパートナーが，同社経営陣に対し，不正な会計処理の是正を再三要請しながら，成功せず，過去の不正をただちに訂正せずに将来一定期間内に是正措置をとることを経営陣に約束させる秘密の合意書まで締結しており，その譲歩の動機が多額のコンサルタント契約の受注にあったとされている。」(中田，前掲稿，33ページ。)
[21] この点についても，中田氏は，アンダーセン全体の収入に占めるエンロンの割合は小さかったが，アンダーセンのヒューストン事務所にとってエンロンは最大のクライアントであったし，エンロン担当のパートナーの収入はエンロンの監査報酬と監査以外の収入に大きく依存していたと思われ，事務所の評判に傷がつくリスクを無視しても，エンロンの経営陣の意向を極力尊重しクライアントを失わないように勤める強いインセンティブが存在した，と指摘している。(同稿，33ページ。)
[22] このような企業不正は今に始まったことではないという指摘もある。サミュエルソン教授

は「ブッシュ大統領やチェイニー副大統領はエンロンやワールドコムが行ったことと全く同じことを小規模に行うことによって蓄財した」とまで厳しく述べている。(*The Daily Yomiuri*, Aug 5, 2002)

23 ブッシュ大統領の反応の素早さは，サミュエルソン教授の「ブッシュはエンロンやワールドコムが行ったことと全く同じことを小規模に行うことによって蓄財した」との批判 (*The Daily Yomiuri*, Aug 5, 2002) に通ずるものがあったのであろうか。

24 https://georgewbush-whitehouse.archives.gov/infocus/corporateresponsibility/

25 http://georgewbush-whitehouse.archives.gov/news/releases/2002/01/20020110-1.html

26 http://georgewbush-whitehouse.archives.gov/news/releases/2002/03/20020307-3.html

27 拙稿「アメリカにおけるディスクロージャー改革がわが国に教えてくれること」『同志社大学　ワールドワイドビジネスレビュー』第4巻第2号，2003年，4-6頁。

28 この時点ではまだワールドコム事件は起こっていなかった。「たった一つの企業破綻」というのは，エンロン事件のことである。

29 https://georgewbush-whitehouse.archives.gov/infocus/corporateresponsibility/index2.html

30 Specifics on the President's Ten-Point Plan
(http://georgewbush-whitehouse.archives.gov/news/releases/2002/02/20020228-1.html)

31 http://georgewbush-whitehouse.archives.gov/news/releases/2002/04/20020424-2.html

32 The President's Comprehensive Corporate Reform Agenda
(https://georgewbush-whitehouse.archives.gov/infocus/corporateresponsibility/agenda.html)

33 藤田，前掲書，第7章。

34 藤田，同書，182-183頁。

35 http://www.whitehouse.gov/news/releases/2002/03/print/20020307.html

36 拙著，181-182ページ。

37 拙稿「アメリカにおけるディスクロージャー改革がわが国に教えてくれること」『ワールドワイドビジネスレビュー』第4巻第2号，2003年，14頁。

38 拙著，208ページ。

第6章 イギリス会計専門職の自立性と自律性

第1節 問題点の所在

「財務諸表監査の理論的枠組み，さらにはより一般的な意味での監査の理論的枠組みをいかに構築するかは，われわれ監査学者が取り組まなければならない緊急のテーマである」[1]という鳥羽至英教授の主張に異論をはさむ余地はないであろう。私自身，40年にわたる監査論研究で追及してきたのは，まさに財務諸表監査の一般理論に他ならないからである。しかしながら，それぞれの国の監査がそれぞれの国の社会的経済的影響を受けながら発展を遂げてきたという，それぞれの国の歴史的経過を知れば知るほど，監査の一般理論を抽出することが鳥羽教授の主張のとおりに必要なことであるとしても，同時にそのことがかなり困難な仕事だということもまた経験してきたことなのである。

本章においては，監査がその国の社会的経済的影響を受けながら発展してきたもう一つの例として，イギリスの勅許会計士が自分たちの進む将来の道をシナリオ作成によって見通そうと試みた事例を紹介し，前章で考察したアメリカの事例と対比するとともに，会計監査の本質を抽出するための一助としたい。

会計士監査の発展がそれぞれの国に固有の社会的経済的発展の影響を受けている一例として私が挙げるのは，アメリカで貸借対照表監査が大いに発展していた時期にイギリスではそれについてほとんど知られていなかったことや，アメリカでは1930年代からプライベート・セクターがGAAPを設定するシステ

ムが作られようとしていたにも拘らず，アメリカよりも古い会計・監査の歴史を有しているイギリスでありながら1969年まで会計原則を設定する民間団体は設立されなかったことである。これらの事実は，会計士監査制度について人的・制度的共通点の多いアメリカとイギリスの間ですら，それぞれの国の社会的経済的基盤の相違が両国の会計士監査システムの大きな違いを生み出したということを如実に示している。

　1990-92年にイギリスで在外研究期間を過ごした私は，イギリス社会における会計士の存在の重要性を折に触れて痛感した。上場企業の法定監査の枠組みにおさまっていることなく，それ以外の実に多様な領域で会計士は跋扈していたのである。個人的経験に基づく具体的な事例については，雑誌『會計』に3回にわたって連載したエッセー「黄昏ではなく曇天のイギリスから」（その1～3）[2]をお読みいただくとして，本章では，その当時のイギリスにおいては，マーストリヒト条約の協定が1991年12月9日にまとまり，1992年2月7日の調印とその翌年の発効を控えて，対外的な調和化が重要なテーマとなっていた時期に，イギリスの会計士が自国固有の問題と関連付けて自分たちの将来を見通すために行なった一つの活動の成果を振り返る。

　ただ，そのようなイギリス固有の問題点について検討しても，それがイギリス固有の問題点の解決には役立っても日本の問題点の解決には役立たないのではないかという疑念が生じるかもしれない。それでもなお相当の紙幅を割く価値があると私が考えているのは，第1章から第4章で検討したように，わが国の会計士監査のこれまでの発展プロセスにおいては，法定監査という固有の職域に関連している諸問題には関与するものの，わが国の社会的経済的諸問題に関するもっと広い領域の問題に関わりをもってきたという印象が非常に薄いからである。

　また，イギリスは2016年6月23日に実施した国民投票においてEUからの離脱を決定し，その結果が国内的にも国際的にも大問題となっている今，四半世紀前の活動を改めて振り返ることには，当時読んだのとは違った興味を感じさせるという意味で，今日的価値があると考えている。

本章では，イングランド・ウエールズ勅許会計士協会（以下，ICAEW）の研究叢書の一冊として 1990 年に出版された "Understanding Accounting in a Changing Environment"[3] を取り上げ，イギリスの勅許会計士にとってまさに激動の時期であったこの当時，彼らが自分たちの将来のシナリオをどのように考えていたのかを紹介し，イギリス会計士の自立性と自律性を考察したい。

本書は，1984 年の後半に ICAEW の調査研究会が，変化している環境を理解するための研究会を計画したことをその発端としている。1985 年 1 月に始まった「環境の変化を理解するための研究会（The Understanding a Changing Environment Group；UCEG)」と名付けられたこのプロジェクトは，職業会計士の発展に関して，経済的，技術的，社会的変化がどのような意味をもっているかを研究するための幅広い討論の場を提供することを目的としていた[4]。このプロジェクトの担っていた基本的役割は，政策立案のために必要な背景を解明する手がかりを提供することであった。それは，これから先の 20 年間に会計を取り巻く環境が変化すると思われる未来に関する情報や考え方を示すこと，可能性のあるシナリオを作成してそれの意味を探究すること，会計と職業会計士の将来に関して重大な決定要素となる組織上の要因やその関連性を明らかにすることを通じて達成されると考えられたのである[5]。

図表 6-1　UCEG の研究会における論題

全般的な論題	経済の未来
	社会の未来
未来を見通す方法	シナリオの立案
個別の問題	会計事務所
	産業界で働く会計士
	情報テクノロジー
	会計原則の設定
	シティーの規制
概　　　　観	職業会計士に関するシナリオ

出典：Hopwood, A., Page, M., & Turley, S., Understanding Accounting in a Changing Environment, Prentice Hall, 1990, p 6.

第2節　社会に向ける会計士の目

　本節では「環境の変化を理解するための研究会」（以下，研究会）での討論をもとに，ホプウッド他がまとめた「動いている会計を理解する試み」[6]の中から，イギリスの会計士に影響を及ぼしたイギリスの社会的経済的コンテクストに関する部分を抽出する。

　まず，研究会が「どのような会計上の変化と会計の将来に対する考察を行う場合でも，会計は隔離された技術的現象ではないという事実を完全に明白に認識しておかねばならない。会計とその制度的現象はそれらが役割を果たしているコンテクストに深く根づいているという事実に対して考慮を払わなければならない」[7]と述べるとともに，「経済と社会の関係の仕組みと産業界，金融界および国家の結びつきの本質は会計専門職に影響を及ぼしてきたが，それと同程度の影響を会計専門職からも受けてきた」[8]と述べている。この一文を読むだけでも，イギリスにおける会計専門職の立ち位置の大きさを想像することができるが，それに加えて，「経済活動についての論争の程度，政府の経済的役割の内容，パブリック・セクターとプライベート・セクターの境界線の移動に焦点を当てることもまた，会計を今日のように形づくることと会計を将来変化させることに重要な関係がある」[9]との主張を読むと，より一層自立的な視野の広さを感じる。

　ところが，会計が変化するためのコンテクストとしてこのような幅広い力が重要であるにも拘らず，会計に対する政策志向の考察を行ううえではあまり理解されていない。この点については，わが国よりも会計士の数が一桁多いイギリスでの状況説明であるだけに少々奇異な印象を受けるが，技術的な自主性や中立性の印象を保とうとする試みもまた，現今の会計に影響を与える幅広い諸要素の検討に制約を及ぼすことから検討の対象とはされなかった[10]。

　そして，現在の会計がアカウンタビリティと情報をキーワードとして説明されることに関して，「今日の会計に関する議論は，アカウンタビリティの概念

と経済的・財務的意思決定を容易にするものという概念に基づいた理論的根拠で成立しているようであるが，これだけでは，強い影響力をもった経済計算の幅広くて複雑な内容と職能からなっている範囲をすべて取り扱うことなどとてもできない」[11]と指摘するとともに，「数多く発表されている会計の論文の過半数は現実の会計とは直接の関係がない」とも述べられている。それは，イギリスにおいてすら，会計が一般の人びとの生活と密接な関連を有しているにも拘らず，それは特定の企業の特定の財務諸表との関わりの議論に集約されてしまっていることに起因するのである。

一方，会計専門職の本質について議論が行われている際に，各会計士協会の管理構造や，会計専門職の制度的構造もまた活発に審議されているが，規制に関する国家，会計専門職および他の会計士団体の役割分担がはっきりしていないだけでなく，会計専門職の権威に加えて会計原則の設定すら不明瞭である。とくに，会計専門職が業務として関わっている営利性の強い領域と公共的な領域との関連に影響を及ぼす幅広い環境でそれが起っているとの指摘を読むと，イギリスの会計士が，自分たちのおかれている社会的状況を考えることの重要性に気づいていることが読みとれる[12]。

「これまでがそうであったように，会計で議論すべき事柄の重大さは現在が一番大きいかもしれないが，これまでに大きな変化の生じた時代と成長を遂げた時代との間に会計が何らかの関連を有しているかどうかを熟考するだけでなく，昔の各時代がより未来的思考の立場を採用する際に生じた問題点について熟考することは興味深い」としたうえで，1960年代後半から1970年代初頭にかけては相当な混乱の生じた時代であったと指摘する[13]。

その時代はイギリスで会計が一般の人々の目にさらされた時代であり，会計規制の問題が初めて会計専門職の間で重要な議論の対象となった時代でもあった。

研究会は，その1960年代後半に生じた変化の前提条件をいくつか指摘している。政府の経済政策がマクロ経済の領域でそれまで以上に詳細に説明され始めたために，その内容を知りたいという欲求が次第に高まりつつあった。計

画,規制,政府介入に対する関心の高まりを受けるとともに,特定の事業部門における危機がそれに一層の拍車をかけた。会社の経営危機に直面して,国の機関がその状況と影響を理解することに以前にも増して関心をもつようになった。会計情報は次第に重要になりつつあると同時に,ますます疑問視すべき活動と映り始めたのであった[14]。

企業部門でも変化が進行し,企業内で財務上の技術の必要性がはっきりとしただけでなく,一般大衆の意思決定の領域で財務や会計のデータに対して明確な注意が払われることとなった,と同時に,国の機関は会計に対してますます懐疑的な立場を取り始めたのである。その要因として研究会が指摘しているのは産業界の再構成において会計が果たしている懐疑的な役割が公共部門にも関わりをもつようになったことであった[15]。

そのことに関連して,研究会はこの当時議論されたインフレーション会計を引合いに出して,議論のプロセスを振り返ったうえで,その当時は会計が技術的な事項と看做されていたために,会計の将来に対する見通しが限定的なものであっただけでなく,会計そのものが潜在的な影響力のある社会的実務形態だということすら認識されていなかったと反省するのである[16]。

それでもなお,過去を研究することは未来を形作るかもしれない力をわれわれに気づかせるのに役立ちうる,という意味で,過去の研究の重要性を評価する研究会は,「会計が現在のようなものでなかった時代の会計を明らかにすることによって,今は疑う余地がないと考えられている事柄に疑問符を付すことが会計の進む方向を予知する可能性をも生む」ことと,「会計に強い影響を及ぼす要因の多くが会計士のコントロールできないものだということの認識」の重要性を指摘する[17]。

まさに「会計は単独で発達したのではない」し「一般理論がその発展を導いてきたものでもない」のである[18]。そのように認識したうえで,研究会は次のように主張する。すなわち,会計が機能する経済的,社会的,政治的環境に特別の注意を払えば浮かびあがるイギリスにおける会計と会計専門職の特異性について,次の3点を指摘する[19]のであるが,われわれの目から見ると,どうし

てそのようなイギリスの現状が生まれたのか，その理由の方に関心が向くのである。

1. イギリスは会計専門職団体と会計士それ自体に大きな投資を行ってきた。おそらく，国民一人当たりの会計士の数は西側世界で最も高水準であろう。

2. イギリスは，会計に重要な役割を割り当てており，幅広く多様な領域で会計的技術を利用するとともに，会計専門職の個人とその組織に極めて明白な社会的意義と自治権とを与えてきた。例えば，イギリスでは，会計士になるための訓練は非常に広く注目を浴びている。

3. 会計的な適性と会社の財務担当重役の技能とがほとんど同等でないにも拘らず，イギリスではそれが類似していると想定されている。

研究会は，考察すべきなのは，会計がどうあるべきかということではなく，むしろ，会計はどのようなものであって，どのように変化してきたかということであるとして，イギリスにおける会計士会計学の発展を次のようにまとめるのである[20]。そして，この部分の記述が重要だと判断しているからこそ，私はわざわざ1章を割いて考察しているのである。

すなわち，今日知られているようなイギリスの会計専門職が扱う会計は19世紀末の不況に伴って生じた破産危機の真っ只中で生まれた。しかしながら，それが直ちに現在のような専門職としての高い社会的地位を獲得したわけではなかったのである。会計士の業務あるいは会計士によって主導された会計学は，第一次世界大戦という状況のもとで企業内の会計と最初の重要な関係をもつようになった。戦時経済下で入手可能な稀少資源の利用の効率性を高めることと，戦時利得の告発に対する関心が存在していた時代に，国家の代理人としての仕事をしながら，会計士はその社会的評価を高めるとともに，「商取引」との関係において社会的評価の高い業務を行うようになったのである。まさに，パブリックのための仕事を行うことにより，そのプロフェッションとしての名声を高めたことが述べられている[21]。

さらに，1920年代と30年代の不況期における産業界の再構築のプロセスで会計士は製造会社の上級経営管理者の地位につくようになった。そして，第二

次世界大戦後,産業変革の代理人として会計士を前面に押し出したのは国家であった。経済成長とイギリスの工業部門における競争的立場を強めることが強調されたこの時代に,会計士は経営者の行動の経済的合理性を高めるという役割を果たしうる職業と看做されたのである。

このような傾向はずっと最近になっても明白に継続している。より緻密な会計的計算に魅力を感ずる根拠は多様である。その範囲は,労使関係の重要問題から,産業界の再編成に対する関心,そして経済活動の公的領域と私的領域の境界線の移動に対する今日的な政治的関心までも含むようになった。社会体制が変わっても会計士の繁栄は継続したのである。

国家との関連についての研究会の記述は,われわれ日本人の目には新鮮に映る。「会計専門職は監査に対する法的要求を基礎に発展し,ついには監査サービスに関しては法的独占を達成した」[22]という記述は日本においてもそのとおり妥当する記述であろうが,次のように続けられると,次第に日本とイギリスの違いに気づかされることとなる。すなわち,「それはまた,適正な経済的情報の提供者として,国家にサービスを提供してきたという長い歴史も有しており,今日でも,政府機関がその組織を通じて広範な経済的拡大を行おうとする際にそれは続いている。現代国家はそれ自体,会計を含む合理的な経営の実態を基礎として出現し,発展してきている。さらに,国家が会計情報を用いるのはたんに税金を徴収する基礎としてだけではなく,産業の再構成,労務管理,および特定の活動や部門の規制と同様に広範な領域における幅広い戦略を展開する手段としてなのである。会計と国家とはある意味では相互にお互いの構成要素となってきたといえよう」[23]という記述である。

もちろん,他方で,それは国家の政府干渉主義的政策によって脅かされてきたし,依然として脅かされているという会計士の主張もある。しかし,そのような状況のもとで,会計士はその業務を拡張してきているのである。

会計専門職は,これまで,監査よりも破産管財業務に深く関わりをもつものと広く見なされうるような状況をしばしば生んだし,当初は戦時国家のために活動するうちに会計専門職の仕事というよりも事務員の業務と見なされていた

原価計算にも関与し，その後の産業再編や巨大企業の発展によって，財務管理とも関係をもつ機会が生まれたのである。

　国家と企業の軸を中心にしつつ，イギリスの会計士は税務会計や企業調査，その他の規制関連業務とも関係をもつようになった。さらに最近になると，パブリック・セクターの会計の分野にも進出するようになった。経営管理や財務管理とますます関係を深くもつようになったことにより，システムの分析と立案，コンサルタント業務，および財務に関する全般的サービス業務と関係をもつようにもなったのである[24]。

　ところが，研究会は，このような変化が必然的なものでもなければ，会計の仕事にとって固有の諸要素を反映したものでもないと主張する。というのは，イギリスの会計士は，今日，どの国の会計士よりも幅広く定義された活動範囲で業務を行っているからである。税務会計は明らかに会計士固有の業務ではない。その証拠に法律家がそれを行っている国々が存在している。会計士は，企業の財務管理との関係がいくら目につこうとも，それと関係をもつ当然の権利を有しているわけではない。他の多くの国々においては，ビジネス・エコノミストやゼネラル・マネジメント・エキスパート，財務スペシャリストといった会計士とは非常に異なった訓練を受け多量の知識をもった他の専門家の領分と考えられているのである。経営そのものやパブリック・セクターの業務と会計士の関係も同様である。

　しかしながら，他の国々と違い，イギリスでは，少なくとも比較的最近までは，会計士以外の代替的な専門的知識の供給源がほとんど存在していなかったという事実に特に注意しておく必要がある。アメリカにおけるMBAや，ドイツや北欧などのビジネスの分析に関係の深い教育を受けた応用経済学者がイギリスにはいないという事実も指摘される。羨ましいことにイギリスの会計士には競争相手がいなかった。これが会計士の抜群の地位を確定するのに歴史的に重要な役割を演じた一要因となったとされるのである[25]。もちろん，有力な競争相手がいなかったという事実はあるものの，今やイギリスの会計士は，純粋に会計的技術だけでなく財務的事項や経営管理上の事柄にさえ相当深い知識を

有していると看做されるようになったことは，厳然たる事実である。

　しかし，そのような状況にも変化の兆しは現われている[26]。

　すなわち，展開のスピードはゆっくりとしているものの，MBAの資格をもった個人が会社や金融部門の財務担当重役のポストに就き始めている。変化の規模は競争相手がすべてのポストを奪うほどの大きさではないけれども，すでに，最も規模の大きい企業やシティーで重役の椅子を押え始めている。もちろん，このことは他の工業化諸国ではありふれた現象であるが，ほんの少し前のイギリスでは想像だにされなかった事象なのである。イギリスでは，財務担当重役は専門家としての資格をもった会計士でなければならないと考えられていたのである。

　また，産業界では，会計部門，内部監査部門，財務部門を分割するアメリカ方式を採用するところが増加するようになった。会計士は，会計という職分に関しては依然として評判の高さを維持しているものの，会計が三つの職分の中で一番重要だとは多分もはや言えないであろう。そして，会計以外の職分はますます幅広い知識の基盤を必要としている。そのうちのあるものは会計士が身につけているであろうが，必ずしも会計士でなければならないというわけではないし，他の専門家や職業集団が要求に応じられる知識もある。このようにして，新たな競争を生む基盤が生まれつつあるとされるのである。

　これとの関連で，最近まで会計士の知識の多くが公式化されなかったことが指摘される。このことはイギリスの会計士には徒弟制度のような経験を積み上げる訓練の方が重要だと看做されていたことを意味している。ちょうど日本の制度で試験に合格することが経験よりも重要だと考えられていることと好対照である。この徒弟制度は競争を生まないだけでなく，専門的知識に神秘的な雰囲気を授けることともなった。しかしながら，これもまた会計それ自体とはほとんど関係がない理由によって変化している。世界的に見て，現代の商工業界の官僚主義的支配は以前よりも合理的な知識と経験に基づくようになってきている。その結果，経営上の専門用語は変化し，より専門化した技術と理解とがますます必要になっているのである。

また，専門家を求める社会的期待が広範に生じているが，この専門家というのは，より伝統的な権威の源泉をアピールする人たちではなく，合理的で論理的な知識的基盤からなる専門的意見を主張する人たちなのである。そのため，もはやこれまでの経験と名声だけでは十分ではなく，企業家的才能を含む経験に基づく名声ともっと合理的で分析的な基礎に基づく権威にアピールする名声との間の将来の関係を考察しなければならないであろうとし，研究会は，イギリスの会計士の知識と技術において生じつつある変化を指摘して，まとめを終えたのである。

第3節　三つのシナリオ

研究会は，第2節で考察した会計士業界とイギリス社会との関連に関する考察に加えて，具体的な三つのシナリオを作成し，自分たちの将来を予測した。現在は研究会が予測した時点からすでに20年以上が経過しているので，どのシナリオに近い未来が出現したのかを判断することができる。長い歴史を有するICAEWがこの当時どのように考えたのか，まず基本的な論点の要約を示したあと，立案された三つのシナリオを紹介する。なお，ここでは，「profession」という言葉が多用されているが，文脈に応じて，「専門職」，「会計士」もしくは「会計士業界」と訳し分けている。

1　基本的な論点の要約

研究会が冒頭わざわざ注意を喚起していることは，以下の論点の要約が，研究会で取り上げられた個々の論点の見出しを羅列したものではなく，それぞれの関連性を示し，他の論点に関する討論で再論した問題点を明らかにし，会計の歴史的発展の考察から明らかに重要な要素を反映させようとしながら要約したものである，ということである[27]。

(1) 拡大している会計士のサービスに対する需要

社会の変化を反映して,新しいタイプの情報に対する需要が生じている,として,組織の効率性や業績の幅広い概念が,財務上の関係や活動を映し出すとともに,現在の測定システムの欠陥を補う新しい形態の経済計算と独立評価に対する需要が存在していると指摘するとともに,この傾向が,公益団体やパブリック・セクターの領域でとくに顕著だと予測する。ただし,不正（fraud）や不整（irregularities）を摘発して規制当局に報告する責任が大きくなれば,監査人とその依頼人の関係は根本的に異なったものになってしまうかもしれないとも予見している。

(2) 会計事務所内で新しいサービスを開発すること

上記(1)では会計事務所は受け身の立場にあるが,会計事務所それ自身が新しいサービスを開発して新しい市場に参入することを狙っている。例えば,最近,監査サービスの内容を「再定義」しようとして活発な論義が行われてきており,会計事務所は多くの新しい事業を多角経営するようになってきている。このような変化は,会計士の業務と考えられる「会計」という業務の定義と境界線とを再検討して拡大しているのである[29]。

(3) 国　際　化

会計を取り巻く環境の変化の中で最も顕著な変化の一つは,それがますます国際化しているということである。多国籍会計事務所やそれとの提携事務所がますます増加しており,その場合には,事務所も依頼人も,国境を越えたレベルでの規制を受けている。個々の会計士は,ヨーロッパ圏内というよりも世界的な規模で国際経済の影響を考慮しなければならないであろうし,会計士はサービスの「輸出産業」であるという期待をも考慮しなければならないであろう[30]。この状況はわが国の公認会計士についてもあてはまるはずである。

(4) 競 争 社 会

そのような国際化のもたらす影響は，同時に，会計事務所間の競争を生じさせる。研究会は，競争の本質がますます変わりやすいものになることに加えて，スタッフ構成や会計事務所の専門化との関係から他の専門家集団との関係において，勅許会計士の地位に問題が生ずる。

(5) 会計事務所の成長と会計士協会の役割

上記のような環境のもとでは，会計事務所の成長が抑えられるということは起こりそうにない。しかしながら，会計事務所間の，とくに規模の異なる会計事務所間の仕事の構成比には大きな変化が生ずるであろう。会計事務所の提供するサービスの共通性は減り，個々の会計事務所の「個性」がもっと多様化すれば，この関係は，会計士協会と会計事務所との関係とその活動に対する圧力となりうるであろう。また，会計事務所内で会計士の資格をもたない職員が増加すれば，この圧力はやはり増大する。このように会計士の活動が多様化すると仮定すれば，専門化を認識することがさらに重要な問題となるかもしれない。

(6) 競 争 と 公 益

会計士業界が成功を収めるかどうかは，会計士の能力と役割とを一般大衆がよく知っているかどうかということにかかっている。伝統的に，会計士は公益に奉仕するという概念に忠誠を尽くしていると主張してきた。したがって，業務内容を拡張する場合には，例えば独立性といった会計士の業務の質に関する価値に沿って行わなければならない。「公益」という分かりにくい概念を定義して，会計士が担っている責任をはっきりさせるためには，裁判所がますます頻繁に使われることになるかもしれない。

(7) 産業界における会計士

産業界における財務的職能の性質が変化しつつあるので，次のような将来に

向けての二つの難問が会計士業界の前に立ちはだかっている。

　(a) 技術。伝統的な管理会計上の技術の役割の変化，組織内の経済的計算の役割のシフト，情報テクノロジーの影響，および経営意思決定と危険負担の変化といったものが，これまでとはまったく異なる多様な技術や才能を必要とすることとなる。そこで必要とされる教育，訓練，資格付与要件が，会計士と会計事務所の仕事の機会の鍵を握っているのである。

　(b) 人材提供。歴史的に，社会のための会計という実務は産業界における経営者として適格な人材の大きな供給源となってきた。短期的には，依然として大多数の組織はそのスタッフの供給源として会計士業界の方を注目するであろうが，長期的には，会計士業界は，専門経営者が別に養成されるという挑戦を受ける可能性がある。ここでも(a)と同様に，教育，訓練，資格付与要件が，会計士と会計事務所の仕事の機会の鍵を握っているのである。

(8) 技 術 革 新

　技術革新が非常に広範にわたって影響を及ぼしている。それは，依頼人，会計事務所に大きな影響を与えている。生産と流通に影響を及ぼし，金融市場のように大きな影響を及ぼす場合もある。情報処理能力の高度化とデータ・ベースの記憶能力の増大は財務報告の基本原理を根本的に変えてしまうかもしれない。

(9) 規制に関する環境

　国家は取引活動の規制に必要なある種の機能を会計士に依存してきたし，会計士業界はその立場から生ずるベネフィットを享受してきた。国家との関わり合いが変化すれば，この関係のバランスも変化する。重要なのは，一般的な概念としての規制のレベルと，詳細な規則と定義の程度の両者である。会計士業界は，規制の構造と概念の変化に適応する必要がある。

(10) 会計士による規制

全般的な規制の枠組みのなかで，会計士は，会計士協会員自身の活動を規制する責任と，会計士以外の人々の行動に影響を及ぼす会計原則という形での規則もしくは規範を作成する責任を負っている。前者の領域に関しては，国際比較が行われ，後者に関しては，金融界において会計原則のベネフィットを認識することは不可欠となるであろうし，合法性と強制の問題に注意が向けられるに違いない。監査についての規制も次第に重要性を高めるであろう。

(11) 教　　育

これまでの論題の多くが，会計士の教育と訓練に重要な関係をもっている。それらは，変化しつつある環境からの要求を満たすために必要とされる技術のポートフォリオと，これらの技術を獲得するための教育のプロセスに影響を与えるのである。もしも会計士が経営に関する幅広い技能を備えるのに失敗したならば，会計士が現在得ている高い地位は失われてしまい，狭い領域に専門化してしまうことになるであろう。問題は，個々の会計士に広範な技能を身につけさせることが必要なのかどうかということと，会計士としての基本的な資格の一部もしくは追加要件としてスペシャリストの資格を認める可能性があるのかどうかということである。この点については，新しく会計士を志望する人たちに行う教育が会計士の将来に対する重要な決定要素となるであろう。人口の減少しつつある18歳から21歳の学生の関心を会計士業界が引きつけるためには，適切な教育と訓練とを提供することが非常に重要なこととなるであろう。この部分はとくにわが国の現在の状況にぴったりとあてはまるであろう。会計士に求められる教育訓練の内容については，会計士自身が真剣に検討しなければならない，きわめて重要な論点なのである。

2　シナリオを立案する意味

研究会は，予想は外れるものであるということと，環境の変化が非常に不確実なものだとすれば，未来の予測を行うために過去の趨勢を判断の基礎とする

ことはたんなる当てずっぽうと大差ない，という基本的立場から，シナリオを立案して分析することの有用性を認識していた[31]。

そして，シナリオの立案を実際に行って成功をおさめた好例として，石油産業の例を挙げている．すなわち，石油産業は，1973年まで長期にわたる安定した高率の成長が続いたために，大多数の大石油会社が過去と同様の将来をいつまでも享受できると予想した．しかし，周知のように，1973年と1979年の石油ショックがそれ以前の石油価格と需要の見積もりを無効にしてしまった．

ロイヤル・ダッチ・シェル企業集団（以下シェル）の経営計画立案者たちは，1970年代の初頭において，石油に対する需要と石油産出国がテヘラン合意で決められた価格で石油を売りたいと考えていることの間から生ずるエネルギーギャップを認識することができた．シェルの経営計画立案者たちは，石油産出国と石油消費国および石油会社の前途について検討した結果，石油産出国がそれぞれ異なった行動をとるだろうという結論を得た．すなわち，間もなく埋蔵量が急激に減少するイランは将来のニーズに備えて価格を上げて石油を節約したいと考えていたのに対して，サウジアラビアは石油の売上がもたらす資金を使い切ることができないので最善の投資は石油を地下に眠らせたままにすることだと考えていたのである．

他方，石油消費国は，それまでになかったほど輸入石油に依存するようになっていた．すなわち，日本は固有のエネルギーをまったく蓄積していなかったし，アメリカはその少し前からエネルギー需要の成長のほとんどを輸入石油に頼るようになっており，さらに自国の石油生産がピークを迎えていてすぐに下降線をたどり始めるので，ますます多くを輸入に頼る必要があったのである．このように，経済活動の当時の水準は豊富な石油が継続的に入手可能であるということを基礎にして成り立っていたのである．しかし，シェルの経営計画立案者たちは，規則的な成長が維持されるという「驚くに当たらない」シナリオは当時の既定の要素とは矛盾するということに気づき，石油価格の急激な上昇が起きるだろうと予想した．石油供給の価格弾力性はマイナスになる，すなわち価格が上昇しても供給者は販売量を減少させたいと考えると予想したの

である。

1973年の石油産業において，シェルの経営計画立案者たちは，石油産出国政府が支配権を握っているので石油の探査と生産を契約している人たちの収入の大部分が失われるだろうということを契約者に納得させることは容易ではないと気がついた。同様に，高い成長率が過剰投資もすぐに回収できることを保証していた石油の精製，運搬，販売においても，石油産業が今や低成長産業だという警告は歓迎されなかった。それにも拘らず，少なくともシェルにおいてだけはその警告が受け入れられるように論証したのである[32]。

想定外であるとの言い訳をしないためにも，シナリオを立案することが重要だということを証明する好事例であろう。

研究会のシナリオ立案においては，20世紀末までの期間を概観するために中期計画を採用し，会計と会計士の発展のシナリオを立案するためのポイントとして，次の五つを挙げた。

1）経　済　環　境

研究会は，会計の発展が一般的な経済成長と関連していると考えたうえで，経済成長を中成長および低成長と想定した。

① グローバルな成長もイギリスの目標達成も中程度。両者とも，経済成長率は約3%。

② グローバルな成長もイギリスの目標達成も低い。世界経済の成長率は1～2%に過ぎず，イギリスの経済はほとんど成長しない。

そして，会計の発展に影響を及ぼす重要な経済的要因を，製造業からサービス業への継続的な重点の移動と国際化と捉えた。グローバルな国際金融センターの成長と太平洋地域の経済的影響が強まる状況のもとでは，サービス部門全般の成功，とくにシティーと金融サービス部門の成功がイギリスの経済成長全般に非常に重要な鍵となると考えるとともに，低い経済成長が意味することから，サービス部門での成長が新しい測定問題を生じさせるかもしれないとも

考えた。しかし，過去を振り返れば会計士の成長は経済成長に制約されてこなかったし，将来的にも国家の経済的変数が会計の発展に対する唯一の決定要素ではないという強気の見方も同時に存在していた[33]。

2) 政府と国家

国家が会計に委ねた役割が会計の発展に大きな影響を及ぼしてきたことと，国家の活動とニーズとが会計士業界の多くの活動の基礎を提供してきた状況については，将来も継続すると予想した。

しかし，規制に対しては自由放任主義と政府干渉主義の二つの代替的な考え方を採用し，いずれの場合でも規制が続くであろうと予想した。他方，規制方法は両者で異なったものとなり，自由放任主義のアプローチでは，会計士自身による規制を重要視する一方，政府干渉主義の場合には国家の機関による規制が重要視されるようになると看做していた[34]。

イギリスの会計士にとって国家の規制は，監査，税務，破産，パブリック・セクターの「支出に見合う価値（value for money）」の領域でビジネス・チャンスを提供してきた。会計士業界が社会のための会計として提供するサービスは，国が要求したことに起源がある。法定監査も，国が特定の会計士協会の会員だけにその業務を認めてきたという意味で会計士に対して特定の活動を「確保」してくれている。それは同時に，会計を専門職と定義する役割をも担っている。国家の強制が会計士にパワーをもたせているし，法令の解釈上の専門的判断を行使するということにも重要性をもたせているのである[35]。

3) ビジネス社会からの要求

ビジネス社会からの要求については，ビジネスに対する専門的サービスの供給と，人材の提供というイギリス固有の側面の二つの面がある。

後者については，アメリカのビジネススクールや，ヨーロッパ大陸のビジネス・エコノミックスがイギリスにはないということが一因となっている。

将来に関して言えば，会計士業界は企業経営者の第一の人材供給源としての

立場を維持することができるのか，それともそれを失ってしまうのかという問題がある。私の滞英中，この当時の状況は，有力な六つの会計士協会の会員になるために登録する人数は大学を卒業して就職する学生の1割に達していた。この事実を知って，正直，私は腰を抜かさんばかりに驚いたが，サッチャー政権の高等教育重視の政策によってイギリスの大学の数はその後劇的に増えたため，現在ではこの比率は低下している。多数の優秀な大卒を会計士業界が吸収し続ける限り，企業は会計士業界からの人材確保に関心を持ち続けるであろうが，この理由は，会計士としての訓練をとおして身についた技能が評価されたのではないと推測する研究会は，他の経営者の供給源から挑戦を受ける可能性は高まりうると結論づけている[36]。

また，会計事務所が経営コンサルタントとして発展し続ける結果，監査という「規制によって確保された」職能と関連した活動の役割が減少するか，あるいはその活動の基本的な役割だけが維持されるという将来像も描いている。その結果，会計事務所は，継続的に新しいサービスと重要な領域に多角化して，会計士業界以外にも人材を提供し，伝統的な会計士とは異なる形態の「コングロマリット」になるという可能性と，法定監査に基礎を置いたサービスに中心を置き続けるという可能性の二つの可能性を有している[37]。

4) 会計士業界の柔軟性

これまでの議論から明らかなように，研究会は，会計のもっている歴史的に最も重要な特徴の一つは，それが「会計」という言葉の意味する活動に照らして継続的に変化してきているという事実であると捉えて，その事実が会計士業界の柔軟性あるいは適応性の高さを反映しているとする。その例として次の3点を指摘する。

① 専門領域の柔軟性。会計士が企業やパブリック・セクターの様々な地位に就くに従って，会計士業界はその専門領域を拡張してきている。
② サービスの柔軟性。会計士業界は新しいサービスに対する需要に素早く適応してきている。例えば，会計事務所内にいない専門家を進んで雇い

入れる。
③ 知識的基盤の柔軟性。上記の項目に関係しているのは会計士になるために必要な知識的基盤の適応性である。この適応性は試験の範囲からある程度うかがい知ることができる。

そして，将来の会計や会計士業界の役割は．上記の柔軟性を維持できるかどうかに係っていると考えたのである。ただ，会計というサービスと職能の多様性に限界がある場合には，活動の多様性は期待できないから，勅許会計士の技能が将来のビジネスの機会を開発する重要な要因となるであろうと研究会は考えた[38]。

5) 客観性に関する評判

研究会は，過去において会計に影響を及ぼした要素で忘れてはならないのが客観性に関して会計士業界が受けてきた評判の良さであると考え，その名声を非常に重要なものと看做した。会計士が仕事をとおして獲得してきたこの客観性は，会計士の行う多くの活動に重要な意味をもっている。例えば，外部財務報告において監査人の独立性は監査の本質に必然的に含まれているし，報告実務を規制するうえで会計士業界の担っている役割はこの特質によるもと看做すことができる。同様に，破産管財業務においては，会計士はその影響を受ける利害関係者のために関与する独立性のある外部の人間としての役割を果たすし，税務上の仕事についても，会計士の客観性が重要視されているのである。経営コンサルタントの領域でさえ，この種の仕事を依頼される会計士の能力の大部分は客観性に関する名声によるものであり，客観性は独立的評価を始めとした様々な活動に関連していると研究会は主張している。

この要素がいかに重要かは，例えば会計原則研究会，監査実務研究会，協同訓練計画といった，イギリスの会計士業界で最も重大な構造的変化の生じたのが，法定監査に関してイギリスの会計士の名声が批判にさらされた時期だということからも証明できる。この名声こそが会計士の引き受ける仕事の機会の中心部分なので，それが脅威にさらされた場合には，会計士はそれを守るために

行動してきたと述べて，この要素がいかに重要であるかを研究会は強調しているのである。

　ここまでに述べてきたように，あらかじめほぼ確定しているいくつかの要素と，かなりの数の不確定要素が列挙できる。これらの要素を考慮したうえで，不確実性に対していろいろな仮定を行うことが，シナリオを立案するための基礎を提供するのである[39]。

3　三つのシナリオ
1）シナリオ1
　一つ目のシナリオは，現在の環境のもとで観察可能な傾向がこれからもほぼ続くという仮定に基づいている[40]。

<u>シナリオ</u>
　イギリス経済はここ数年の傾向に沿って発展する。製造業からサービス業へのシフトは継続するが，サービス業が国全体に大きな経済成長をもたらすには不十分である。イギリスの経済成長率は世界平均よりは少し下のレベルと想定される。1990年代をとおして，インフレ率は低い一方，失業者数は400万人に増加する。サービス業の雇用機会と所得は増加するが，製造業の雇用機会は限定的なものとなり，所得も基本的には生産性が高まることによって維持される。シティーと金融機関の役割は，主として国際化の高まりを受けて重要性が保たれる。
　政府の規制は自由放任主義が採用される。したがって，規制の構造は詳細なものではなくフレームワークに焦点を当てたものとなる。プライベート・セクターの規制に依存し，やがて規制撤廃の考え方が支配的となる。会計実務界の合同も可能となる。
　会計事務所のビジネスは，監査よりもコンサルタントの分野で成長する。会計士業界は製造業と流通業への主たる人材供給源であり続けるが，要求される

技能が幅広くなるに伴って，勅許会計士になるための訓練のプロセスで身につける技能とビジネス界の要求する技能との間の伝統的なつながりに対する圧力が次第に高まる。

分析と意味づけ

　会計士という職業と会計士のビジネスの成長の鍵はコンサルタント業務に必要な技能とビジネスが求める技能の両者を会計士が身につけるか否かということに係っていると研究会は予想する。

　会計事務所の成長はコンサルタント業務を行う専門的技能の取得に依存しているが，短期的には，必要とされる会計以外の専門家を雇い入れるか，会計士を訓練することによって要求を満たすことができる。長期的には，会計士になるために必要なコアの知識を定義し直すことによって技能基盤の拡大に対処することができると考えている。

　長期的戦略は勅許会計士がビジネス適合性を維持するために必要である。企業への人材供給源であり続けるためには，専門家としての資格が意味をもつのではなく，コンサルタントとしての経験によって獲得される職務上の能力によるところがますます大きくなる。会計士に対する産業界からの需要が低下したならば，大学卒業者が会計士という職業に対して感ずる魅力も低下するであろう。会計事務所は大学卒業者が産業界に進むために重要な進路であり続けることもできるであろうが，会計士の資格が産業界で必要とされる技能と深く関連しなくなれば，会計士の資格をとるという回り道をすることは必要ではなくなるということも考えられる。

　このシナリオのもとでは，大規模会計事務所はコンサルタントとしての成長を志向するであろう。大規模会計事務所は必要な人材を補充し，これまでは会計士業界と直接結びついていなかった人材の補充をますます行うようになる。伝統的な技能の役割は低下し，事務所内で監査人が様々な仕事をこなす圧力が生まれるであろう。会計士以外の専門家が増加するという事務所内でのスタッフ構成の変化が生ずるであろう。勅許会計士の会計事務所であることがもたら

す価値と重要性は評価しなおされるかもしれない。

　産業界は依然として会計士業界から人材を求めようとすると思われるが，会計事務所内のスタッフ構成と人材供給に変化が生ずれば，これは変化するかもしれないと，研究会は強調している。勅許会計士と同様に会計士でない職員も会計事務所から産業界に人材供給されるようになるであろうという予想も立てられている。

　会計士協会に関して言えば，協会員の活動との関連性を維持することに圧力が生ずるが，この圧力は大規模会計事務所と産業界の会員にとってとくに大きいと予想された。しかし，これに関連した議論はイギリス特有の会計士の分散がもたらすものなので，ここでは省略する。

2) シナリオ2

　会計士業界の発展と役割とを決定する要素のなかで最も重要なものの一つが規制すなわち会計士と国家との関係だと捉えて，シナリオ1のなかの規制に関する仮定を変えると以下のようなシナリオが描かれることになる[41]。

シナリオ

　シナリオ1と同様に，経済成長は現在の傾向を反映するとする。すなわち，成長率は比較的低く，製造業の重要性は低下し，インフレ率は低くて，失業者は多い，というものである。そして，金融部門は依然として重要性を高める。

　会計士業界の主たる成長機会は，人材供給その他を考慮すると伝統的に確保されてきた職能以外のところで見込まれる。

　規制については，政府干渉主義が採用される。法定監査に大きな重点が置かれる。これらのサービスを提供できてしかもそれに適した会計士の名声は危うくならないであろうが，しかし会計士の資格に対する政府の敏感さは自由放任主義体制の場合よりもずっと高い。国家が命令する活動に関する規則を成文化することが重要視され，会計士業界の自己規制の領域も，私的な専門職の利害の問題と考えられずに，公共政策の問題と考えられるようになるというのであ

る。

分析と意味づけ

　このシナリオの大部分がシナリオ1と同じなので，分析の多くもシナリオ1と同じということになる。相違点は，その基盤にある経済的変数ではなく，会計士業界の可視性と規制側の態度を取り扱わねばならないということである。したがって，規制の変化がどのような相違をもたらすかということが重要な問題となる。

　この問題は，コンサルタント業務と監査との間の関係について興味深い疑問を提起する。もしも政府干渉主義政策が法定監査の重要性を高めるなら，法定監査とコンサルタント業務との間の潜在的な衝突は大きな問題となるのかという疑問が生ずるのである。コンサルタント業務の成長機会が大きければ，会計事務所は監査業務を切り捨てたいと考えることが想像できるが，はたして本当にそうなのであろうか。また，コンサルタント業務はどの程度法定監査に関連した業務に依存しているのかという指摘と，法定監査はコンサルタント業務を通じて得られた知識と情報によってどの程度その質が高められるのかという疑問も生ずることになると，研究会は指摘している。

　少なくとも，会計士協会は国家の命令に関する仕事の重要性をその協会員に周知し続ける必要がある。それは，協会員の収入のどれだけが国家の命令する仕事から直接得られるかという単純な問題ではない。同様に，会計士の立場を定義する際には，国家との関係が有する意味をもっと中心問題に据えて考えなければならない。会計士の地位を保つためには，会計士の独占的な業務の領域内で特定の確保された職能を維持することが重要であるとしても，それらの確保された職能はサービスの範囲の一部であるということ以上の重要性をもっているであろうか，と研究会は疑問を呈する。

　政府干渉主義のもとでは，関連領域において会計士業界が規制活動を行う重要性が生まれる。会計士は確保された職能を行う能力があるという印象を維持するために，つまりシグナリングを行うために会計士自身の規制プロセスに投

資しなければならない。例えば，会計原則の役割とその施行はますます会計士と国家の関係における重要な要素となる。これは会計士の他の規制領域にも当てはまる。現在，会計士協会は，会計原則と監査基準および職業倫理規則を通じて技術的な事項を規制しているが，なかでも職業倫理規則は技術的基準を遵守することよりももっと積極的な重要性をもつようになるであろうと，研究会は予想している。

　要するに，シナリオ2のもとでは，会計士に開けている職業機会を十分に維持することは，

① コンサルタント業務を行うのに必要な細分化がますます進むことと監査との間には利害の衝突はない，ということを国家に説明して納得させるか，あるいは，

② そのような衝突の発生を防止するものが自己規制であるということを理解していることを証明するために，自己規制に投資するか，

に係っているということなのである。

3) シナリオ3

　このシナリオも，これまでのシナリオをベースにしつつ，その一部を変更することによって立案される。これまでの二つのシナリオの大きな特徴の一つは，コンサルタント業務を通じて会計事務所には大きな成長の機会があるということであった。シナリオ3では，経済成長の可能性がもっとはっきりしないという仮定を組み込むことによって，その見込みを弱めている。さらに，このシナリオでは，もっと過激な将来への不連続性を組み入れようとしている。それは，イギリスの金融市場は失敗し，会計士は監査に関する名声を失うというものである[42]。

<u>シナリオ</u>

　このシナリオにおいては，なだらかな経済成長すら達成できないと想定されている。サービス業とくに金融部門におけるビジネスの機会があまり楽観的で

はないのである。中期的には，規制の撤廃の結果，シティーは外国市場との競争に敗れる。その影響で，会計事務所と個々の会計士の仕事の機会が不振に陥り，金融に関するサービスがもたらしてくれていた近年の会計士の報酬の上昇は停止する。

　金融市場の諸問題が倒産を生み，会計士業界の名声とイメージに脅威を及ぼす。規制が政府干渉主義であれば，上記の問題は政府による調査と具体的な行動とを伴うこととなり，会計事務所が個々の事例に対する申し開きに失敗した場合には，政府干渉主義の立場をとる政府の要求に対して会計士業界は守勢に立たされることになる，と研究会は予想した。

分析と意味づけ

　このシナリオの第一の意味は，予期しえない類いのものであろうと研究会は冷静に述べている。これまでの二つのシナリオにおいては，様々な技術に対して増大しつつある産業界からの需要は，コンサルタント業務が比例して増加することをとおして会計事務所に需要をもたらすが，重要な問題は，会計士業界がこれらの技術にどれだけ適応できるかということにあった。しかしながら，第3のシナリオにおいては，コンサルタント業務の機会が存在しないので，産業界の需要は会計事務所には需要をもたらさない。このことは，産業界が，会計士業界は経営者の人材供給源として適していないと考えるようになるということを意味している。短期的には，勅許会計士は十分に経営者の役割を担うことができるが，中期的には，この地位は相当低下するであろう。会計士業界はますます特定の狭い領域に特化するようになり，国家の命令する役割に依存するようになるであろう。

　この点から，研究会は規制方式の重要性を考慮する。規制方式が政府干渉主義であるならば，会計士のイメージにひどいダメージを与えるような出来事は今日の会計士と国家との関係に重大な変化をもたらすであろう。シナリオ1で述べた規制の民営化努力とは対照的に，このシナリオの場合には，会計士が国家のために行う活動に対する規制の程度が高まり，会計士は現在担っている規

制に関する役割の幾分かを失ってしまうであろう。会計士の将来に対するこのような政府介入の影響は相当重要である。なぜならば，
① 職業会計士の地位を定義するうえで国家の命令する活動が重要であり，
② このシナリオにおいては経営コンサルタントの機会が低下させられる，
という事実があるからである。

会計士業界の規模と影響力は，大きくなることが期待できないだけでなく実際には減少しそうである。前の二つのシナリオにおいては，新卒大学生を求人する会計事務所にはビジネスの機会が増加すると考えられたので，会計士業界の規模は成長するか安定を維持することが期待されていた。もしもビジネスの機会が減少するならば，求人は停止されて，会計士業界の規模は，おそらく小さくなるであろう。

4 シナリオの問題点

これら三つのシナリオを振り返ってみると，シナリオ1は会計士の技能とビジネスチャンスに注意を向け，シナリオ2は国家の規制と社会からの期待に注意を向け，シナリオ3はイギリス経済の失敗に注意を向けている。

研究会は，これらのうちのどれか一つを最も可能性の高い未来として取り上げようとしたのではなく，可能性のある未来の特徴を述べているのである。したがって，シナリオがひとまとめにして明らかにしている重要な変数を取り出して，それらを戦略的計画の状況下で考察することが重要となる。その基本的な相互的影響要因は，会計士と国家の関係，および，会計士とビジネス社会の関係に見出すことができる。

図表6-2に示されている組合せの意味は次のように説明される。

Aの組合わせでは，重点が伝統的な技術から広範なサービスと技術に継続的に移行し，

Bの組合わせでは，ビジネス社会から生ずる需要と政府から権限委譲されたサービスに関連する需要とを満足させるために均衡させることが必要となり，

Cの組み合わせでは,ビジネスの機会が制限されるので,職業会計士の役割と地位だけでなく,職業会計士の規模そのものも小さくなり,

Dの組み合わせでは,伝統的な技能を強制して自己規制を重要視することへの回帰を意味している,

のである[43]。

それでは,これらのシナリオに基づくと,会計士業界にとっての戦略的意思決定の領域はどのようになるのであろうか。戦略的意思決定に対する影響力をシナリオ分析にもたせるためには,求められている長期目標をはっきりさせることが必要となる。それらの目標は組織と個人によって異なるであろうが,ここでは,会計士業界にとって全般的な目標が採用されている。それはビジネスの機会を個別にあるいは全体的に開拓し,会計士の地位を維持増進させるものと考えられているのである[44]。

本研究会の採用した接近法は次の三つの類型化である。すなわち,

① 防衛的立場。この戦略で最も強調されるのは既存の市場を守ることであ

図表6-2 重要な変数

ビジネス社会からの需要のあるサービス	国家との関係 規制に対する考え方	
	自由放任主義	政府干渉主義
	政府が権限移譲する役割の重要性が高い	政府が権限移譲する役割の重要性が低い
コンサルタント業務の機会が多くその重要性が高い	A	B
コンサルタント業務の機会が多くなくその重要性は低い	C	D

出典:Hopwood, et. al., *op-cit.*, p. 32

る。したがって，政策は，既存の市場を確定して市場占有率と効率性を高めることを通じて収益性を高めることに関連している。この戦略のリスクは環境の大きなシフトに対応することができないということである。
② 投機的立場。この戦略は，成長と収益性を維持するために新しい市場を発見し開拓することである。したがって，政策は，新しいビジネスチャンスを明らかにして，それに適応するのに十分な柔軟性を維持することに関連している。この戦略のリスクは，成功の見込みのないイノベーションを追求するあまり，戦略が拡大しすぎることである。
③ 分析的立場。この戦略は，伝統的な中心部分は維持する一方で新しいビジネスチャンスを開拓しようとする。イノベーションは，成功が証明された場合にのみ採用される。これまでの会計士業界は，この立場であった。会計士業界にとっては，これ以外の戦略をとることは困難かもしれない。

　上記の各戦略はそれぞれリスクとベネフィットが異なっているので，そのなかから唯一の最良の選択をすることはできない。どれを選択するかは，組織の目標とビジネスチャンスを開発する組織の能力とに係っているのである。また，利益を得る会計士の能力は，会計士の有する一連の技能の適合性と，会計士になるための資格要件とに依存しているが，それは多くの要素に影響される。試験に合格して会計士になることで証明される技能や経験によって獲得される技能に加えて，名誉に関する要素もまた重要である。名誉には，個々の組織に関連した名誉と会計士業界の規制に関する役割のもたらす名誉の両方がある。この名誉によって，会計士は権威ある地位につき，会計士業界と国家から権限委譲された諸活動との結びつきが生まれることになる[45]。

　ということで，最後に，職業会計士の意思決定の戦略領域を明らかにする必要が生ずることになる。研究会は，会計士協会と，一人一人の協会員および会

計事務所,の二つに分けて,それぞれの戦略的考察を例示している[46]。

1) 会計士協会

① 計画された勢力圏。会計士協会が狭い技術的領域に留まって,その領域で確保された権威を維持すれば現在の勢力圏で重要性を保つことができるが,会計士であるという地位は,広がりつつある勢力圏を越えて権威ある地位を追求することに影響されるのであろうか。また,勢力圏相互間には潜在的な利害の衝突が存在しているのであろうか。

② 維持されるべき勢力圏の程度は,どの程度であろうか。この問題には,教育,組織構造,規制活動の重要な論点を含んでいる。

③ 教育。会計士が身につけている一連の技能は,試験によって証明されるので会計士の中核知識の一部を構成すると暗黙のうちに考えられている技術とどの程度関連しているのであろうか。

④ 組織構造。会計士業界は,現在の組織構造内で次第に広がりつつある一連の様々な活動と関係を持ち続けることは可能であろうか。活動と技能における多様性の広がりは会計士業界を分裂させて勢力圏を狭くさせるであろうか。

⑤ 規制活動。会計士であるという地位を維持するためには,自己規制と倫理規則はどの程度重要であろうか。

2) 個々の協会員と会計事務所

① サービスの範囲。会計事務所はどの程度の範囲のサービスとその「イメージ」を追求すべきであろうか。(あるいは,個人にとっては,可能なビジネスチャンスを生かすためにはどのような一連の技能を身につけなければならないであろうか。)

② 人材の確保。上級レベルであろうと下級レベルであろうと,人材確保に関して専門的資格をどの程度評価すべきであろうか。会計士の有資格者が採用される割合は低下するであろうか。

第6章　イギリス会計専門職の自立性と自律性　263

③　訓練。職員の新規採用政策と，会計事務所内で訓練のために提供されるサービスの程度とがもっている意味は何であろうか。
④　規模。契約可能なビジネスチャンスを生かすために最も効率のよい規模はどの程度であろうか。
⑤　会計士としてのアイデンティティー。特定の市場もしくは職業の機会を開拓しようとする場合に，「勅許会計士」という称号はどの程度重要な強みとなり続けるであろうか。

　本研究会の目的は，述べられているように非常に実験的なものであると言えるであろう。その証拠に，私の滞英中にホプウッド氏が第3部で述べている「概観」については，イギリスの会計士の間でも批判的な意見が数多い印象を受けた。しかし，たとえここで述べられている見解に対する批判はあるにせよ，会計士業界の人たちが自分たちの将来に関する重要な問題を考察するための手段として，会計士自身がシナリオを立案し，そのシナリオを利用することを探求した[47]このプロジェクトの意図は，高く評価できるであろうと考える。
　それは，このシナリオの立案作業が，私たちの目には日本の公認会計士よりもはるかに順風満帆のように映るイギリスの勅許会計士が，決してその現状に甘んじてはいないということを示しているからに他ならない。刻々と変化しつつある環境のもとで，数多い変数にどのように対応すれば良いのかを真剣に探ろうとしている姿勢に対して強い共感を覚えるのである。
　一方の，わが国の公認会計士は，戦後に制度化されて以来，今日に至るまで，ここで検討したような社会的な存在としての自己点検・自己評価を行ってきたであろうか。金融庁との関係をどのように考えていて，将来的にはどのような関係にしたいのであろうか。そのために，どのように主体的に道筋を探り，場合によっては新しい道を開拓してきたのであろうか。日本の公認会計士が，日本における唯一の職業会計士として，これまでの展開プロセスをどのように認識し，それらをどのように評価し，さらには，その延長線上にどのような将来像を描いているのか，ぜひとも知りたいと考えているのは私一人だけで

はないと考えるのである。

第4節 ま と め

「環境の変化を理解するための研究会」の記述を通読すると，イギリスの勅許会計士がこれまで影響を受けてきて現在もなお影響を受けているイギリスにおける社会的経済的コンテクストは，当然のことながらイギリス固有のユニークなものであることがわかる。今日の日本やアメリカで見ることのできる会計士監査が，もともとイギリスからアメリカに伝わり，そしてその後アメリカからわが国に伝わったという経過それ自体は紛れもない事実であるとしても，さらにそれに加えて，当初アメリカの会計士監査を担っていた会計士がイギリス人であったにも拘らずイギリスとアメリカではコンテクストが異なっていたために，そのもとで会計士監査も異なる発展過程をたどることとなったのである。つまり，たとえ会計監査の本質が一つであったとしても，社会が異なればそれの発現形態が同一であるとは限らないのだと言えよう。

このように，それぞれの国の社会的経済的コンテクストが会計士監査の存在形態に大きな影響を及ぼすのだとすれば，別稿においてすでにその問題点について考察した[48]ように，わが国の会計士監査がたどるべき道筋は，アメリカ式監査に追従することではなくわが国の社会的経済的コンテクストのもとで求められている会計士監査の形態を形作るとともに，そのシステムを円滑に機能させることである。

もちろん，わが国のこれまでの展開を跡づければ，これが思いのほか容易なことでないことはすぐに察しがつく[49]。しかし，規制がなくとも会計士監査には自発的な需要が存在するというウォレス見解に象徴されるように，アメリカですら，ディスクロージャーの拡充のための道のりは決して平坦ではなかった。社会的経済的コンテクストが熟して初めて，拡充への歩みが加速したのである。

翻って，わが国においては，例えば1995年当時の新聞の社説やコラムに繰

り返し,「自治体監査を"監査"せよ」[50],「金融に必要な『説明責任』意識』[51],「損失隠す会計処理・情報は犯罪的だ」[52],「義援金収支の公開制を」[53]といった見出しのもと,アカウンタビリティという言葉の説明とこれが民主主義社会の基本的理念であると同時に国際社会の基本理念であること,そしてそれを果たすためには公認会計士などの専門家による外部監査制度の導入が必要であるということがマスコミで論じられるようになっていた。それは,その当時の住専の不良債権の処理に代表される不透明な金融システムに対する不信の目が注がれたことや,官官接待に代表される不透明な税金の使われ方に対して厳しい批判的風潮が巻き起こったからであった。

その後,義援金問題に関する「利害関係のない第三者の監査を経て,収支が常に検証可能な状態にすべきだ」という河野保公認会計士協会近畿会会長の発言(「会計士協近畿会 震災義援金 監査を」読書新聞,1995年7月28日)および「収支報告の公開や第三者による監査制度を確立する必要がある」という佐伯剛公認会計士協会近畿会社会・公会計委員長の指摘(「阪神大震災 義援金配分実態調査へ」毎日新聞,1995年7月29日)の報道に接した私は,かつて,「これまでのわが国のコンテクストとははっきりと一線を画す新たなコンテクストが生まれつつあるということができるであろう」[54]と予測したことがあったが,第1章で考察したように,それから20年が経過した現在でも,「不適切会計」に象徴されるような,公認会計士監査に強大なパワーが備わった状況には至っていないのである。

その理由が日本の公認会計士という専門的職業そのものに内在しているのか,それとも,公認会計士を取り巻く外的環境に存在しているのか,といったことについて,日本の公認会計士は自分たち自身の問題として,自立的に,そして自律的に向き合ってきているであろうか。本章で検討した ICAEW の活動は極めて有用なヒントを提供してくれるのではないかと考えている。

注

1 鳥羽至英「監査理論とエージェンシー理論」『経済学(東北大学)』第 55 巻第 3 号,1994

年。
2 『會計』1991 年，8〜10 月号
3 Hopwood, A., Page, M., & Turley, S., *Understanding Accounting in a Challenging Environment*, Prentice Hall, 1990.
4 なお，UCEG は多彩な学歴と経歴を持つ約 25 名の委員で構成されていた。その中には，ICAEW の職員，会計事務所・産業界・金融界・パブリック・セクターで働く会計士，国会議員，省庁の官僚および大学教員が含まれていた。このプロジェクトの期間を通じて，必要な場合に新委員が委嘱されるなど，委員構成は若干変動したが，中心メンバーは 2 年間の会合を通じてほとんど変化しなかった。研究会は 1985 年春から 1987 年春まで合計 9 回開催された。
5 Hopwood, et. al., *op-cit.*, p. 4.
6 Hopwood, et. al., *op-cit.*, pp. 91-119.
7 *Ibid.*, p. 94.
8 *Ibid.*, p. 94.
9 *Ibid.*, p. 94.
10 *Ibid.*, p. 94.
11 *Ibid.*, p. 95.
12 *Ibid.*, pp. 95-96.
13 *Ibid.*, pp. 96-98.
14 *Ibid.*, p. 99.
15 *Ibid.*, pp. 99-100.
16 *Ibid.*, p. 98.
17 *Ibid.*, p. 101.
18 *Ibid.*, p. 102.
19 拙稿「イギリスの職業会計士団体の現況」『同志社商学』第 44 巻第 2 号，1992 年，参照。
20 Hopwood, et. al., *op-cit.*, pp. 103-105.
21 百合野正博編著『アカウンティングプロフェッション論』同文館出版，2013 年，第 1 章，参照。
22 Hopwood, et. al., *op-cit.*, p. 105.
23 *Ibid.*, p. 105.
24 *Ibid.*, pp. 105-106.
25 *Ibid.*, pp. 106-107.
26 *Ibid.*, pp. 107-109.
27 *Ibid.*, pp. 7-10.
28 *Ibid.*, p. 7.
29 *Ibid.*, p. 7.
30 *Ibid.*, p. 8.

[31] *Ibid.*, p. 12.
[32] *Ibid.*, pp. 15-17.
[33] *Ibid.*, pp. 17-18.
[34] *Ibid.*, pp. 18-19.
[35] *Ibid.*, p. 18.
[36] *Ibid.*, pp. 19-20.
[37] *Ibid.*, p. 20.
[38] *Ibid.*, p. 21.
[39] *Ibid.*, pp. 23-24.
[40] *Ibid.*, pp. 22-26.
[41] *Ibid.*, pp. 26-28.
[42] *Ibid.*, pp. 28-30.
[43] *Ibid.*, p. 30.
[44] *Ibid.*, pp. 30-31.
[45] *Ibid.*, p. 33.
[46] *Ibid.*, pp. 34-35.
[47] *Ibid.*, p. 35.
[48] 拙稿「不正摘発と監査人の社会的役割」『同志社商学』第40巻第5号，1989年，参照。
[49] 拙稿「『独立の』『公』『会計士』によるモニタリング・システム構築に対する抵抗」『企業会計』第45巻第7号，1993年，参照。
[50] 日本経済新聞，1995年10月27日，朝刊。
[51] 読売新聞，1995年10月29日，朝刊。
[52] 日本経済新聞，1995年11月15日，朝刊。
[53] 読売新聞，1995年5月11日，朝刊。
[54] 拙稿「会計士監査と社会経済的コンテクスト」『同志社商学』第48巻第1号，1996年，483頁。

第7章　会計監査の本質の再確認

第1節　問題点の所在

　会計監査を研究するために必要な歴史的考察の「広さ」と「深さ」の設定はどのようなものであることが望ましいのであろうか。私は今，この点について大いに反省をしている。

　私の研究スタンスを回顧すると，「広さ」はアメリカとイギリスにほぼ限定され，「深さ」はせいぜいイギリスにおいて南海泡沫事件の起こった1720年頃にまで遡る程度の浅いものに過ぎなかった。具体的には，イギリスの経済史全般を跡付けることは当然としても，とくに株式会社における会計監査の始まりと展開に深い関連のあった南海泡沫事件，泡沫会社禁止法，準則主義会社法の制定およびその改正，会計専門職の発展を跡付けることを重要視した。イギリス人会計士によって会計監査が伝えられたアメリカに関しては，その経済史全般を跡付けることに加えて，ビッグビジネスの出現，世紀転換期の一大企業合同運動，貸借対照表監査，1920年代のバブルとその崩壊，大恐慌とその後の証券市場のリフォームと証券取引法監査の生成と発展，そしてその後の極めてボリュームの大きな会計と監査のルールの改編等が，私の監査論研究の助走時代の研究対象を構成していた。

　当初アメリカに焦点を当てた理由は，GHQが戦後わが国に公認会計士による財務諸表監査制度を構築した際のお手本がアメリカのシステムだったからに

他ならない。ところが，アメリカの経済史を跡付けてすぐに分ることは，当然と言えば当然のことながら，アメリカがアメリカ一国だけで自国の様々な社会システムをすべて構築したのではなかったということである。アメリカの会計士監査システムの整備にはイギリス人会計士が大きな役割を担っていた。というわけで，次には，イギリスの会計士監査制度に関連した事象が研究対象となった。しかし，「広さ」の範囲を英米以外のヨーロッパの国々やカナダ・オーストラリアなどに拡大する必要性はほとんど感じなかったし，「深さ」をエジプトやバビロニアにまで掘り下げる必要性もほとんど感じなかったのである。

　研究を進めるうちに，アメリカの社会システムはアメリカの社会的経済的要請のもとで成立している極めてアメリカ的なシステムであり，同様にイギリスの社会システムはイギリスの社会的経済的要請のもとで成立している極めてイギリス的なシステムであることが明確になってくる。これも，当然と言えば当然のことであろう。アメリカ的なシステムとして第5章で論じたのは「アメリカ人にとって極めて重要な証券投資とアメリカ企業にとって極めて重要な証券金融という関係性がアメリカという国のレベルで重要視されており，その構図のもとでのディスクロージャーと会計士監査の社会的な重要性」であり，イギリス的なシステムとして第6章で論じたのは「イギリス会計専門職の視線の先にはイギリス国民（public）とイギリス国民の構成するイギリスという国があって，このイギリス会計専門職の視線をイギリス社会が高く評価して受容しているという構図のもとでのイギリス会計専門職の提供するサービスの多様性」であった。両国のこのような特徴が，両国の株式会社のディスクロージャーと会計士監査を重要視する現状と密接な関連を有しているのである。

　アメリカの会計監査システムがアメリカの社会的経済的要請のもとで成立している極めてアメリカ的なシステムであり，イギリスの会計監査システムがイギリスの社会的経済的要請のもとで成立している極めてイギリス的なシステムであることが事実だとしても，それぞれの国に固有の社会的経済的要請を取り払った後に残る会計監査の本質とも呼ぶべき概念はどのようなものであろう

か。この点を明らかにすれば，その本質のバリエーションとしての会計監査の形態が国や地域によってどれほど複雑多岐な装いを纏っていたとしても，本質を見失わない制度の構築が可能になるであろう。

本章で検討するのは，まさにその点である。

本章においては，第2節において，代表的な2冊の会計史に関する文献を取り上げて，エジプト，バビロニア，ギリシャ，ローマに代表される古代社会における主として監査に関する記述のなかに，時代や国家の枠を超える普遍性をもった監査に関する考え方を見出す。そして，会計史の文献が古代社会にまで遡って記述しているのは，歴史を遡ることのできる記録が存在しているならばそこまで遡るべきだという理由に基づくものではなく，古代社会の時代にまで遡ることそのものに極めて重要な意味が内包されているのだということを明らかにする。

それによって，会計監査の歴史が産業革命やビッグビジネスの発展を出発点とするのではなく，それらよりも遥かに時を遡る「人類の歴史に深く根ざしている」ということが明らかになる。

しかしながら日本人および日本人の集合体としての日本が，西欧社会と同じようにこの考え方を共有しているとは言えない。ウォルフレンが日本の政治的中枢にはアカウンタビリティが存在していないと厳しく批判しているとおりである[1]。ウォルフレンの厳しい批判がベストセラーになって以来四半世紀が経過した今日でも，われわれは様々な領域でこのことを日常的に経験し，場合によっては苦々しく思っているところである。本家のガラパゴスには失礼な言い回しかもしれないが，日本人がグローバルな思考をせずグローバルな行動をとらないことに，日本人自身が自嘲的にガラパゴスという用語を多用しているのが現状である。

それだからと言って，あきらめるのはまだ早い。後天的に学ぶことは可能であるし，学んだことを実行に移すことも可能だからである。これまでの日本が，当初は中国や朝鮮半島から多くのことを学び，やがてはヨーロッパ諸国からも多くのことを学んだことについては日本史の授業で学んだし，戦後アメリ

カを中心とする多くの国々から多くのことを学んできていることは現在われわれが実際に経験しているとおりである。

　第3節では，会計史の文献が記述する古代社会の時代にまで遡れないわが国において，ディスクロージャーと会計監査の重要性を後天的に学ぶことも可能であるし，学んだことを実行することも可能である，ということを示唆してくれる実際の一つのケースを考察する。それは，第1章で検討したように，最近様々な関係において設置されている「第三者委員会」が有効に機能した実例である。

　株式会社のディスクロージャー・システムにおいては，法律と会計に関する職業的専門家と監督機関が存在している。それに対して，第三者委員会の仕組みにおいては，法律も会計に関する職業的専門家も監督機関も，いずれも保障されていない。そのような確固たる設置要件の備わっていない第三者委員会が有効に機能するための条件は何であろうか。

　それが明らかになれば，ディスクロージャー・システムと会計監査を有効に機能させることは容易になるであろう。

第2節　会計史の文献が古代にも紙幅を割いている意味

1　Woolf, A. H. "*A Short History of Accountants and Accountancy*"

　1912年に出版された本書は第13章で会計監査の歴史について記述している。本書はわが国で広く読まれていると思われるのでご記憶の向きも多いであろうが，そこでは，まず「会計記録が理論的にどれだけ精巧または完全であるとしても，それらが正確に記録されることを保証することが可能でなければ，役に立たないことは明らかである。そして，監査を職業とする『職業的』監査人は比較的近代に発展したものであるとしても，会計記録が正確であることを立証するある種の外部のチェックが必要であることは遠い昔から痛切に感じられていたことがわかる」[2]と述べられている。先に述べたように，時代や国家の枠を超える普遍性を持った考え方の存在が期待できる文章である。

そして，監査人を英語で「auditor」というが，その語源がラテン語の「聞く」という言葉である「audire」に由来することから，昔は監査が口頭で行われたことが想像できるとしたうえで，聖書のマタイによる福音書第25章のタラントのたとえ話と，ルカによる福音書第16章の不正な支配人のたとえ話をその証拠として例示している[3]。ここで触れられている監査の語源が聞くことにあるという説明はわが国でもよく知られているが，それを説明する際に聖書の福音書を引用することは珍しい。

マタイによる福音書第25章のたとえ話は次のような内容である[4]。

ある主人が自分の財産を僕たちに預けて旅に出た。

彼は，僕たちそれぞれの能力に応じて，ある者には5タラント，ある者には2タラント，もう一人には1タラントを与えて旅に出た。

5タラントを渡された者は，すぐに行って，それで商売をして5タラントを儲けた。2タラントを渡された者も同様にして2タラントを儲けた。ところが，1タラントを渡された者は，行って地を掘り主人の金を隠しておいたのである。

だいぶ時がたってから，僕たちの主人が帰って来て，彼らと計算をし始めた。

5タラント渡された者が進み出て，あと5タラントを差し出して言った。「ご主人さま，あなたは私に5タラントをお預けになりましたが，ご覧のとおり，ほかに5タラント儲けました。」

その主人は彼に言った。「良い忠実な僕よ，よくやった。あなたは，わずかなものに忠実だったから，多くのものを任せよう。主人と喜びを分かち合おう。」

2タラントの者も進み出て言った。「ご主人さま，あなたは私に2タラントをお預けになりましたが，ご覧のとおり，ほかに2タラントを儲けました。」

主人は彼に言った。「良い忠実な僕よ，よくやった。あなたは，わずかなものに忠実だったから，多くのものを任せよう。主人と喜びを分かち合おう。」

1タラントを渡された者も進み出て言った。「ご主人さま，私はあなたが，蒔かない所から刈り取り，散らさない所から集める酷な人だと承知していました。そこで，恐ろしさのあまり，行って，あなたのタラントを地の中に隠しておきました。ご覧ください，ここにあなたのお金がございます。」

すると主人は彼に答えて言った。「悪い怠惰な僕よ，あなたは私が蒔かない所から刈り取り，散らさない所から集めることを知っていたというのか。それなら，おまえは私の金を銀行に預けておくべきだった。そうすれば，私は帰って来たときに，利子とともに返してもらえたのに。さあそのタラントを彼から取り上げて10タラント持っている者にやりなさい。」

おおよそ，持っている人は与えられてさらに豊かになるが，持っていない人は持っているものまでも取り上げられるであろう。

このたとえ話が意味していることについてはいろいろと解釈することができるであろう。しかし，本章との関連で言えば，味も素っ気もない解釈で気恥ずかしい気持ちでいっぱいになって書くことには若干躊躇するが，ここには，委託・受託関係における受託責任の意味するところと，聞き取りを行う形で受託責任のチェックを行う様子が述べられている。

次に，ルカによる福音書第16章のたとえ話は次のような内容である[5]。

ある金持のところに一人の家令がいたが，彼は主人の財産を浪費していると，告げ口をする者があった。

そこで主人は彼を呼んで言った。「あなたについて聞いていることがあるが，あれはどうなのか。あなたの会計報告を出しなさい。もう家令をさせておくわけにはいかないから。」

この家令は心の中で思った。「どうしようか。主人がわたしの職を取り上げようとしている。土を掘るには力がないし，物乞いをするのは恥ずかしい。そうだ，わかった。こうしておけば，職をやめさせられる場合に，人々がわたし

それから彼は，主人の負債者をひとりずつ呼び出して，初めの人に「あなたはわたしの主人にどれだけ負債がありますか」と尋ねた。その人が「油百樽です」と答えたので，家令は「ここにあなたの証書がある。すぐそこにすわって，五十樽と書き変えなさい」と言った。次の人に「あなたの負債はどれだけですか」と尋ねると，「麦百石です」と答えたので，「ここにあなたの証書があるが，80石と書き変えなさい」と言った。

 ところが主人は，この不正な家令の利口なやり方をほめた。この世の子らはその時代に対しては，光の子らよりも利口である。

 またあなたがたに言うが，不正の富を用いてでも，自分のために友だちを作るがよい。そうすれば，富が無くなった場合，あなたがたを永遠の住まいに迎えてくれるであろう。小事に忠実な人は，大事にも忠実である。そして，小事に不忠実な人は大事にも不忠実である。だから，もしあなたがたが不正の富について忠実でなかったら，だれが真の富を任せるだろうか。また，もしほかの人のものについて忠実でなかったら，だれがあなたがたのものを与えてくれようか。どの僕でも，二人の主人に同時に仕えることはできない。一方を憎んで他方を愛し，あるいは，一方に親しんで他方をうとんじるからである。あなたがたは，神と富とに兼ね仕えることはできない，と言われた。

 このたとえ話が意味していることについてもいろいろと解釈することができるであろう。しかし，本章との関連で言えば，これについても味も素っ気もない解釈で気恥ずかしい気持ちでいっぱいになって書くことには若干躊躇するが，ここで，家令に相当する英語は「manager」であり，主人と代理人の関係が認識されている。そして，主人は家令に対して口頭による会計報告を要求しているのである。

 このような聖書の記述を監査の語源である「聞く」に近い初期の形態の証拠として示したうえで，ウルフは，監査の最も原初的な形態について次のように述べている[6]。

すなわち，会計が正確に記録されていることを保証する最も明瞭で簡単な方法は，複数の職員をお互いに牽制するように配置して，他の人の正確性や誠実性をもう一人の人にチェックさせることである。これは内部牽制の最も簡単な仕組みであるが，この仕組みが古代エジプトやバビロニアに見られるというのである。

古代エジプトでは古代書記官が国の行政上なくてはならない役割を果たしており，ウルフはその古代書記官を古代社会の会計士と呼んだほどである[7]。その古代書記官が記録した会計書類は他の倉庫の監督官によって入念にチェックされた。そして，もしも不正な記入が見つかった場合には，足の裏を棒でたたく刑や，重い場合には四肢切断や死刑にすら処せられたのである[8]。一方，バビロニアでは役人が受け取った租税について上司に説明する責任の存在していたことが粘土板に残された楔形文字の書類の解読によって知られていると述べている[9]。

時代は下り，古代ギリシャに至ると，監査はさらに形を整えてくることが分る。ウルフによれば，ギリシャ人の間では公会計の計算書の監査に関して非常に仕組みの整った制度が存在していた。この職務を担当する役人は当初30名（後年には10名に減員）で「監査局」を構成していたが，これは最高権力機関であり，執政官といえども退任する際には例外なく彼らに会計書類を提出しなければならなかったのである。それとともに，執政官の任期満了後30日以内にその執政官に対して告訴するものがいないかどうかを問う公示が行われるのであるが，会計書類が承認されるとともに告訴がない場合に初めて退任が認められることとなる[10]。

まさに役人のアカウンタビリティの重要性の概念が古代ギリシャ全土にわたって浸透していたことがわかる。しかも例外はないのである。評議会の議員も会計書類を提出する義務を負わされていたし，男女とも祭司は受け取ったお布施の計算書類を提出しなければならなかった。聖職者の家族やガレー船の船長ですら，自分たちのお金は自由に使えたものの，会計書類を提出することが求められたのである[11]。

ところが，古代ローマにおいては，古代ギリシャのような監査を任務とする特別な役人がいたわけではなかった。しかし，ローマにおいては念入りに作成された会計記録が存在していたし，何よりも，財務官をはじめとする役人が業務から離れる際に会計書類の提出先だった元老院は，「監査局」として活動していたと考えられるのである[12]。

　この古代ローマにつづくウルフの記述は，イングランドのエクスチェッカーへと移るのであるが，本節の目的に照らすとそこまでたどる必要はない。ただ，極端な場合には通貨すら存在していなかった古代社会において，早くも，会計・監査についての考え方が存在していたという記述については注目しておく必要があると考える。

2　Chatfield, M. "*A History of Accounting Thought*"

　もう1冊のわが国で広く参照されている会計史書として取り上げる本書は，第1章で古代社会における会計を取り上げている。出版されたのが1974年なので，先行研究であるウルフの "*A Short History of Accountants and Accountancy*" を参考文献として利用している関係上，類似の記述も散見されるが，以下，重複する部分をできるだけ避けて考察を進めよう。

　チャットフィールドは，1494年に複式簿記が出現したことがそれ以前とそれ以後の会計史を決定的に2分するほどの大きな出来事であったととらえて，次のように述べている[13]。すなわち，この二つの時代間の関連性はほとんどなくて，それ以前の時代は歴史的な関心を少しは引くものの，今日の会計の重要問題とほとんど関係がないように見える。しかしながら，実際には，記録の保持，統制，監査に関連して古代社会で直面した諸問題は，現代の諸問題と多くの共通性を有していると指摘するのである。私がこのテーマで執筆する動機となった核心部分についての記述である。

　そして，次のように述べている。すなわち「政府はすべての入出金を正確に記録しておかなければならない。とくに税金の徴収は常に厳密に管理された。私有財産が蓄積されるとある種の受託責任会計が出現するが，これによって，

資産の物理的保護が保証されるとともに、資産の管理を任された人間がその職務を適切に果たしたことが証明されるのである。使用人が正直で信頼できるかどうかをチェックする必要性から、内部統制が古代の簿記システムの主要な特徴となった。そして、不正や怠慢による損失を明らかにするためのある種の監査手続も存在していた。」[14]

そのうえで、これらが満足すべき水準のものではなかった理由として、紀元前において最高に発達していたと思われるバビロニア、古代エジプト、中国、古代ギリシャ、古代ローマですら、会計記録係は次のような問題を抱える中で人びとにアカウンタビリティを負わせなければならない問題に直面していたということを指摘している。その問題とは、この当時ほとんどの人たちが文盲であり、記録手段が比較的高価であり、計算方法が難解であり、何よりもほとんどの場合、貨幣が価値の共通計算単位として存在していなかったことであるとチャットフィールドは指摘するのである[15]。

しかしながら、視点を変えれば、ほとんどの人たちが文盲であり、記録手段が高価であり、計算方法が難解であり、貨幣が価値の共通計算単位として存在していなかったにも拘らず、アカウンタビリティの考え方やある種の監査手続が存在していたという事実の方に私は目を奪われる。これはまさしく、ブラウンが指摘しているように、数の数え方は人類の知性が芽生えた頃に起源を求めることができ[16]、会計は社会生活が発展するに伴って国家が形成されるようになると行われるようになる徴税に付随して会計という技術の発生を認識することができ[17]、監査の起源は会計の起源よりもほんの少し後の時代にまで遠く遡る[18]、という記述に符合するのである。

つまり、会計と監査の考え方、その必要性、およびその技術は、人類の本質に根ざしていると考えられるのである。まさに、ブラウンが指摘しているように「文明が進歩して、他人の財産をある程度任される人が現れるようになると、任された人の誠実性を何らかの方法でチェックするのが望ましいということが明らかになる」[19]のである。

チャットフィールドの表現を借りれば、古代バビロニアの人びとは組織化に

対する熱い思いを持った異常なまでの簿記好きであり，とくにシュメールでは神権政治のもとで統治者が「神の管財人」としての権限でほとんどすべての土地と家畜を所有していた。したがって，バビロニアで詳細な受託責任会計報告書を提出しなければならなかった相手先はこの超自然的な所有者に対してであった。このことは，統治者であろうと被統治者であろうと，同様であった[20]。この権威の源泉が神であるという点は後述する古代ギリシャとは根本的に異なっている。古代ギリシャでは，権威の源泉は神ではなくて人なのである。

　また，読み書きの能力が国王の誇りとなるような国々においては，商業と行政に書記官は欠くことができなかった。チャットフィールドによれば書記官は今日の会計士の前身と言われているが，その職能は似ているようでいて，バビロニアの方がずっと広範囲であった。商取引を記録することだけがその職務なのではなく，商取引契約を締結する際に法律が遵守されているかどうかを確かめることもまたその職務であった。このような「公」書記官は都市国家の城門付近で業務を行っており，契約当事者がやってきて合意に達すると，取引の内容を書記官に説明する。すると書記官は，木の小枝を鉛筆代わりに使って，湿った小さな粘土板に契約当事者の名前，収支の細目，契約内容その他の関連項目を記録するのである。そしてその記録は，不正な改竄が行われないように外側が保護されたのである[21]。

　チャットフィールドは，大量の粘土板に残されている多数の書記官の記録から，王室によるチェックと監査の証拠が残されていると結論づけている[22]。

　エジプトの官庁会計もバビロニアとほぼ同様の発展をたどったものの，記録媒体は粘土板からパピルスに変わり，記録が容易になるとともに付属書類が広く利用されるようになった。国家としての結束はバビロニアと同様に王室の財政機構に依存しており，記録の保持によってその結合が保たれているような国家では，書記官が国家機構の中心的役割を担うこととなる。

　記録は詳細に行われ，書面による指示なしでは国庫からの支出はなされなかった。ある役人の記録は他の役人の記録と一致していなければならないとい

う緻密な内部統制システムが安全性をさらに高いものにしていた。そして，正確さが望ましい水準に保たれていたのは，会計書類が倉庫の監督官によって監査されており，巨額の不正が見つかった場合には四肢切断や死刑にすら処せられたからである[23]。

このように初期の段階ですでに重要視されていたにも拘らず，エジプトではその後の何千年にもわたって洗練されていかなかったのは不思議に思えるが，大多数の人びとが文盲で，貨幣の存在しなかった社会では，それも無理のないことであろうとチャットフィールドは納得している。この状況は1820年代までのイギリスもほとんど違いはないとまで述べているのである。

エジプトに関する記述についても，文盲が多かったとか貨幣が存在していなかったといった社会の発展のレベルは低かったにも拘らず，会計と監査の本質は理解されていた，ということの方に注目すべきなのであろう。

このように，古代と言えども文明社会には会計と監査の考え方が芽生えていたという一連の証拠として，チャットフィールドは中国も取り上げている。

チャットフィールドによれば，夏王朝と殷王朝に起源をもつ金融行政と会計責任の概念は周王朝の時代に確立された。そして，エジプトと同様に，周王朝の時代にピークを迎えた官庁会計はその後19世紀に複式簿記が導入されるまでの2千年以上ほぼ同じ形のまま中国で存続した。ところが，この当時の中国では貨幣が使用されており，中央銀行が存在していたし，内部統制，予算編成および監査の手続に関しては周王朝が古代社会の中で一番優れていたのではないか，とまでチャットフィールドは高く評価している[24]。

また，周王朝の政府機関が大変よくできた組織であったということについてチャットフィールドは紙幅を割いて詳説しているが，本節との関連でそれ以上に重要なことは，次の記述であろう。すなわち，予算サイクルにおいては旬間報告書，月次報告書，および年次報告書が作成されており，これらを会計監査局が監査していたというのである。そして，旬間報告書は無作為抽出によって監査が行われ，月次報告書と年次報告書は詳細な監査が行われていた。それだけでなく，すべての政府機関が業績に関する年次報告書を作成するとともに，

その年次報告書がやはり監査局の監査を受けていたのである。

この監査局は実は監査だけでなく予算についても責任を有していた[25]。このことにより，監査に加えて上位組織である財務省の役割も兼ねるという微妙な立場に置かれることとなったが，この問題に対して，周王朝は，監査局が財務省よりも上位の機関であると看做すことによって解決したのである。この斬新な独立性の考え方により，監査局は気兼ねすることなく公平な立場で金融政策と資金管理に責任を負っていた役人を監査することができた[26]。この点については，今日のわが国の株式会社における監査役監査の有効性に関する議論において，監査役に強大な権限をもたせるためにはどのような工夫をすればよいか，依然として明快な解決策が提示採用されないまま長い時間が経過してきている現状に，あっけないほどシンプルなヒントを提供してくれている。中国4000年の底力であろうか。

そして，古代ギリシャについて，チャットフィールドは次のように民主主義との関連を強調して書き始める。すなわち，「紀元前5世紀の古代アテネ市民は，これまでに述べたどの国とも異なった行政を行っていた。すなわち，市民の側が国家財政と官僚機構に対する実質上の権限を有していたのである。歳出水準は法律で固定されていた。民衆議会の議員は選挙で選出されたことによる権限を背景に主として議会で活動し，財政関連の法律を起草し，公金の収支を管理した。抽選で選ばれた都市国家の10人の会計士が歳入を入金のつど記録し，また政府の債務者目録を作成した。政府高官でさえ国民主権を確認していたので，歴史上初めて財政のディスクロージャーが一つの重要な考え方となった。最大限の周知効果を得るために，会計計算書の中には石に刻み込んで一般大衆に公開されたものもあったほどである。それにも拘らず，不正は横行したようで，役人の任期が満了すると，一人ひとりの記録が政府の監査人によって監査された。『誰であろうとも，報告書を提出しない役人は，国外に出ることはおろか，神に財産を捧げることも，お供え物をすることすら許されなかった。また，遺言状を作成することも，養子に出ることも認められなかったのである』」[27]

チャットフィールドは，古代ギリシャにおける硬貨の鋳造を高く評価する一方で，例えば，重要性の概念が未発達であったことや，不動産会計の不存在，会計計算書の不統一等に関して，今日と比較して低レベルであったと述べているが，彼自身が「会計上の測定よりも資産の保全に主たる関心を有していたこの当時の会計士に今日の基準でものを問うのは酷なことかもしれないが」[28] と述べているように，あらゆる面を今日と比較して論じるべきではないであろう。

しかしながら，公会計の領域で，月次報告書，年次報告書，および3年ごとの報告書すら作成されており，すべての計算書類が監査を受けていた，という記述[29]は，逆に，今日と比較しても古代ギリシャのシステムのレベルの高さを驚嘆せざるを得ない。私的な取引ではなく，社会的な重要性を有していた領域に関しては，高度な検証システムを整える合意が成立していたと言えるであろう。

つづくローマに関するチャットフィールドの記述はおもに会計書類に焦点が当てられており，会計や監査の基本的な考え方について記述した部分は相対的に多くない。

しかしながら，政府組織の様々な部分において監査が行われる仕組みがローマにおいても見られるということについての記述は興味深い。具体的には，ローマがギリシャと同様に民主主義の国家体制であったということである。すなわち，ローマの元老院が貨幣鋳造と国家財政を管理していたのは国民の代理人としての立場だったのである。この社会も国民主権の社会であった。そして，この権限は，当初は執政官に付与されていたものが，やがて監査官（戸口調査官）に委譲され，監査官が国家財政全般にわたる管理責任を負うこととなった。そのなかには政府の会計記録の監査も含まれていたのである[30]。この監査官という官職は執政官よりも下位であったが，元老院議員や騎士の地位を奪うことのできる強い権限を有していたので，執政官経験者がその地位に就くことが通例であったと言われている。監査官が決して「閑散官」ではないことに注目しておきたい。そして，財務担当役人一人ひとりのチェックを行う複雑

な照合と再照合のシステムが構築されており，公会計の計算書類は財務官の監督下にあった監査官による監査を受けていたのである[31]。

民間部門では，裕福なローマ人が代理人を指名して余剰資金の投資に当たらせたことから受託責任の認識とその検証が芽生えた。その代理人はしばしば教養のある奴隷であった。この状況は第2節で引用した聖書の記述とオーバーラップする。

しかしながら，このようなローマのシステムはバビロニアのような意欲的なものではない，とチャットフィールドはローマのシステムをそれほど高く評価していない。それは，ローマの基本的な考え方は，不正や効率の悪さから生じる損害を防止することだったからである[32]。

3 小　括

本節において考察してきたように，ウルフの "A Short History of Accountants and Accountancy" においても，チャットフィールドの "A History of Accounting Thought" においても，会計や監査の歴史を記述する際に，今日の株式会社とくに大規模株式会社における会計や監査の直接のルーツであったアメリカやイギリスに関する記述だけでなく，それらとは直接の関連はなさそうに見える古代社会にまで遡って記述を行っている。

株式会社の会計・監査とは性格を異にする古代社会の制度にも言及するのはなぜなのであろうか。それは，株式会社における監査の考え方の原点が古代社会に見られるからに他ならない。それは，とくに都市国家における税金の問題と関連づけて説明されるが，それは同時に，民主主義社会におけるアカウンタビリティの問題でもあったのである。

卵が先か鶏が先か，になぞらえて問うてみよう。株式会社のディスクロージャーの問題が先か民主主義社会におけるアカウンタビリティの問題が先か。当然，後者が先なのである。民主主義社会におけるアカウンタビリティの問題が基盤となって，株式会社のディスクロージャーの仕組みを支えているのである。

少し視点を変えてみよう。このアカウンタビリティの考え方を社会の基盤に有しているかいないかの問題を，水に浮かぶ浮島と，それと同じように見えるベネチアとを比較してみる。浮島は，島のように見えたとしても，実は浮いている植物の根や地下茎の集まりであって，その上で普通に生活することができたとしても，島自体は浮いて漂っているに過ぎない。南米ペルーのチチカカ湖に浮いているトトラという植物でできた浮島を思い浮かべるといい。トトラは，島に見えるが，島ではない。したがって，軽い建築物ならトトラの上に作れても，学校のような大がかりな構築物はトトラの上に作ることはできず，船のように浮かんでいなければならない。それに対して，ベネチアは，海の上に浮かんでいるように見えても，海に浮かんでいるのではなく，その町は海の上に構築されているのである。ベネチアの町の下は砂洲であり，その砂洲の下の固い部分に数え切れないほど多数打ち込まれた木製の杭の上に建物が構築されているのである。ベネチアでは大きな重い建物も建築することは可能なのである。

　これと同様に，アカウンタビリティの考え方を基盤に有していない社会でもアカウンタビリティの考え方を基盤に有している社会と同じように見える社会システムを作り上げることは可能であろう。しかしながら，アカウンタビリティの考え方を基盤に有しているのと有していないのとでは，上に乗っかっているシステムが固定された強固なものか，それとも，似てはいるものの軟弱なシステムなのかという決定的な違いが存在しているのである。

　ところで，言うまでもないことであるが，わが国は，西欧社会のような，人びとのルーツをたどればギリシャ・ローマにたどり着く，という精神構造を有していない。「学ぶ」ことをとおしてギリシャ・ローマの社会の仕組みを知ることはできても，DNAレベルでそれを無意識のうちに知覚することはできないのである。そのような社会においては，西欧社会をお手本にして大変よく似た社会を作ることは可能であったとしても，しょせんは真似事に過ぎず，もっとはっきりと言うならば，似而非西欧型社会しか構築できないのであろうか。ちょうどチチカカ湖に浮いているトトラのように。

この点については，周知のように，日本は似而非西欧型民主主義国家であって，アカウンタビリティも認識されていないし，責任主体も不明であるとウォルフレンは手厳しい批判を行っている[33]。

それでは，日本においてはアメリカ・イギリス型の会計監査の発展の可能性はゼロなのであろうか。

本書の第1章から第4章にかけて行った考察を振り返ると，悲観的な立場に立たざるを得ないのかもしれない。明治から大正にかけて会計士監査システムを日本社会に組み込むことの必要性についてレベルの高い議論が行われたにも拘らず制度の構築にはつながらなかったという歴史的事実は，アカウンタビリティとその監査の重要性の認識という人類の内なる必然性が日本には存在していなかったことを示していると言えるであろう。ところが，第二次世界大戦後の日本が民主主義社会に変貌を遂げるプロセスで公認会計士監査を社会システムとして組み込んだにも拘らず，会計・監査は国内の他領域の人たちを説得するために熾烈な戦いを必要としたのである。このことも，アカウンタビリティとその監査の重要性の認識という人類の内なる必然性が，民主主義の国になっても依然として日本には存在しなかったことを示しているのではないかと思われるのである。わが国の会計監査システムはチチカカ湖のトトラだというとらえ方である。

しかしながら，たとえアカウンタビリティとその監査の重要性の認識という人類の内なる必然性が先天的に備わっていなくとも，もしも実質的にアカウンタビリティとその監査の重要性が認識された可能なケースがあるとすれば，そのケースを分析することによって必要な条件は何なのかを析出することができるであろう。

次節において，私が実際に経験したそのようなケースを考察する。

第3節　有効な第三者委員会の事例
　　　―アカウンタビリティとその監査の重要性が認識されたケース―

　1993年2月5日に設置された「尼崎市議会議員行政視察等実態調査委員会」（以下，調査委員会）の一委員として，この調査委員会が尼崎市民と尼崎市議会側からどのように見られていたのか，そして，実際にはどのように活動したのかをここで振り返る。実は，この調査委員会に関連した直接的記録と，厖大な新聞記事を保管してきたものの，尼崎市議会の出直し選挙のあとに『エコノミスト』[34]からの依頼原稿を執筆した以外に原稿にする機会はなかった。しかし，第三者委員会と名乗っていないものの実質的には第三者委員会として活動した調査委員会を巡る様々な動きは，昨今の第三者委員会設置ブームのなかで第三者委員会がその出自の危うさを克服するために見失ってはいけない重要な扇の要を明示してくれていると考える。第三者委員会の説明が本人の申し開きの正当性に重要な役割を果たした小渕優子議員の事例，申し開きのために第三者に調査を依頼したものの期待した役割を果たせなかった舛添要一前東京都知事の事例，そして，第1章で考察したように今のところは粉飾ではないという説明のために一定の役割を果たしたように見える東芝の事例など，第三者委員会の設置は今日まさに花盛りなのである。尼崎市議会議員のカラ出張事件は，第三者委員会を設置することによって何とか追及をかわすための形づくりをしようとした先駆的事例であった。

1　調査委員会の設置された背景
　調査委員会が設置された目的と所掌事項および報告の取扱いについて，「尼崎市議会議員行政視察等実態調査委員会要綱」（以下，要綱）は次のように規定していた。

第1条　本市議会議員の行政視察等について実態を調査し，その適否を判定す

るため，議長の諮問機関的な組織として，尼崎市議会議員行政視察等実態調査委員会（以下「委員会」という。）を置く。
第2条　委員会は，本市議会議員の過去の行政視察等に係る旅行命令書及び復命書に基づき，議員の行政視察等の実態を調査するとともに，その適否を判定し，判定結果及び講じるべき措置について議長に報告する。
2　委員会は，前項に定めるもののほか，議会運営の正常化に向けて必要な提言を行うことができる。
（中略）
第8条　議長は，委員会から報告を受けた事項等を遵守し，これに基づく適切な措置を講じなければならない。
2　議員は，委員会が議長に報告した事項等を遵守しなければならない。

　この規定から明らかなように，調査委員会は，市議会議長の諮問機関として，議員の行政視察等の実態を調査し，その適否を判定し，その判定結果と講じるべき措置について議長に報告することに加えて，議会運営の正常化に必要な提言を行う権限も委譲されていた。その権限は強大なもので，議長と議員は調査委員会の報告事項を遵守しなければならないことまでが要綱に明文化されていたのである。つまり，調査委員会を設置した議会側は行使しようと思えば行使することのできる非常に強い権限を調査委員会に付与したうえで，個人行政視察の適否についての調査を調査委員会に丸投げしたのである。実は，最後になって，議会側は自分たちの犯したミスに気づいたものの「時すでに遅し」であった。
　しかしながら，この議会側の行動は，第三者委員会を設置するに際して設置する側が本来取るべき基本的姿勢だったのである。

　一連のドタバタ劇の起こりは，1992年9月30日付読売新聞の「尼崎市議がカラ出張『行政視察』北海道と沖縄へ　22万円受け取る／兵庫」という見出しの記事だった。この報道は，尼崎市議会議員として30年のキャリアを誇

る保守系議員が，8月末と9月初旬の2回にわたり，沖縄と北海道に行政視察を申請し，22万円を受け取っていながら，実際には出張していなかったというもので，議員本人もカラ出張を認め，「議員をしていると何かと金がかかるので（カラ出張を）やってしまった。重大なこととは考えていなかったが，今となっては深く反省している。市民の信頼を裏切り，申し開きできるものではなく，情けない気持ちでいっぱいだ。このまま議員も続けてはいられないと思う」[35] と話していることが報じられており，当日の夕刊で他社も報道したが，受け取った出張旅費を全額返金したこの議員が辞職すればこのまま一件落着かと思われた。

しかし，10月2日には，同議員が7月中旬にも東北と北海道にカラ出張して約19万円を受け取ったものの，同僚議員の指摘によってこの金額を返金していたことと，これに関する虚偽の復命書を議会事務局が破棄したことが新事実として報道された[36]。閉会中の市議会は直ちに議員総会を開いて全会一致で同議員に辞職勧告を行ううとともに，議員6人で構成する「行政視察等検討委員会」を設置して，議会に自浄能力のあることをアピールしたのである。

ところが，この議員が辞職表明を行った際に，「『カラ出張は私が初当選した1963年からあった。知っているだけでも，議長経験者ら数人がやっている』と証言。さらに，『市議会事務局の職員が議員の印鑑を保管し，出張の復命書などの必要書類は代わりに作成してくれた』と暴露し，職員の方から，『まだ（旅費が）残ってますよ。適当に視察の日程を組みましょうか』と声をかけられることもあったという」[37] との報道を受けて，一件落着とはほど遠いカオスへと向かうこととなる。

市民は議会に対して関係書類の公開を要求したが，議会はそれに応じなかった。それだけでなく，「行政視察等検討委員会」での議論も非公開としたのである。それに反発した市民は，議員と議会事務局職員を刑事告発するとともに，「行政視察等検討委員会」が過去の行政視察を不問に付した段階で住民監査請求を行うところとなった[38]。

そして，11月に入ると，11月6日付朝日新聞朝刊の「社党議員団も公費観

光 12 人,箱根温泉で宴会 尼崎市議会」という報道を皮切りに,連日のように党派を超えた多数の議員が関与するカラ出張がマスコミをとおして次々と明らかにされ始めた。その結果,一連の不正出張がたんなる一個人の例外的な不正ではなく,議会全体および市役所をも巻き込んだ非常に根の深いものであることが市民の前に晒されていったのである[39]。

それに対する議員側の対応は,当初は,各会派とも不正出張の責任を取って議員辞職をするという「市民の常識」に沿った方向で動いていたが,時間の経過とともに「議員としての常識」を取り戻したのか,最初にカラ出張が発覚した議員がいつの間にか辞意を撤回したのを手始めとして,不正出張が明らかになったいずれの会派も前言を翻して居座りを決め込んでしまったのである。さらに,不正出張を調査し,不当に支払われた旅費などの公金を返還させるよう求めた監査請求に対し,同市の監査委員は「請求内容が具体的でない」として1993 年 1 月 18 日に監査請求を却下した[40]。市民の目には,監査委員すら市民の味方ではないことを思い知らされることとなったのである。

そして,怒り心頭に発した市民側は,議会の存在を前提にした情報の公開を求める運動から,議会の自主解散を求める運動へと戦術転換することとなる。

そのような市民の戦術変化を受けて,議会側も態度を変えざるを得ないこととなった。すなわち,最大会派の保守系・明政会や社会党などの 4 会派は,1月末までに議員の出張資料を自主公開するとともに,「第三者による不正出張問題の調査委員会」を設置することで 1 月 21 日の夜に合意したのである。自主公開を決めたのは過去 2 年間の全議員の出張に関する記録で,出張議員名や期間,訪問先をはじめ,調査事項の一部や旅費を一覧できる内容とされていた。一方の「第三者による不正出張問題の調査委員会」については,大学教授,弁護士,産業界,労働界,市民の代表など 10 人程度のメンバーで構成し,「独自の立場で不正調査を進めてもらう」という意向が示されており,議会側のこの意向は要綱にきっちりと反映されていたのである。

このように,議会側が市民側のパワーに押された状況で設置せざるを得なくなったのが「第三者による不正出張問題の調査委員会」であったが,共産党は

第三者委員会の設置には反対し，地方自治法に基づく調査特別委員会（いわゆる百条委員会）の設置を主張していた。第三者委員会の設置に反対したのは，第三者委員会の設置が茶番劇に終るのではないかとの危惧を抱いていたからであろう。また，尼崎市議会が12月に可決していた市公文書公開条例の改正案の施行に先んじて自主公開を求める市民グループもあれば，現行条例で公開を請求できる市長部局の会計文書によって議員の出張内容を知ろうとするグループもあった。

このように様々なグループが様々な動きをしていた状況のもとで，当事者能力を失いながらも議員の身分に固執したい議会側にとって残されていた選択肢が，第三者委員会を発足させることだったのである[41]。そして，1993年1月30日に「行政視察等実態調査委員会」の設置が市議会で可決されたのであった。

2 市民とマスコミの不審感・不信感とその克服

当初，調査委員会に向けられた市民とマスコミの目は非常に冷たかった。

その理由は，調査委員会は，「（尼崎）市議会議員の行政視察等について実態を調査し，その適否を判定する」（調査委員会要綱第1条）ために設置されたということになっているが，実際には，議会が先に自主的に設置した検討委員会と同様に，疑惑隠しのための似而非第三者委員会を設置したに違いないと看做されていたのである。その理由として，次のような問題点が当初から指摘されていた。

(1) 委員会は地方自治法に基づいて設置されたものではないので，法的根拠を有しておらず，調査等の権限には限界がある。
(2) 委員の人選は議会側が行っており，本当に第三者委員会と呼べるかどうかには疑問がある。
(3) 委員会の審議や資料の公開が保証されておらず，委員会に一任されているので，秘密審議に終るおそれがある[42]。

(4) 全会一致の原則が要綱にうたわれているので，厳しい意見を集約することはできず，結局は茶番劇に終る。

マスコミからも色眼鏡で見られていたことは，最初の会合で，まず委員会を公開で行うか非公開で行うかを非公開で審議し，委員会の審議を原則として公開で行うことを決定したうえで傍聴者を入れたところ，帰宅して見たテレビのニュースでは「市民パワーに押される形で最後には公開され…」とコメントされていたことからも想像できる。新聞の報道でも，「運営について『原則公開。議員の事情聴取など一部は非公開』『復命書の公開については現物を見て検討』との方針を決定」したことが報じられたものの，見出しは「一部非公開方針」となっていた[43]。

そして，調査委員会に対するこのような市民やマスコミの疑念がどうやら正しかったということを，時間の経過とともに私自身も感じるようになったのである。と言うのは，調査委員会の設置の際には，どのような勧告が出ても私たちは従いますと言っていた議員側[44]が，調査委員会の審議が進むにつれて次第に態度を変えて調査委員会の批判を口にするようになり，終盤，厳しい提言が出そうだと分り始めてからは，勧告に無条件で従うわけではないとあからさまに言い始めたからである。しかも，上述したように，議長と議員は調査委員会の報告事項を遵守しなければならないことが要綱において明文化されていたにも拘らず，である。

ところが，議会側，市民側，マスコミ等いろいろな人たちの思惑あるいは悲観的予想に相違して，調査委員会は正真正銘の第三者委員会として活動したのである。多少自画自賛風に聞こえるかもしれないが，調査委員会が正真正銘の第三者委員会として活動することのできた第一の要因は，委員全員が調査委員会の重大性を認識し理解していたからである。

委員会の構成は要綱に，次のように規定されていた。

第3条　委員会は，委員11人で組織する。

2 委員は，地方行政について知識経験を有する次に掲げるもののうちから，議長が委嘱する．
　　(1) 法曹界を代表するもの　　1人
　　(2) 産業界を代表するもの　　1人
　　(3) 労働界を代表するもの　　1人
　　(4) 市民を代表するもの　　　2人
　　(5) 報道関係者　　　　　　　1人
　　(6) 学識経験者　　　　　　　4人
　　(7) 本市関係職員　　　　　　1人

実際に委嘱された委員の具体的な肩書きは次のとおりである．
　(1) 法曹界を代表するものは，弁護士
　(2) 産業界を代表するものは，尼崎商工会議所顧問
　(3) 労働界を代表するものは，尼崎労働者福祉協議会会長
　(4) 市民を代表するものは，尼崎市女性団体協議会会長と尼崎市社会福祉協議会理事長，
　(5) 報道関係者は，ジャーナリスト，
　(6) 学識経験者は，地方自治が専門の関西大学教授，地方政治が専門の関西学院大学教授，防災が専門の武庫川女子大学教授，とそして私
　(7) 本市関係職員は，尼崎市総務局長

　このように，昨今の第三者委員会の多くが弁護士や公認会計士といった専門家で構成されるのとは異なり，調査委員会の構成員はおそらく第三者委員会による調査手法そのものについては素人であったと思われるが，少なくとも第三者委員会のメンバーは調べられる側の立場に立ってはいけないという問題意識は明確に認識していたと思われる．その証拠に，その後の会議運営における審議の成り行きが一貫して調査委員会の第三者性を保持して行われたからである．

なお，私が学識経験者の一人として委嘱されたのは，この当時議会事務局にいた友人から調査委員会のことを聞かされた私の方から，第三者委員会である以上は第三者によるチェックを研究している監査の専門家を加えるべきだと言ったのが契機であった。したがって，私自身が議会事務局の推薦を受けたということになるが，厖大な新聞のコピーを携えて内諾を得に来た議会事務局の管理職からは，明示的にも暗示的にも，どうぞお手柔らかに，といった働きかけは全くなかった。

他の委員も私と同様に圧力を受けなかっただろうと想像されるのは，本委員会の審議や資料を可能なかぎり公開することを決定するとともに，全会一致の原則については，決定できないことの言い訳にするのではなく意見の一本化に向けて前向きに審議することを最初に確認したことからも明らかであった。とくに前者は，この当時の尼崎市ではこの種の会議がすべて非公開であったことから考えると，画期的なことであったにも拘らず，決定に至るプロセスはそれほど困難ではなかった。調査委員会の構成メンバーの姿勢は，最初から調査委員会が透明性をもつことの必要性を認識しており，最後まで一貫して，審議内容を隠すことなく市民に原則公開しようというものであった。そして，そのことを確認する作業は難しいことではなく，第1回目の会議から委員一人ひとりが原則公開を承諾していたのである。

しかし，マスコミの報道姿勢は，終始，調査委員会の第三者性に関して厳しいものであった。調査委員会が開催されるたびにテレビのローカルのニュースで流される際に読み上げられる原稿の内容についてはそれほど気にならなかったが，翌朝の新聞記事の論調にはがっかりさせられた。常に調査委員会が第三者委員会ではなく議会寄りではないかという疑念を底流に有しているように感じられたのである。市政記者には傍聴が認められていたので会議の進行状況を監視することができたし，会議資料については原則公開されており，会議の終了後には正副委員長による記者会見も行われていたにも拘らず，である。調査委員会が疑惑隠しに利用されるのではないかという不審感がそれほど市民の間に蔓延していたのである。

調査委員会は合計14回開催された。そのハイライトは，議員一人ひとりから聞取りを行って，過去2年間の個人行政視察が適切なものだったかどうかの判定を行うことであった。聞き取った具体例については『エコノミスト』の記事をお読みいただくとして，この聞取りには超えなければならないハードルがあった。それは，それまでの尼崎市の行政視察の実態の甘さであった。その甘い慣行にも寛大な扱いはしないという合意を得て，主観的判断を排除するための26項目の判定基準を作成し，それによって事情聴取にのぞむことを決定したのである。

　ところが，この事情聴取を非公開にしたことが，市民の不審と不信を再び呼び覚ましたのであった[45]。非公開にしたのは，出張の内容を公開しないためではなく，聞取りによって出てくるかもしれない第三者のプライバシーに配慮したことと，法的根拠をもたない委員会の聞取りに全議員の協力を得たいがためであった。

　私自身，ちょうど公認会計士の監査が被監査企業の全面的なディスクロージャーに代りうるのと同じように，調査委員会の第三者性が市民の信頼を得られていたならば非公開でも問題はないだろうと考えていたのであるが，それまでに公開審議を重ねてきていたにもかかわらず，市民やマスコミからはそこまで信頼されていたわけではなかったことを思い知らされた。

　それにもめげずに聞取調査を行い，結果的には，過去2年間の全視察件数326件のうち，「適」が57件，「否」が269件と判定し，これを根拠に，調査委員会は次のように勧告を行った。

　本委員会は，要綱第2条第1項に基づく議員及び議会が「講じるべき措置」として，次の2点を勧告する。
　(1) 議員（辞職議員を含む。）は「否」と判定された出張については旅費相当額を速やかに返還すべきである。
　(2) 現議会は，速やかに自主解散して市民の信を問うべきである。

私は，今でも，この勧告を受け取る際の議長の態度を思い出すことができる。委嘱状を手渡す際には，どのような勧告が出されても従うと言っていた議長が，「『大変，ご苦労をおかけしました』とねぎらいの言葉をかけたものの，『(不正とされた) 出張旅費はすぐ返すことになるが，他のことは各会派の意向を聞いて対応を決めたい』として，自主解散については明言を避けた。直後の会見でも，『(解散は) 議員の命にかかわる問題なので，コメントを避けたい』と述べた」[46] のである。

しかし，最終的に，議会は解散に追い込まれた。その第一の功労者は，粘り強く能動的な態度を取り続けた尼崎市民と，それを側面からサポートし続けたマスコミであろう。しかし，関係書類が公開されないなかにあって，常に第三者委員会として活動しようと務めた調査委員会の貢献も非常に大きかったと自負している。

実は，議員一人ひとりからの事情聴取では，調査委員会の設置以前にマスコミが伝えていた各議員のコメント以上のことは概して聞けなかった[47]。しかし，それでも調査委員会の事情聴取に意味があったのは，巷間伝えられていたマスコミ情報がやはり正しかったのだという第三者機関による客観的な「保証」が付与されたことにある。

つまり，いくら市民が監視をしようと思っても情報が入手できなければそれは不可能だし，たとえ情報が公開されても第三者によるチェックがなければ真偽のほどが明らかにはならない。尼崎のこのケースには，能動的かつ積極的な市民の監視と，途絶えることなく行われ続けた情報の公開と，専門家集団ではなかったけれども第三者的立場に立った組織によるチェック，の三点セットが見事に揃ったのである。

3 この事例から学べること

さらに，実は，第三者委員会を設置した議員側が，自分たちの設置した第三者委員会が予想に反して本当の第三者委員会として活動するとは思ってもみなかった，という，尼崎市民にとってはまさにラッキーな状況が，議員側の苦し

紛れの決定の中に生まれたことも大きかったであろう。

　私は，この当時，尼崎市民のねばり強さの源がどこにあるのかを十分には理解していなかった。本節を執筆するにあたり，当時の新聞を再度読み返し，尼崎市民が長年にわたり議会によって税金を食い物にされていた実態を知ったのである。尼崎市議会は開会されず，空転，深夜審議，期間延長，再延長，を繰り返してきていたのである。しかし，開会されなくとも，空転しようとも，深夜審議にはいろうとも，期間が延長され，再延長を繰り返しても，議員にとっては痛くも痒くもないどころか，言わば焼け太り状況になったのである。

　「ある会派の幹部は『余りに時間を食っていることにじくじたる思いがある』と反省する」が，「同市の議員には毎月67万円の報酬があり，議会があれば1日当たり5000円が支給される。会期が延長されればその日数分も払われる。深夜の審議になれば，議会予算の食料費から弁当も支給される。1カ月半後の5月議会では議長人事も予定されており，『また，もめにもめるんとちゃいまっか』と革新系のあるベテラン議員は話す。『空転は尼崎市議会の名物』との声が市民からも聞こえてくる。」[48]との新聞報道に読み取れるように，尼崎市では，市議会というエージェントが，プリンシパルである市民の税金を食い物にする状況が生まれており，市民にとってはまさに堪忍袋の緒が切れる寸前だったのである。

　そのプリンシパルのバックアップによって，エージェントの設置した第三者委員会は，正真正銘の第三者委員会として活動することができたのである。そして，プリンシパルとエージェントの間に立って情報を生産し続けたマスコミの積極的な姿勢があったからこそ，プリンシパルが本来有しているパワーを顕在化させることができたのであった。先にも書いたように，尼崎市のこのケースには，能動的かつ積極的な市民の監視と，途絶えることのない情報の公開と，専門家集団ではなかったけれども第三者的立場に立った組織によるチェックの三点セットが見事に揃ったのである。

第4節 ま と め

　本章の前半において，株式会社における会計監査の原点は古代社会にまで遡り，都市国家という民主主義社会におけるアカウンタビリティとその監査の重要性の問題だったということを考察した。民主主義社会におけるアカウンタビリティとその監査の重要性の認識されていたことが基盤となって，今日の株式会社のディスクロージャー・システムを支えているのである。

　しかし，そうだとすると，西欧社会のように人びとのルーツをたどればギリシャ・ローマの市民社会にたどり着くという DNA レベルでの記憶を有していない日本人が構成しているわが国においては，株式会社のディスクロージャー・システムを支えている考え方である民主主義社会におけるアカウンタビリティとその監査の重要性の認識という重要な要件を欠落させたディスクロージャー・システムを構築するおそれがあるわけである。形式は西欧社会と同じ株式会社のディスクロージャー・システムでありながら，肝心の民主主義社会におけるアカウンタビリティとその監査の重要性という基本的な考え方を欠落させたディスクロージャー・システムである。もしもそうだとすると，第1章から第4章において考察した日本の会計士監査の発展プロセスで，時代をとおして会計監査の前に立ちはだかった様々な障碍の起り来る理由を理解することも可能になる。戦前の日本社会は西欧型の市民社会ではなかったのである。

　しかしながら，たとえ様々な障碍の起り来る理由を理解できたとしても，障碍を取り除くことができなければ，その理解は無駄に終わる。たとえアカウンタビリティとその監査の重要性の認識という文明の進歩した人間の内なる必然性が先天的に備わっていなくとも，実質的にアカウンタビリティとその監査の重要性が認識された可能なケースが存在しているとすれば，そのケースを分析することによって必要な条件は何なのかを抽出することができるであろう。

　そのような考え方に立って，本章の後半においては，私自身が委員の一員と

して活動に深く関わった「尼崎市議会議員行政視察等実態調査委員会」が市議会議員のカラ出張問題に切り込み，正真正銘の第三者委員会として活動した構図を検討し，プリンシパルがエージェントに対してアカウンタビリティを果たさせるための圧力をかけ続けるための条件は何なのかを析出した。

明らかになったのは，監視されたくないエージェントに対して，いくらプリンシパルが能動的態度をとって監視をしようと思っても情報が入手できなければそれは不可能だし，たとえ情報が入手できたとしても第三者によるチェックがなければその真偽のほどは明らかにならず，やはり監視は不可能になるのであるが，尼崎のこのケースでは，能動的かつ積極的な市民の監視と，批判的な立場をとりつづけたマスコミによって途絶えることなく行われ続けた情報の公開と，専門家集団ではなかったけれども第三者的立場に立った組織によるチェック，の三点セットが見事に揃ったということであった。

しかしながら，もしも1992年の尼崎という特定の日時の特定のエリアで起った特定のケースだったのだとしたら，先にも引用した次のブラウンの文章が耳に痛い。

「文明が進歩して，他人の財産をある程度任される人が現れるようになると，任された人の誠実性を何らかの方法でチェックするのが望ましいということが明らかになる。」

すなわち，株式会社における会計監査そのものの重要性は言うまでもないが，その重要性は文明の進歩した社会におけるアカウンタビリティと監査の重要性の認識を基盤に有しているのだということを忘れてはならない。ここに会計監査の本質が存在しているのだということを明確に認識することが必要なのである。

注

[1] Wolfren, K. V., *The Enigma of Japanese Power*, London, 1989.［篠原勝訳『日本／権力構造の謎』早川書房，1990年。］

[2] Woolf, A. H., *A Short History of Accountancy*, London, 1912, reprinted 1974 by Nihon Shoseki Ltd., p. 147.［本書については次の翻訳が出版されているが，本章を執筆するにあ

たっては主としてこのレプリント版をもとに私自身が翻訳した文章を用いた。片岡義雄・片岡泰彦訳『ウルフ会計史』法政大学出版局，1977年。］
3 *Ibid.*, p. 147.
4 国際ギデオン協会『和英対照　新約聖書』1972年，78(41)-80(42)頁。
5 同書，223(116)-224(117)頁。
6 Woolf, *op. cit.*, pp. 147-148.
7 *Ibid.*, p. 4.
8 *Ibid.*, p. 8.
9 *Ibid.*, p. 23.
10 *Ibid.*, p. 148.
11 *Ibid.*, p. 149.
12 *Ibid.*, p. 150.
13 Chatfield, M., *A History of Accounting Thought*, Hinsdale, 1974, p. 4. ［本書については次の翻訳が出版されているが，本章を執筆するにあたっては主としてこの英語版をもとに私自身が翻訳した文章を用いた。津田正晃・加藤順介訳『チャットフィールド会計思想史』文眞堂，1978年。］
14 *Ibid.*, p4.
15 *Ibid.*, p4.
16 Brown, R. ed., *A History of Accounting and Accountants*, London, 1905, p. 4.
17 *Ibid.*, p. 16.
18 *Ibid.*, p. 74.
19 *Ibid.*, p. 74.
20 Chatfield, *op. cit.*, p. 5.
21 *Ibid.*, p. 6.
22 *Ibid.*, p. 6.
23 *Ibid.*, pp. 6-7.
24 *Ibid.*, pp. 7-8.
25 この事実は，わが国において，明治初期の会計検査院の前身が決算の会計検査だけでなく予算の立案に関しても関与していたことと関連があるのかもしれないが，本書においてはこの点については考察しない。
26 *Ibid.*, p. 9. なお，中国の監査の歴史は腐敗した官僚の汚職・不正との戦いであったという考察もある。(石人瑾・根本光明編著『中国及び日本の会計・監査制度』中央大学出版部，1996年，第2章第1節。)
27 *Ibid.*, pp. 9-10.
28 *Ibid.*, pp. 11-12.
29 *Ibid.*, p. 11.
30 *Ibid.*, p. 12.

[31] Brown, *op. cit.*, pp. 30-32.
[32] Chatfield, *op. cit.*, p. 14.
[33] 拙稿「日本の国際化と会計士業務に関する一考案」『同志社商学』第53巻第5・6号，2002年，135-138頁。
[34] 拙稿「調査委員が見た尼崎市議カラ出張事件　市民，マスコミが腐敗した議会を追いつめた」『エコノミスト』1993年8月31日号，82-85頁。
[35] 発言中の「申し開きできるものではなく」はまさに「アカウンタビリティを果たせない行動をとってしまった」という意味で用いられている。「アカウンタビリティを果たす」ことは「説明できる行動をとる」ということであって，最近よく使われているような「事後的に説明する」ということではない。
[36] 読売新聞，1992年10月2日朝刊。
[37] 毎日新聞，1992年10月3日朝刊。
[38] 読売新聞，1992年10月30日朝刊。
[39] 日本経済新聞，1992年11月15日朝刊，「尼崎市議会，『不正出張』全会派に」。毎日新聞，1992年11月15日朝刊，「尼崎・カラ出張問題で市幹部も出張費水増し　尼崎市局長ら4人，上京陳情で」。
[40] 朝日新聞，1993年1月19日朝刊。
[41] 朝日新聞，1993年1月22日朝刊。
[42] 1993年1月29日には，市議会の総務委員会で，調査委員会の設置を求める市民の陳情についての審議が行われたが，「市民に開かれた調査委員会」という文言を問題視し，継続審議となっていた。(朝日新聞，1993年1月30日朝刊)
[43] 朝日新聞，1993年2月6日朝刊。
[44] 議員の発言として，「不正の自主公表を拒んだ保守系会派・明政会の幹部議員も『不正かどうかは第三者に一定の基準をもって判断してもらいたい。その決定には従う』と発言している」ことが報じられている。(朝日新聞，1993年2月6日朝刊)
[45] 「議会の隠れみのになる？　尼崎市議会，議員の事情聴取は非公開」(朝日新聞，1993年3月14日朝刊)
[46] 朝日新聞，1993年5月17日夕刊。
[47] 「尼崎市議の不正新事実確認されず　行政視察等実態調査委の聴取」(朝日新聞，1993年3月29日朝刊)
[48] 朝日新聞，1992年4月2日朝刊。

終　　章

　本書を終えるにあたって，少し長くなるが，「監査制度改革の方法如何」と題する次の文章を引用しておきたい。監査役制度の改革に向けての提言のなかで，この制度改革にぜひとも必要な会計士の養成について触れている箇所である。この文章がいつ書かれたのかについては，引用のあとで種明かしをすることとしよう。

（一）第一に特別の法律を以て監査役たるべき資格，其試験及々第登録等の方法を規定し，一定の期限後（仮令ば五箇年後）銀行又は株式会社は其監査役の内少くとも一人は公許計算人を使用することゝし，其幾年後には総ての監査役は必ず公許計算人の内より使用することゝするも可なるべし，但し現制度の監査役は株主中より選挙せらるゝことの規定を廃し，英国のそれの如く株主にても差支なしとすれば可ならん。
（二）現商法中の監査役に関する条項を修正する外は，又別に監査役の権能，義務，権利責任及其違法の制裁を設くるも可なり。
（三）此制度を採用するに付ては予め計算人を養成する準備を要す。英国に於ては例の公許計算人（英国のは勅許計算人と直訳せらる但し近頃会計士と訳する者あれども是れ頗る不適当なり）協会設立ありて，監査人候補者の試験を施し之れを及第せざれば公許計算人の業務を営むこと能はざる制度なれども我国には未だ此種専門の教育所なき而已ならず，試験官の資格ある者さへ乏しき有様なれば，第一試験官たる人物の養成と，第二に公許計算人候補者を教

> 育する機関を要す。先づ第一の準備として，高等商業学校卒業の優等生を選抜して英国に留学せしめ，実地公許計算人に就き二三年間実習し帰朝の上は之を試験官又は教授に採用すべし（蓋し英国にて公許計算人の事務所にて練習せんとするには多額の保証金を要す）。
>
> 　第二の教育法は，先づ各高等学校に監査の特別科を設け，学生中有志者を特に養成する機関とし，英国より此専門的教師を雇入れ，実地練習をなさしむること〻し，中央の試験に及第したる者を監査役に採用せらる〻資格を得せしむることにすべし，但し他の私立学校にて習得したる候補者も又受験の権利を与ふべきものとす。
>
> 　終りに此制度は逐次市町村の公費の会計にも普及せしめ，市町等に於ても公許計算人を採用して其監査を受ることに為し度ものなり。

　これは，1909（明治42）年12月25日付の『東京経済雑誌』に掲載された大越成徳氏の提言である。ここに引用した文章の冒頭部分は「今春一時喧伝せし監査役問題は暫く立消の姿なりしが近時再燃し来り或は其実現を見るべき勢いとなれり」[1]と書き始められており，監査制度を改善する必要性は日本国民の間で合意が形成されているものの，それを実行する方法についての合意がないとして，大越氏の私見の示されている部分が上記の引用箇所である。

　ここでは，株式会社の監査役制度の改革と職業会計士制度の創設がパブリック・セクターの監査にも拡大するという方向性と，そのためにぜひとも必要なことは英国の会計専門職のDNAを受け入れることだということが指摘されている。明治42年といえば『公許会計士制度調査書』が公刊された年である。まさに，株式会社における会計監査の要諦に関する議論はこの時点で一つの完成レベルに達していたと言えるであろう。

　しかし，第2章で考察したように，日本国内各所における議論は大いに盛り上がったにも拘らず，監査制度の改革は成らなかった。監査役の制度には手が加えられなかったし，創設された職業会計士は株式会社の会計監査とは有機的関連をもたない計理士であった。そして，制度の創設に奔走した人びとの期待

とは裏腹に，計理士が会計専門職として成長することはなかったのである。このような流れの根底に戦前のわが国の経済の仕組みと社会の仕組みがあったことに加えて，日本人の日本人としてのDNAがあるのではないかという私の推測の根拠も第2章で示した。

第二次世界大戦後の占領時代にGHQが発案した米国流の公認会計士による財務諸表監査システムが，その発端の構想においては明治・大正時代の会計士運動での議論を彷彿させたことについては第3章で取り上げた。しかし，公認会計士という新たな職業会計士をめぐる議論は竜頭蛇尾に終るとともに，監査役制度に手が加えられることもなかったのである。しかも，占領の終了に伴って存続の危機を迎えた証券取引法に基づく公認会計士による財務諸表監査制度は，危機を乗り越えてスタートしたのであった。

この証券取引法に基づく財務諸表監査制度は，米国流のディスクロージャー・システムに似てはいるものの，SECを欠いていたことに象徴されるように，日本流にアレンジされて大蔵省の手のひらのうえで年輪を加えた。しかし，第4章で考察したように，ディスクロージャー制度の中核を形成する証券取引法会計学は，企業会計原則が高らかに謳い上げていた未来が約束されていたわけではなく，継続性の原則を巡る論争に象徴されるように，商法会計学や税法会計学を説得するために熾烈な戦いを求められたのである。この事実は，日本における会計学と監査論の立ち位置の悪さを証明しているのである。

このようなわが国における会計学と監査論の立ち位置の悪さが何に由来するのかを探ったのが第5章と第6章である。

第5章でみたように，米国流のディスクロージャー・システムは，フェアな証券市場の整備・運営は米国民が豊かになるために欠くことのできない重要な社会の仕組みであり，それを高いレベルで維持することは米国大統領にとっても任務懈怠の許されない非常に重要な施策なのである。もしも，フェアな証券市場に対するそのような思いが日本社会に存在していなかったら，米国流のディスクロージャー・システムが日本社会で米国同様に重要視されることは期待できないであろう。

第6章でみたように，英国社会の各所においてお金の流れをチェックしてアカウンタビリティの検証を行っている英国会計士の社会的重要性とそのための厖大なコストを英国民が了解しているのは，英国会計士がパブリックに対して負っている自分たちの社会的役割を強く意識して行動しているからに他ならない。もしも，このようなパブリックに対する責任が日本社会で認識されていなかったなら，英国流の会計専門職が日本社会で英国同様に重要視されることは期待できないであろう。

　そして，第7章では，株式会社における会計監査のルーツが株式会社における監査役監査や会計士監査にあるのではなく，古代の文明社会で早くもその萌芽と一定水準の完成形態がみられたという歴史的事実を再評価した。古代の民主主義社会におけるアカウンタビリティの重要性とアカウンタビリティを検証する手段としての監査の重要性は，会計士という職業的専門家が出現する遥か以前から認識され，存在していたのである。この考え方を根底に，その後の様々な監査の形態が生まれたのであった。それらは特定の利害関係者のための監査の場合もあったが，根底にはパブリックのための会計監査の存在があったのである。

　最後に，このパブリックのための会計監査の重要性が明確に認識されて関係者間で共有されていれば，たとえチェックを行う主体が職業的専門家でなくともアカウンタビリティの検証を有効に行うことが可能だということを証明する一つの事例を紹介して，本書での考察を終えた。

　ただし，この事例のような複雑でない組織や人間関係においては職業的専門家でなくとも監査を行うことが可能だとしても，より複雑なコンテクストのもとでは高度な会計専門職が必要とされるのだということは言うまでもない。

　今，私の頭に浮かぶ文章は，『公許会計士制度調査書』の冒頭の次の一文である。

（前略）近時企業ノ益尨大複雑トナルニ及ビテ是カ監査ノ任ニ当ル者ハ会

> 計ノ術ニ精通セル専門家ヲ要求スルニ到レルハ理ノ当然ナリト謂フベシ（後略）

　「理の当然」という文字が非常に重くかつ魅力的な言葉として私の目に飛び込んでくる。40年にわたって監査の一般理論を求めて研究を続けてきた私は，幾度となく「それは理の当然である」と言いたい，あるいは書きたい場面に出くわしてきた。アカウンタビリティを負っている人がその責任を解除するために監査を受けることは，改めてその論拠を示すまでもなく，様々なコンテクストにおいて当然に必要とされることなのである。

　今から100年以上も前に「理の当然」と言われた株式会社における専門家による会計監査は，ずいぶん時間を要したけれども，現在，大規模株式会社の財務諸表監査として日本社会に定着している。また，会計と監査に関する職業的専門家も5桁の人数を数えるまで成長した。しかし，他方，職業会計士制度創設の根拠とされて同時に議論されていた監査役の無機能化の問題は，今日に至っても，当時の論点が解決されたわけではない。こちらは「理の当然」とはならなかったのである。

　しかも，本書で考察したように，株式会社における会計監査は，古代の文明社会で行われていたアカウンタビリティの検証の一派生形態である。だとすれば，他の派生形態における会計監査，および，より根源に近い関係性での会計監査を見落としていないだろうかという反省が生まれることとなる。もしも見落としているとすると，この日本社会において重大な役割を担っていることが「理の当然」である会計監査を見落とすという決定的に重大な失策を犯していることになるからである。

　最後に，終章であえて触れていない「空ばかり見ないで地上にある星を探す」ヒントが，まだ本書の各所にちりばめられている。

注

[1] 志立鉄次郎編『大越成徳遺稿集』財政経済時報社，1926年，134頁。

主要参考文献

（原則として各章において引用文献として示したものを除く）
【日本語文献】（著者50音順）
青柳文治『会計士会計学［改訂増補版］』同文舘出版，1969年。
岩田　巌『会計士監査』森山書店，1954年。
─────『会計原則と監査基準』中央経済社，1955年。
内川菊義『資本剰余金論』中央経済社，1966年。
─────『引当金会計論』森山書店，1981年。
太田哲三『近代会計側面史』中央経済社，1968年。
小笠原　啓『東芝　粉飾の原点』日経BP社，2016年。
亀井孝文『明治国づくりのなかの公会計』白桃書房，2006年。
熊野實夫『市民と会計』岡部書房，1972年。
黒澤　清『日本会計学発展史序説』雄松堂書店，1982年。
佐藤孝一『監査基準』太平社，1949年。
石人瑾・根本光明（編著）『中国及び日本の会計・監査制度』中央大学出版部，1996年。
塩野七生『ローマ人の物語　1～15』新潮社，1992-2006年。
高槻泰郎『近世米市場の形成と展開』名古屋大学出版会，2012年。
田中太七郎『日本取引所論』有斐閣，1910年。
千代田邦夫『アメリカ監査論』中央経済社，1994年。
─────『闘う公認会計士』中央経済社，2014年。
塚本弥生『會計奸詐』書肆アルス，2015年。
友岡　賛『会計プロフェッションの発展』有斐閣，2005年。
中坊公平『罪なくして罰せず』朝日新聞社，1999年。
日本経済新聞社『株主の反乱』日本経済新聞社，1993年。
野口悠紀雄『1940年体制（増補版）』東洋経済新報社，2010年。
正木久司『日本の株式会社金融』ミネルヴァ書房，1973年。
盛田良久『アメリカ証取法会計』中央経済社，1987年。
山桝忠恕『監査制度の展開』有斐閣，1961年。
山本　清『アカウンタビリティを考える』NTT出版，2013年。
吉村光威『ディスクロージャーを考える』日本経済新聞社，1991年。
渡辺京二『逝きし世の面影』平凡社，2005年。

【英語文献】（著者アルファベット順）

Berle, A. A. & Means, G.C., *The Modern Corporation & Private Property*, Macmillan Co., 1932.
　（森杲訳『現代株式会社と私有財産』北海道大学出版会，2014年。）
Mclean, B. & Elkind, P., *The Smartest Guys in the Room*, Penguin Books, 2003.
Mautz, R. K. & Sharaf, F., *The Philosophy of Auditing*, A. A. A., 1961.
　（関西監査研究会訳『監査理論の構造』中央経済社，1987年。）
Power, M., *The Audit Society*, Oxford, 1997.
　（國部克彦・堀口真司訳『監査社会』東洋経済新報社，2003年。）
Wildsmith, J.K., *Managerial Theories of the Firm*, Martin Robertson, 1973.
　（出石邦保・栗栖弘典監訳『現代企業行動理論の展開』同文舘出版，1981年。）
Wolferen, K.v., *The Enigma of Japanese Power*, Macmillan London, 1989.
　（篠原勝訳『日本／権力構造の謎［上・下］』早川書房，1990年。）

【翻訳】

星岳雄・A・カシャプ著，鯉淵賢訳『日本金融システム進化論』日本経済新聞出版社，2006年。
ジェイコブ・ソール著，村井章子訳『帳簿の世界史』文藝春秋，2015年。

索　引

あ行

アーサーアンダーセン ············· 208
アカウンタビリティ … 76, 80, 271, 278,
　　283, 284, 297, 298
新しいサービス ······················ 244
アッシリア ···························· 49
尼崎市議会 ··························· 286
アメリカの会計学 ··················· 157
暗黒の木曜日 ························· 91

EDP ···································· 146
一般株主 ······························· 61
一般原則 ······························ 152
一般投資家 ···························· 79
一般投資大衆の保護 ················ 139
インフレーション会計 ············· 238

SEC ····················· 22, 92, 119, 223
似而非西欧型社会 ···················· 80
エンロン ·············· 203, 206, 207, 208

大蔵省 ································· 119
大蔵省銀行局 ························· 61
大蔵省出納条例 ······················· 74
概ね適正 ······················· 135, 139

か行

外圧 ···································· 36
会計環境 ······················· 173, 175
会計慣行 ······················· 157, 159

会計監査士 ···························· 35
会計士 ································· 35
会計士運動 ···························· 35
会計士監査 ···················· 43, 68, 70
会計事実 ······················· 173, 175
会計士法 ······················· 50, 55
会計不正 ······························ 12
外国の民間資本導入 ················ 104
会社の責任 ··························· 212
会社役員の説明責任 ················ 217
架空利益 ····························· 166
株式売買益 ··························· 54
カラ出張 ····························· 287
環境の変化 ··························· 235
官金流用 ······························ 74
監査とコンサルタント業務 ········ 256
監査委員 ····························· 289
監査官 ································ 282
監査基準 ·················· 94, 95, 151
監査局 ························· 277, 281
監査実施基準 ······················· 151
監査社会 ······························ 25
監査の爆発的拡張 ···················· 25
監査報告準則 ················ 151, 183
監査役 … 39, 42, 53, 58, 61, 73, 112, 147
間接金融 ···················· 65, 68, 110
官庁会計 ····························· 279

期間比較 ····························· 162
企業改革法 ··························· 219
企業会計 ······························ 76

企業会計原則 …………… 94, 149, 152
企業会計原則修正案 ………… 133, 153
企業の社会的責任 …………… 21, 217
機能株主 ………………………… 72
客観性 ………………………… 252
旧商法 ………………………… 39
教育 …………………………… 247
行政視察 ……………………… 287
記録と慣習と判断の綜合的表現 … 98, 99
金融資本 ……………………… 110

経営者不正 …………………… 197, 202
経済の民主化 …………………… 89
継続性の原則 ……………… 132, 148
継続的適用性 ………………… 149
計理士 ………………… 81, 92, 101
計理士法 ……………… 52, 62, 63
原価計算規則 ………………… 159
現金主義 ……………………… 76

公益 …………………………… 245
公開 …………………………… 281
公開会社 ……………………… 223
公会計 ………………… 73, 75, 282
公共性 ………………………… 226
公共団体 ……………………… 58
公許会計士 …………………… 35
『公許会計士制度調査書』…… 36, 40, 63, 115
公正な第三者 ………… 102, 106, 139
公正なる会計慣行 …………… 155
公認会計士 ……………… 87, 101
公認会計士・監査審査会 …… 18
公認会計士法 ………… 92, 139

講和条約 ……………………… 120
コーポレートガバナンス … 13, 66, 197, 227
国民経済 ……………………… 48
国民主権 …………………… 281, 282
国立銀行条例 ………………… 68
古代エジプト ………………… 276
古代ギリシャ ………………… 276
古代社会 ……………………… 277
古代ローマ …………………… 277
国家のガバナンス ……………… 77
米会所 ………………………… 71
雇傭人的会計士観 ……… 198, 199, 221

さ 行

サーベンス・オクスリー法 …… 219
財産評価準則 ………………… 157
最適の方法 …………………… 179
財閥 …………………………… 70
財閥解体 ………………… 89, 103
財務諸表監査 ………… 87, 90, 138
財務諸表準則 ………………… 159
作文 …………………………… 156

GHQ ………………… 87, 88, 101
CSR …………………………… 21
CPA ………………… 92, 105, 113
シグナリング ………………… 226
自己監査 ……………………… 96
試査 …………………………… 198, 222
自主解散 …………………… 289, 294
自主公開 ……………………… 289
支出に見合う価値 …………… 250
慈善団体 ……………………… 58
指導性 ………………………… 96

シナリオ ……………………………… 248
自発的監査 …………………………… 200
資本充実の原則 ………………… 160, 166
市民 …………………………… 281, 290
市民社会 ………………………………… 80
諮問機関 ……………………………… 287
社会的客観的監査 ……………………… 48
社会的な重要性 ……………………… 282
社外取締役 ……………………………… 14
受託責任 ……………………………… 277
上級経営管理者 ……………………… 239
証券取引委員会 …… 87, 88, 91, 92, 113, 139
証券取引等監視委員会 ……… 15, 29, 92
証券取引法 …………………… 87, 91, 139
証券の民主化 ………………… 65, 90, 103
証券不祥事 ……………………………… 57
商事会社に関する法律案 …………… 40
情報公開 ……………………………… 223
職業的専門家としての懐疑心 …… 202
所有者 ………………………………… 279
所有と経営の分離 …………………… 47
斟酌規定 ……………………………… 156
新商法 ………………………………… 39

ステークホルダー ……………… 20, 21

精査 …………………………………… 222
精細監査 ……………………………… 138
聖書 …………………………………… 273
製造工業統一財務諸表準則草案 … 159
正当な理由 ………… 153, 161, 168, 185
政府介入 ……………………………… 238
政府干渉主義 ………… 240, 256, 258
精密監査 ……………………………… 222

説明責任 …………………………… 21, 223
説明能力 ………………………… 75, 77
戦時利得の告発 ……………………… 239
全体利益 ……………………………… 167
選択適用 ……………………………… 179
専門職 ………………………………… 239
専門性 ………………………………… 226

相対的真実性 ………………… 167, 168
遡及的効果 …………………………… 186
SOX法 ………………………………… 219

た 行

対外的な免罪符 …………………… 25, 28
第三者委員会 … 11, 19, 22, 25, 286, 290, 295, 296
第三者の厳しい目 …………………… 26
大統領の10ポイントプラン ‥ 215, 216
単式簿記 ………………………… 73, 75, 76
弾力的な取り扱い …………………… 171

直接金融 ……………… 64, 65, 68, 111

ディスクロージャー …… 43, 68, 70, 90, 118, 223
適正表示 ……………………………… 146

『統一会計』 …………… 44, 48, 138, 201
投機 …………………………………… 69
東京地検特捜部 ……………………… 29
堂島米会所 …………………………… 71
独占禁止法 …………………………… 103
独立性 ………………………………… 226
徒弟制度 ……………………………… 242

な行

内部告発…………………………… 19
内部統制………… 96, 97, 198, 220, 278
南海泡沫事件……………………… 97

二重責任の原則…………………… 96
日英同盟…………………………… 38
日糖事件………… 35, 36, 37, 52, 78
日本弁護士連合会の定めるガイドライン………………………………… 20
ニューディール政策……………… 91

は行

破産管財業務………………… 58, 240
バビロニア…………………… 270, 276
バビロン…………………………… 49
public……………………………… 270
パブリック・セクター…………… 236
value for money………………… 250

比較可能性……………………… 160
非監査業務……………………… 220
批判性…………………………… 96
表示の妥当性…………………… 149

部外監査………………… 120, 121
複式簿記………………… 73, 75, 277
不正……………………………… 15
不正会計………………………… 12
不適切会計………… 11, 13, 15, 17, 19
プライベート・セクター………… 236
プロフェッション……… 108, 145, 228
粉飾……………………………… 15
粉飾決算………………… 18, 166

米商会所………………………… 71
包括規定………………………… 154
包括的会社改革アジェンダ……… 217
法的安定………………………… 169
ポートフォリオ………………… 223

ま行

マスコミ………………………… 290
マタイによる福音書…………… 273
無機能株主………………… 72, 79

メイ書簡………………………… 163

モニタリング…………………… 226

や行

豊かな社会……………………… 223

ら行

利益操作… 159, 161, 163, 168, 184, 185
利益の平準化……………… 183, 184
陸軍軍需品工場事業場原価計算要綱
………………………………… 158
臨検検査権……………………… 113

ルカによる福音書……………… 274

レジェンド問題………………… 203
連合国軍最高司令官総司令部…… 87

わ行

ワールドコム……………… 211, 212

【初出一覧】
(本書のために新たに書き下ろすとともに，構想のベースとなった以下の論文を大幅に加筆修正のうえ用いた)

第1章　「第三者委員会社会」
　　　　『同志社商学』第67巻第4号　2016年　223-242頁
第2章　「日本の国際化と会計士業務に関する一考察」
　　　　『同志社商学』第53巻第5・6号　2002年　127-139頁
　　　　「会計士監査に関して繰り返される議論の同質性」
　　　　『會計』第180巻第2号　2011年　166-178頁
　　　　「『会計学』領域における『監査論』の位置づけ」
　　　　『會計』第182巻第2号　2012年　151-165頁
第3章　「わが国における公認会計士制度創設の意図とデジャヴ」
　　　　『同志社商学』第61巻第4・5号　2010年　1-19頁
第4章　「継続性の原則の本質に関する一考察」
　　　　『同志社商学』第36巻第4号　1984年　89-121頁
　　　　「継続性の変更とその『正当な理由』に関する一考察」
　　　　『同志社商学』第37巻第3号　1985年　29-57頁
第5章　「アメリカにおける『会社の責任』をめぐる最近の動向に関する一考察」
　　　　『同志社商学』第54巻第1・2・3号　2002年　275-286頁
第6章　「イギリス会計士の描く三つのシナリオ」
　　　　『同志社商学』第44巻第3号　1992年　138-162頁
　　　　「会計士監査と社会経済的コンテクスト」
　　　　『同志社商学』第48巻第1号　1996年　461-483頁
第7章　「会計史の文献が古代にも紙幅を割いている意味についての一考察」
　　　　『同志社商学』第61巻第6号　2010年　176-189頁
　　　　「第三者委員会社会」
　　　　『同志社商学』第67巻第4号　2016年　223-242頁

あ と が き

　同志社大学商学部に助手として採用されてちょうど40年周年を迎えた。
　前著『日本の会計士監査』（森山書店，1999年）の最後の行に「公認会計士も監査論研究者も，ぼやぼやしてはいられない」と書いたが，本書は，この文章の後を埋めるために遅まきながらまとめたものである。
　この間，日米とも，監査の領域は激動の荒波に揉まれてきた。米国の会計士監査は『日本の会計士監査』で警告したように経営者不正を念頭に置かない構造を内包していたが，21世紀に入ってその欠陥を証明する重大事件が起った。エンロン事件に代表される一連の企業不正事件は，米国の会計士監査に対する信用を地に落とし，巨大会計事務所のひとつを消滅させるとともに一連の厳しいディスクロージャー改革を招来したのであった。
　同じ頃，日本の会計士監査は，対外的にはいわゆるレジェンド問題という不名誉な状況を突きつけられていたものの，国内的には，「監査が企業を追いつめる」（『エコノミスト』2003年7月15日号）という見出しに象徴される監査法人の強い権限が「厳格監査」という新語とともに日本中に知れ渡っていたのである。ところが，それもつかの間，カネボウに代表される粉飾決算，同社を担当していた監査法人の消滅，日本版SOX法の制定など，期せずして，まさに米国のディスクロージャー改革の後追いをすることとなった。そして，第1章で考察した為体に至っていることはわれわれの注視しているところである。
　この日米の会計監査に関する激動の背景を考察し，株式会社の監査システムの向こう側にある会計監査の本質を探求した本書の視点は，実は，同時期に大学執行部の一員として関わった活動をとおして私のなかで大きく育った校祖新島襄の教育者の枠を超えた偉大さに対する畏敬の念と深い関連を有している。2005年9月，私は，新島襄が大学設立のための寄附を募るスピーチを行った

米国バーモント州ラットランドのグレース教会でスピーチをする機会を得た。説教台に上がって新島襄が目にしたのと同じ聖書を前にしたとき，私は，一瞬の間に自分がどうして今ここにいるのかを感知した。たまたまそこにいたのではないのである。英国が EU 離脱を選択し，米国がトランプ氏を大統領に選出した今年，私が本書を著したのもそれと同じ関係性のもとにある。

　私立大学の重要性を熱く説いたにも拘らず十分には理解されなかった新島襄の口惜しさは，日本を成立させているのは一般国民であるという事実について当時の為政者との間に埋めることのできない隔たりがあったからである。同志社の完成まで何年かかるかと尋ねた勝海舟に新島襄は 200 年と答えたと伝えられているが，日本国民の自立と自律は文明開化すれば自然に生まれるというものではないと理解した新島襄の失望がどれほど大きなものであったかは察するに余りある。日本国民が自治自立するためには，国民がそのために必要かつ十分な説明を受けなければならないのである。会計監査の本質を理解することは，現在制度化されている株式会社のディスクロージャーが，株式会社以外の多くの関係性において同等以上の重要性を有しているということを認識する道を開くものである。

　本書をまとめるにあたり，同志社大学学術団会計学研究会で新入生を厳しく鍛えてくださった上級生各位に感謝する。大学紛争で空洞化していた学生生活は会計研の活動によって充実した時空に大化けした。また，数年前に 50 冊もの『市民と会計』（熊野實夫著，岡部書房，1972 年）を届けて下さった匿名の方にも感謝したい。新書判の小さなこの本から専門書に負けない大きな刺激を受けた。読んだ時期も，まさにグッドタイミングであった。そして，97 歳今も学究生活を送っておられる内川菊義先生は研究者の亀鑑である。前著と同様，本書を先生に捧げたい。

　森山書店社長の菅田直文氏には出版事情の厳しいなかにあってご高配を賜った。若い頃から長年にわたり折に触れて変わることのないご支援を戴いていることに，心より感謝を申し上げる。

最後に，いつも話し相手になってくれている妻匡子と本書の出版の喜びを分かち合いたい。また，それぞれが好きな道を歩んでいる3人の子供たちが，今から59年後，父親の主張の先見性を再評価してくれることを期待している。

2016年11月9日
　　　　　　　　　　　　琵琶湖畔　仰木の里にて
　　　　　　　　　　　　　　　　　　　　　　　　　百合野　正博

著者紹介

百合野 正博（ゆりの まさひろ）

【略歴】
1949年 京都市に生まれる
1969年 同志社大学商学部 入学
1976年 同志社大学大学院商学研究科修士課程 修了
同 年 同志社大学商学部助手，その後，専任講師，助教授を経て，
現 在 同志社大学商学部教授（博士後期課程教授）

【主要著書】
『アカウンティング・プロフェッション論』同文舘出版，2013年（編著書）
『日本の会計士監査』森山書店，1999年（単著）
『ウォーレスの監査論』同文舘出版，1991年（共訳書）
『会計原則の展開』森山書店，1981年（共訳著）

【社会貢献】
公認会計士試験 試験委員（平成22年度～現在）

かいけいかんさほんしつろん
会計監査本質論

2016年12月25日 初版第1刷発行
2018年1月5日 初版第2刷発行

著 者 Ⓒ 百合野正博
　　　　　　 ゆりの まさひろ

発行者　菅　田　直　文

発行所　有限会社　森山書店　東京都千代田区神田錦町
　　　　　　　　　　　　　　1-10 林ビル（〒101-0054）
　　　　TEL 03-3293-7061 FAX 03-3293-7063　振替口座 00180-9-32919

落丁・乱丁本はお取りかえ致します　　印刷・三美印刷／製本・積信堂

本書の内容の一部あるいは全部を無断で複写複製することは，著作権および出版社の権利の侵害となりますので，その場合は予め小社あて許諾を求めてください。

ISBN 978-4-8394-2164-9